高等院校应急技术与管理专业教材

应急管理理论与实践

主　编　盖文妹　邓云峰
参　编　徐　可　石秀丽　江延立
　　　　岳　玥　董　浩

机械工业出版社

本书从应急管理理论基础出发，全面系统地介绍了突发事件风险管理、韧性理论与韧性城市建设、情景构建与应急准备、业务连续性管理、突发事件舆情管理、应急处置与应急救援等应急管理领域的前沿理念，并将理论与实践工作相结合，论述其应用在应急管理的具体方法以及未来的发展趋势，并对我国应急管理体系建设和应急处置与救援工作的发展进行了概述。此外，本书还提供了多个相关的案例分析，帮助读者理解掌握相关理论和方法的实施要点。

本书主要作为高等院校安全工程及应急技术与管理等相关专业的本科教材，也可作为应急管理从业者的培训教材及工具书；同时可供企业应急管理人员及相关科研人员学习参考。

图书在版编目（CIP）数据

应急管理理论与实践/盖文妹，邓云峰主编. —北京：机械工业出版社，2021.9（2024.7重印）

高等院校应急技术与管理专业教材

ISBN 978-7-111-69179-2

Ⅰ.①应… Ⅱ.①盖…②邓… Ⅲ.①突发事件-公共管理-高等学校-教材 Ⅳ.①D035

中国版本图书馆 CIP 数据核字（2021）第 192029 号

机械工业出版社（北京市百万庄大街22号 邮政编码100037）
策划编辑：冷 彬 责任编辑：冷 彬 马新娟
责任校对：孙莉萍 封面设计：张 静
责任印制：常天培
固安县铭成印刷有限公司印刷
2024年7月第1版第4次印刷
184mm×260mm · 13印张 · 320千字
标准书号：ISBN 978-7-111-69179-2
定价：42.00元

电话服务　　　　　　　　网络服务
客服电话：010-88361066　机　工　官　网：www.cmpbook.com
　　　　　010-88379833　机　工　官　博：weibo.com/cmp1952
　　　　　010-68326294　金　书　网：www.golden-book.com
封底无防伪标均为盗版　　机工教育服务网：www.cmpedu.com

序

我国是自然灾害和其他事故灾难多发国家，随着新技术革命、产业变革与城镇化进程的推进，我国经济社会处于快速发展阶段，各类突发事件发生频率高、破坏力大、影响力强，加之传统的和非传统的、自然的和社会的、国内的和国际的风险矛盾交织并存，今后一个时期是我国各方面风险不断积累、迅速演化，甚至集中显露的时期。应急管理作为政府所提供的公共产品之一，我国在成功应对非典疫情、"5·12"汶川特大地震、"8·12"天津港瑞海仓库火灾爆炸和新冠肺炎疫情等一次次重大突发事件过程中，积累了丰富经验。面对复杂多变的公共安全形势，我国应急管理体系与当前的经济社会发展阶段还不相适应，与人民群众日益增长的安全期望存在较大差距。2018年，党和国家机构改革组建应急管理部，是科学构建新时代国家应急管理体系、统筹发展和安全、全面防范风险挑战、实现国家治理体系和治理能力现代化目标的重要一步。

新时代国家应急管理体系建设迫切需要强有力的应急管理人才保障。为此，自2019年党中央在相关重要会议提出"大力培养应急管理人才，加强应急管理学科建设"的决议。2020年2月，教育部首次将"应急管理专业"纳入"新增审批本科专业名单"；同年4月，国务院学位办下发通知，推动学位授予单位积极开展应急管理学科建设和人才培养试点工作。据统计，目前全国已有45所院校成立应急管理学院或即将成立应急管理二级学科专业，19所高校参与首批"应急安全智慧学习工场（2020）"暨应急管理学院建设。然而，目前多数院校存在应急管理人才培养方案缺乏，培养体系不够完善，其课程设置大多是根据学校相关专业与现有师资而补充1~2门应急管理知识的状态，规范和系统化的应急管理课程教材，尤其是符合本科层次教学需求的教材极其缺乏。

应急管理是一门多学科交叉融合的新兴学科，涉及管理学、工学、理学、农学、医学、军事学、哲学、经济学、法学、教育学和历史学等多个学科，强调跨学科、体系化和差异化发展，注重理论与实践相结合的同时，突出实用导向。当前，我国应急管理基础理论虽然取得一定进展，但符合我国独特体制机制特点与指导实践需求的理论体系尚未形成，存在学科割裂、缺乏系统规划等问题。本书作者参考国内外应急管理经验，结合我国当前防范化解重大风险，提升应急管理能力的需求，有针对性地组织了适用于相关专业本科生学习的应急领域前沿理念，包括风险管理、韧性城市建设、情景构建、业务连续性管理等，同时兼顾了应急基础理论知识与实践应用的联系，如应急管理理论基础、舆情管理、发达国家突发事件应对管理和国内外典型应急管理案例等内容，方便读者了解掌握应急管理相关的理论和方法。

总之，在当下新冠肺炎疫情仍持续流行，各界普遍关注国家全方位立体化公共安全网构建、新时代国家应急管理体系建设，尤其是应急管理学科快速发展的情况下，本书的出现可为培养具备国际视野、专业知识、实践能力与创新精神的复合型应急管理人才，开展公共安全与应急管理领域研究和探索提供有力支持。

原中国安全生产科学研究院院长
国务院应急管理专家组成员
2021 年 9 月

前　言

伴随着经济高速发展，现阶段我国正处在经济转轨、社会转型的过程中，各类突发事件的复杂性和危害性不断增大，社会对应急管理的要求不断提高，急需优秀的应急管理人才。

传统的应急管理领域的学者经常将该学科定位为地理学和社会学的交叉领域，地理学帮助人们了解地质灾害风险的特征，社会学利于人们理解灾害的社会根源及灾害中的人类行为。但仅仅基于这两个学科的研究不可能涵盖各种灾害现象，在应急管理中同样需要风险和脆弱性分析、土地使用规划、媒体关系管理、关键事件压力管理等众多学科的研究成果。近年来，广大学者和专家开展了以应急管理现实需求为导向、多学科交叉的创新型研究，形成了一系列不同层面、不同视角的创新成果，为我国公共安全与应急管理学科的发展夯实了基础。在此基础上，编者认为很有必要撰写一本系统梳理现有应急管理理论并反映应急管理实践内容的教材，以供高等院校相关专业的师生和相关行业的科技工作者使用。

作为一门新兴学科，"应急管理"还没有一个普遍被接受的定义，同时也涉及与许多学科的交叉。因此，在内容安排上，本书首先介绍应急管理的基本概念、相关概念辨析、理论基础，然后再介绍应急管理领域比较前沿的理论和方法，包括突发事件风险管理、韧性理论与韧性城市建设、情景构建与应急准备、业务连续性管理、突发事件舆情管理、应急处置与应急救援。本书每章均设有本章概要和学习要点，以便读者快速了解每章主要内容及知识要点；每章章后提供相关知识阅读，以拓展学生视野。本书在阐述每一种理论或方法时，都从其基本概念、发展过程出发，解释其框架或流程等要素，并通过实践案例让读者掌握其实施要点。

在本书确定编写大纲及初稿审定阶段，有刘铁民、李湖生、姜传胜、曹海峰、蒋仲安、傅贵（排名不分先后，按姓氏笔画排序）等专家及业内同仁给出了许多建设性的意见和建议，对提升本书的学术水平和编写质量给予了极大的帮助，在此特向他们表示衷心的感谢！

本书的编写参考了相关文献资料，在此特向这些文献资料的作者表示诚挚的谢意。另外，本书的出版得到了中央高校基本科研业务费专项资金（编号：3-7-6-2021-09，2652019066）的资助，在此特表感谢。

由于时间紧迫，加之编者能力所限，本书难免存在不足之处，敬请广大读者批评指正，以便在今后的修订中逐步完善。

编　者

目 录

序
前 言

第 1 章 绪论 / 1
本章概要 / 1
学习要点 / 1
1.1 应急管理的基本概念 / 2
1.2 应急管理相关概念辨析 / 4
1.3 应急管理理论基础 / 18
1.4 应急管理的发展 / 27
相关知识阅读 / 35

第 2 章 突发事件风险管理 / 36
本章概要 / 36
学习要点 / 37
2.1 风险管理概述 / 37
2.2 ISO 31000 的结构与框架 / 42
2.3 风险管理的过程 / 47
2.4 如何进行突发事件风险管理 / 53
2.5 国外突发事件风险管理概况 / 55
2.6 案例：杭州试行企业环境风险评估 / 57
相关知识阅读 / 58

第 3 章 韧性理论与韧性城市建设 / 59
本章概要 / 59
学习要点 / 59
3.1 韧性及其他相关概念 / 60
3.2 系统安全韧性概述 / 61
3.3 韧性城市理论概述 / 65

3.4　案例：湖北省黄石市韧性城市建设 / 74
相关知识阅读 / 75

第 4 章　情景构建与应急准备 / 76

本章概要 / 76
学习要点 / 76
4.1　情景构建概述 / 77
4.2　基于"情景"的应急预案编制与管理 / 89
4.3　基于情景构建的应急演练规划与设计 / 105
4.4　基于情景构建的应急物资储备与管理 / 119
4.5　案例：井喷（失控）事故所致有毒气体扩散事件情景构建概要 / 136
相关知识阅读 / 138

第 5 章　业务连续性管理 / 139

本章概要 / 139
学习要点 / 140
5.1　业务连续性管理的内涵 / 140
5.2　国内外业务连续性管理发展历程 / 143
5.3　业务连续性管理方法论简介 / 146
5.4　业务连续性管理与传统应急管理 / 150
5.5　案例：华为的业务连续性管理实践 / 155
相关知识阅读 / 156

第 6 章　突发事件舆情管理 / 157

本章概要 / 157
学习要点 / 157
6.1　舆情管理的相关概念 / 158
6.2　舆情的产生与发展 / 159
6.3　舆情引导与舆情应对 / 164
6.4　案例：成都"6·5"公交车燃烧事件 / 167
相关知识阅读 / 168

第 7 章　应急处置与应急救援 / 169

本章概要 / 169
学习要点 / 170
7.1　我国应急管理体系概述 / 170

7.2　我国应急救援能力建设　/　178
7.3　我国突发事件分级响应　/　182
7.4　我国突发事件应急保障　/　186
7.5　发达国家突发事件应对概述　/　188
7.6　案例：突发事件应对实战　/　191
　　相关知识阅读　/　194

参考文献　/　195

第 1 章 绪 论

■ **本章概要**

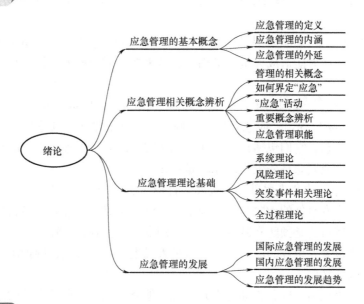

■ **学习要点**

- 了解应急管理的基本概念
- 了解应急管理相关概念辨析
- 了解应急管理的理论基础与发展

1.1 应急管理的基本概念

1.1.1 应急管理的定义

应急管理古已有之,人类的历史从某种意义上可以说是各种突发事件的应对史,尤其是自然灾害事件的应对在我国5000多年的历史文化中有很多的典故,例如大禹治水、都江堰水利工程等。伴随这些斗争史,"安而不忘危,存而不忘亡,治而不忘乱"等居安思危、预防在先的应急理念与危机意识思想萌芽逐步得到酝酿。近年来,随着各类突发事件的频繁发生,人类对于应急管理的认识日益深刻,应急管理体系逐步成熟,应急管理成为一个专门的研究领域。

关于应急管理的概念,联合国国际减灾战略在《术语:灾害风险消减的基本词汇》中提出,应急管理是组织与管理应对紧急事务的资源与责任,特别是准备、响应与恢复。应急管理包括各种计划、组织与安排,它们确立的目的是将政府、志愿者与私人机构的正常工作以综合协调的方式整合起来,满足各种各样的紧急需求,包括预防、响应与恢复。

美国联邦应急管理局(FEMA)对"应急管理"的定义为:有组织地分析、规划决策和分配可利用的资源以针对所有的风险灾难完成缓解(包括减少负面影响或防止)、准备、响应和恢复等功能。

美国学者Michael K. Lindell认为,应急管理(Emergency Management)就是应用科学、技术、规划与管理,应对能造成大量人员伤亡、带来严重财产损失、扰乱社会生活秩序的极端事件。

2007年10月23日,美国国土安全部(U.S. Department of Home land Security,DHS)出版的《术语》(Lexicon)提出,应急管理是协调、整合对于建立、维持与提高一系列能力来说很有必要的所有活动,它们包括针对潜在或现实灾害或紧急事务而进行的准备、响应、恢复、减缓,不论灾害或紧急事务发生的原因是什么。

2007年我国颁布《中华人民共和国突发事件应对法》(以下简称《突发事件应对法》),阐述应急管理就是突发事件的预防与应急准备、监测与预警、应急处置与救援、事后恢复与重建等应对活动。其目的是预防和减少突发事件的发生,控制、减轻和消除突发事件引起的严重社会危害,规范突发事件的应对活动,保护人民生命财产安全,维护国家安全、公共安全、环境安全和社会秩序。

姜安鹏和沙勇忠认为,应急管理是指政府及其他公共机构在突发事件的事前预防、事发应对、事中处置和善后管理过程中,通过建立必要的应对机制,采取一系列必要措施,保障公众生命财产安全,促进社会和谐健康发展的有关活动。

陈安把应急管理分为传统的应急管理和现代应急管理。传统的应急管理只处理单一领域或行业的事件;现代应急管理(Modern Emergency Management,MEM)是为了降低突发灾难性事件的危害,基于对造成突发事件的原因、突发事件发生和发展过程以及所产生的负面影响的科学分析,有效集成社会各方面的资源,运用现代技术手段和现代管理方法,对突发事件进行有效的监测应对、控制和处理。

唐承沛认为,应急管理顾名思义是应对突发事件的管理。

王绍玉和冯百侠认为，应急管理就是通过协调有关人士，明确对各种灾害类型的应急和灾害的管理责任并提高其管理能力。

张沛和潘锋的研究领域为城市的应急管理。他们认为，城市公共安全应急管理是针对城市面临的各种突发公共事件，通过建立全面融合的城市公共安全应急体系，以有效预防、处理和消弭突发公共事件为目标，由城市管理者为核心所进行的有组织、有计划、持续动态的管理活动。

1.1.2 应急管理的内涵

通过对以上观点的研究，可以看出：

1）应急管理是一种全过程管理。应急管理的核心目标是响应和处置突发事件，但是对于突发事件的响应和处置是离不开常态下的应急准备。特别是对于常规性突发事件，应急响应和处置的效果主要取决于应急准备工作。因此，应急管理不仅包括非常态下的工作，也包括常态下的应急工作的部分。也就是说，应急管理应当包括突发事件发生之前的准备工作，突发事件发生之后的响应工作（如疏散、隔离、应急处置等），以及突发事件发生之后的社会支持、恢复以及重建工作。

2）应急管理是一种实践管理活动。以政府的行政管理活动为核心，但不限于政府，并包括管理活动的所有特征，如计划、组织、协调和决策等。在突发事件的事前预防、事发应对、事中处置和善后管理过程中，通过建立必要的应对机制，采取一系列的必要措施，保障公众生命财产安全。

3）应急管理是一种综合性的管理活动。应急管理应当包括常态下和非常态下两部分工作，具体而言，应急管理应该包括应急预案体系建设、应急设备和基础设施建设、危险源与风险监测、隐患排查与防范、应急演习演练、应急宣传和培训、应急公众教育、应急科学和技术发展、报警和应急救援设备设施建设和维护、应急救援队伍建设、应急储备建设、预测与预警、应急处置、恢复与重建、应急保障，以及应急责任追究与奖惩等与突发事件应急直接或间接相关的多项内容。

综上所述，在理解应急管理概念的过程中，要注意以下几个方面：①应急管理是一个持续的过程；②应急管理应该通过对问题的前瞻并推测可能解决的方式，努力减少危机情境的不确定性；③应急管理一直需要考虑的问题是未来可能发生什么；④应急管理是一种教育活动，它意味着相关人士必须知晓应急程序的存在并理解程序；⑤应急管理应该包括演练，特别是响应和恢复阶段的演练。

1.1.3 应急管理的外延

1. 应急管理重在思想而不单是手段

应急管理活动既要按照突发事件自身发展过程（又称生命周期），采取防范、识别、处理、善后等管理活动和手段，又要按照一般管理职能过程要求，从危机分析、计划、组织、指挥、领导、决策、沟通、控制与监督等管理职能方面进行应急管理的职能体系构建。应急管理是管理者要高度关注的一个管理要素，手段只是管理工具，管理思想和理论基础则要遵循一般管理学的理论与逻辑。否则，在实际应急管理过程中就会产生本末倒置的情况，即手段代替思想，导致重视部分忽略主体的"管理近视症"，难以建立长效的应急管理运作体制和反应机制。

2. 预防为主，预防与应急相结合

"预防为主、预防与应急相结合"是我国应对突发事件的基本原则。突发事件对组织内部的平衡产生着巨大的威胁或损害，所以对于突发事件应力争将其控制在萌芽之中，即以预防为主，这是最主动、积极的应急管理态度。对于已经发生的突发事件，则要抓住机会和条件，尽快、科学地处理，扭转突发事件发展态势，力争使突发事件持续时间最短、损害最小。

在实施应急管理时，作为最高决策者还应当特别注意除了正规的信息渠道以外，一定还要有自己的非正规信息渠道，甚至包括私人渠道，这是应急管理的一条重要经验和基本技巧。每逢突发事件爆发时，迫于形势需要，管理者通常会从善如流、广纳谏言。一旦恢复常态，管理者就很快重新陷入繁忙的日常事务中，这时应注意避免远离基层、远离风险、忽视风险隐患。而应急管理的最后一道工序就是及时总结经验教训，修改和完善风险评估机制，强化风险防范措施和隐患排查治理，增强组织对危机的免疫能力，从而构成下一轮应急管理的前一道工序——预防与应急准备。

联合国第八任秘书长潘基文在联合国发布的第一份确认灾害风险要素的全球报告发布仪式上表示，灾害事件发生后的反应机制无论多么有效，都永远是不够的。联合国第七任秘书长安南也曾说过，灾前预防比灾后救援更经济、也更人道。

1.2 应急管理相关概念辨析

1.2.1 管理的相关概念

1. 管理的定义

关于管理定义的理解，可以从表1-1中的四个含义去考虑。

表1-1 管理定义的理解

含义	具体理解
管理的目的	有效地实现目标，所有的管理行为都是为实现目标服务的
实现目标的手段	计划、组织、领导和控制
管理的本质	协调
管理的对象	以人为中心的组织资源与职能活动

因此，管理是指在特定环境通过计划、组织、领导和控制等行为活动，对组织所拥有的资源进行有效整合，以实现组织目标的过程。

任何领域的管理目的都是"更有效"地实现管理目标，即追求最佳效率和效果，使组织以尽量少的资源而尽可能多地完成预期的合乎要求的目的。

2. 管理的对象与方法

（1）管理的对象

1）人力：育人、选人、用人。

2）财力：生财、聚财、用财。
3）物力：采购、保管、供应、分配。
4）时间：合理分配。
5）空间：学科领域、技术服务项目。
6）信息：搜集、分析、利用和反馈。

（2）管理的方法

1）行政管理方法。行政管理方法是指依靠行政组织的权威，运用指示、规定、条例和命令等行政手段，按行政系统由上级到下级逐层进行管理活动的方法。

特点：权威性、强制性、稳定性、具体性、阶级性。

2）法律管理方法。法律管理方法是指运用法律规范和类似法律规范的各种行为规则进行管理的方法。

特点：阶级性、概括性、规范性、强制性。

3）经济管理方法。经济管理方法是指按照客观规律的要求，运用经济杠杆和经济手段进行管理的方法。

特点：利益性、多样性、阶级性。

4）咨询管理方法。咨询管理方法是指为了解决某种社会问题、经济问题或某项科学技术问题（包括卫生和健康），运用专家们的知识、智力、经验、阅历，为决策部门提供有科学依据的计划、方案、意见的管理方法。

特点：针对性、综合性、时效性。

5）思想工作方法。思想工作方法包括：①思想教育、启发自觉；②树立榜样、典型示范；③运用社会舆论，形成健康的社会风气；④研究合理需要，把工作做在前头。

思想工作的具体实现形式有：①演讲报告；②座谈讨论；③个别谈心；④各种文化活动；⑤参观访问；⑥评比竞赛。

1.2.2　如何界定"应急"

应急的相关概念经常被混用，例如学者倾向于用危机（Crisis）和风险（Risk），安全生产部门倾向于用事故（Accident），灾害管理部门根据灾情分别使用灾害/事故灾害/巨灾（Disaster/Calamity/Catastrophe）。

相关概念的混乱源于西方应急管理发展的历程。在美国，突发事件（Emergency）主要包括自然灾害（Disaster/Calamity/Catastrophe）和技术灾害（Accident）。其中，自然灾害的发生是经常性的，包括大范围的自然灾害和严重的风暴、泥石流、雷击和龙卷风；技术灾害属于安全生产管理范畴，随着现有技术的发展和变化以及新技术的引进，有害物质数量和种类也越来越多，采用核电站和液化天然气设施的能源技术，使越来越多的人生活在技术灾害的边缘。危机（Crisis）和风险（Risk）则贯穿于自然灾害和技术灾害的全过程，因此与应急管理（Emergency Management）最为密切。

1. "应急"的常见表述

应急管理中的"应急"在不同国家和地区有不同的表述。英语中对应的单词有 Emergency（美国官方常用）、Contingency（英国官方常用），准确的含义是处理紧急事态。有关"应急"的常见表述如下：

(1) 突发事件

从词语构成来看，突发事件包括"突发"和"事件"两个词汇，是指突然发生的大事情，即人们常说的"飞来横祸"。突发，顾名思义就是突如其来、出乎预料、令人猝不及防（飞来）；事件，按照《辞海》的解释，则是指历史上或社会上发生的大事情（横祸）。总而言之，"突发事件就是人们尚未认识到的在某种必然因素支配下瞬间产生的，给人们和社会造成严重危害、损失且需要立即处理的破坏性事件"。

(2) Emergency

Sudden serious event requiring immediate action.（需要立即采取行动的突发的、严重的事件。）Emergency 直译为紧急情况，该定义体现了突发性、紧迫性和危害性的主要特点，是突发事件最常用的表达。

(3) Crisis

Emergency; turning-point in illness, life, history, etc.; time of difficulty danger or about the future.（紧急情况；疾病、生活、历史等的转折点；困难时期、危险时期或关于未来的时期。）Crisis 意为危机，即危险+机遇，危险中孕育着机遇，其最初的含义是事件在发展过程中需要在短时间内做出重要决策的一个状态或阶段，是事件有可能变得更好或者更坏的一个临界点。

(4) Risk

The possibility of meeting danger or suffering harm, loss, etc.（遇到危险或遭受伤害、损失等的可能性。）Risk 意为风险，是一种相对广义的概念。

(5) Incident

在英文中，Incident 有以下三个意思：

1) event or happening, often of minor importance.（很小的事情。）

2) hostile military activity between countries, opposing forces, etc.（国际或敌对力量等之间的敌对行动、军事冲突。）

3) public disturbance, accident or violence.（骚乱，事故、暴力事件。）

Incident 一词在应急管理以及与安全相关的文献中出现频率较高，用于表达突发的可能造成损失的事件，是一种比较标准的用法。当提到灾难性事件时通常使用这个词，一般工业事故也常用这个词。

(6) Disaster/Calamity/Catastrophe

1) Disaster：event that causes great harm or damage.（造成巨大伤害或损害的事件。）更多情况下，它是指突然发生的造成悲惨、不幸以及痛苦等感受的损失或后果，多用于形容大规模的灾难性事件，尤其是自然灾害。

2) Calamity：an accident; a disaster, especially one causing a lot of damage or suffering.（意外事故；灾难，尤指造成大量损害或痛苦的事故）。它通常是指特别重大、持续时间长的事故灾害。

3) Catastrophe：a sudden, unexpected, and terrible event that causes great suffering, misfortune, or ruin.（引起巨大痛苦、不幸、破坏的突然、意外和可怕的事件。）它通常是指巨灾。

关于 Disaster/Calamity/Catastrophe 之间的界定并没有明确标准。其中，巨灾具有致灾强度大、灾害损失重、救助需求高的特征，其划分的标准见表1-2。

表 1-2 巨灾的划分标准

学者	标准	备注
马宗晋（1994）	死亡10 000人以上 直接经济损失（按照1990年价格计算）超过100亿元（含100亿元），或损失超过该省份前三年年平均财政收入的100% 干旱受灾率在70%以上，或洪涝受灾率在70%以上，或粮食损失超过该省前三年年平均粮食收成的36% 倒塌房屋30万间以上 牧区成畜死亡100万头以上	凡达到其中两项标准的才可确定其为巨灾
Mohamed（2008）	死亡1000人以上 受灾面积大于100km^2	凡达到其中一项标准的就可确定其为巨灾
史培军（2009）	致灾强度为7.0（地震）或百年一遇 10 000人以上的死亡（包括失踪一个月以上的人口） 1000亿元以上的直接经济损失 10 000km^{2}以上的成灾面积	凡达到其中两项标准的才可确定其为巨灾

2. "应急"的相关概念辨析

（1）突发事件与危机

关于危机的定义，目前还没有统一的说法，各类学者从不同侧面和不同角度对危机进行了界定，都有其合理的成分，比较有代表性的定义主要有以下几种：

1）从字面上看，中文的"危机"，有两层含义：一是表示"危险"；二是表示"机遇"，这一说法在西方的危机管理研究领域尤为盛行。

2）研究危机的先驱C. F. Hermann在《国际危机：从行为研究角度考察》一书中对危机研究做出了界定，认为危机有三个确定标准：一是威胁到了权威决策团体所建立的组织的优先目标；二是在情境转换之际，决策者的反应时间有限；三是对决策者或组织而言，危机是一项未曾预料或仓促发生所造成的惊讶或意外。同时他将危机定义为"威胁到决策集团优先目标的一种形势，在这种形势中，决策集团做出反应的时间非常有限，且形势往往向令决策集团惊奇的方向发展。"

3）我国学者许文惠认为，从系统角度来看，危机是一种改变或破坏系统平衡状态的现象，也可以视为系统的失衡现象，并认为危机的本质就是不一致、矛盾和冲突而导致的一种紧张状态。

4）清华大学薛澜教授把危机界定为一种决策情势，在此情境中，作为决策者的组织（核心单元为政府）所认定的社会基本价值和行为准则架构面临严重威胁，突发紧急事件以及不确定前景造成了高度的紧张和压力，为使组织在危机中得以生存，并将危机所造成的损害降至最低限度，决策者必须在相当有限的时间约束下做出关键性决策和具体的危机应对措施。

就一般意义而言，危机具有以下特性：①危机具有高度不确定性；②危机具有时间紧迫性，需要立即处理；③危机发生的领域很广，不仅仅局限于组织；④危机是一种具有负面影响的事件。这种负面影响可以是潜在的，也可以是显性的。

突发事件与危机具有以下共同点：①两者都是负面事件，都会给社会、组织或个人带来一定程度的损失危害或负面影响；②两者都需要紧急处理，如果处理不及时，其损失危害将会更大，负面影响将更为恶劣；③两者都具有不确定性，即两者所造成的损失危害不确定，所持续的时间不确定，发展态势不确定。

突发事件与危机除了有共同点以外，也有一些区别。突发事件对社会的影响虽然不是转瞬即逝的，但其所涵盖的时间外延相对较窄；而危机的形成往往会有一个或长或短的过程。虽然突发事件与危机都是具有负面影响的事件，但突发事件的负面影响是显性的、现实的，人们可以感觉得到；而危机的负面影响既可以是显性的、现实的，也可以是隐性的、潜在的，人们可能一时还无法感觉到。突发事件最显著的特征就是突发性，出人意料。危机一般以某一事件为契机或导火线，即通过偶然的、独特的突发事件的形式表现出来。这就是说，在一定的外界条件下，突发事件会进一步发展成为危机；突发事件往往成为危机的先兆和前奏，或充当引发危机的原因。在逻辑上可以说，危机必定是突发事件，然而突发事件未必就形成危机。

事实表明，许多突发事件本身就是危机的一部分，并且是很关键的一部分。当突发事件因处理不当而失去控制，并朝着无序的方向发展时，危机便形成并开始扩大化。在这种情况下，突发事件就等同于危机。如果某些突发事件的处理及时得当，就有可能被消灭在萌芽状态之中，从而不会演变为危机。

（2）突发事件与风险

词典对"风险"的界定是"可能发生的危险"，或"遭受损失、伤害、不利或毁灭的可能性"。风险管理的经典著作《风险管理与保险》（*Risk Management and Insurance*）将"风险"定义为：特定情况下那些可能发生的结果的差异性。目前，学术界对风险的内涵还没有统一的定义。由于对风险的理解和认识程度不同，或对风险研究的角度不同，不同的学者对风险的概念有着不同的解释。

突发事件与风险的联系主要包括风险包含了许多可能出现的结果，风险事件是指包含有消极结果部分的事件。也就是说，风险事件一定是会带来损失的事件。突发事件和风险事件都具有不确定性。这种不确定性包括事件发生与否不确定；事件发生的时间不确定；事件发生的状况不确定；事件后果及其严重程度不确定。突发事件和风险事件可以说是事物发展过程中的两个阶段。当风险的"预期损害性"变为现实，即造成事实上的损害时，风险事件便在向突发事件靠拢。

风险事件与突发事件除了联系以外，还有区别。风险事件包含一些已知的、可预测的因素，可以通过数学模式进行量化。这就表明，风险事件可以通过一定方式或手段进行分解甚至化解为零。如果风险事件量的积累达不到突发事件发生所需的质的转变，则相对于突发事件而言，风险为零。

人们对突发事件的反应和对风险事件的反应是不一样的。在现实生活中，当人们听到突发事件时，会做出强烈的反应，如表现出紧张的神态或极大的关注，也就是说，突发事件是令人难以接受的。而当人们听到风险事件时，会不以为然，所以相对来说，风险事件是可以接受的。突发事件一般是事物质变的结果，而风险事件可以是事物量变过程中造成的损失。当风险事件的"可能性"变为现实后，即比预期更为恶劣的因素积累达到质变时，突发事件就可能随时发生。风险事件更多的是与人或社会的因素相关联，而突发事件既包括社会性事件，也包括由纯自然原因而引发的事件。

（3）突发事件与事故

"事故"在英文中对应的单词是"Accident"，意思是未曾预料、不希望发生的意外事件、偶然事件、机会事件或附带事件。

"事故"是指意外的变故或灾祸，《辞海》对"事故"的解释是：现在，事故一般是指工程建设、生产活动与交通运输中发生的意外损害或破坏。有的事故是由于自然灾害或其他原因为当前人们所不能全部预防的；有的事故是由设计、管理、施工或操作时的过失引起的，这称为责任事故。这些事故可以造成物质上的损失或人身伤害。《现代汉语词典》对"事故"的解释是：意外的损失或灾祸（多是指在生产、工作上发生的），如工伤事故、责任事故。

事故与生产活动密切相关，事故产生的必备条件是事故隐患，由此衍生出了事故的四大特性，即潜在性、因果性、条件性和偶然性。①潜在性是指事故隐患在发展之初的孕育阶段，存在的方式一般为隐匿的、潜在的，随着生产的每个过程随机变化，事故逐步向显性发展。②因果性是指所有事故的发生都是多种事故因素相互作用的结果。③条件性是指事故隐患的产生、存在和发展以及转化为事故需要一定的条件，而且都要经过一个过程。④偶然性是指事故隐患发展为事故是一个偶然的随机事件。

突发事件与事故的联系是：突发事件和事故都是具有负面影响的事件，都会给社会、组织或个人带来人员伤亡、财产损失或精神上的伤害。人们都不希望突发事件和事故发生。两者的发生或出现从表面上看，具有偶然性，但是在其背后都具有必然性的因素，从这个意义上说，两者都是难以避免的。

突发事件与事故除了联系以外，还有区别。在现实生活中，出现得比较频繁的事故有交通事故、生产事故、爆炸事故等。由此可见，事故一般和人们的生产、生活联系紧密。相比之下，突发事件的外延就宽多了，它除了发生在人们的生产、生活之中，还涉及政治、经济、文化、军事、外交等诸多领域。

事故一般是由确定的现象转化而来的，如由决策失误、管理不善、工作粗心等人为因素而诱发的原本不该发生的事情。而突发事件更多来源于某些在世界范围内还未曾发生或已发生的不确定性现象，如全球范围内的禽流感流行事件；或来源于某些经常发生的、其发生的地点和时间带有一定偶然性的随机现象，如森林火灾、恶性交通事故等。

相对来说，事故更有预见、预防性，因为事故的发生是有条件的，总是和没有遵守有关的规范、规则、制度联系在一起。例如，交通事故的发生大多是由交通违章造成的，生产事故的发生是因为没有遵守安全生产制度。而造成突发事件的原因则比较复杂，有自然因素和人为因素，也有自然和人为的交互性因素，如地质因素、气候因素、政治因素、经济因素、民族矛盾因素、宗教信仰因素等。原因的复杂性决定了突发事件在预见、预防上的难度。

（4）突发事件与灾难

《现代汉语词典》将"灾难"界定为：天灾人祸所造成的严重损害和痛苦。广义地说，凡危害人类生命财产和生存安全的各类事件统称灾难。从历史上可以看出灾难产生的原因主要有两个方面：自然变异、人为影响。因而，人们常把以自然变异为主而产生并表现为自然状态的灾难称为自然灾难，如干旱、洪涝、地震；把以人为影响为主而产生并表现为人为状态的灾难称为人为灾难，如生产安全事故、交通事故。从事物的本质来看，可以认为自然灾难是指自然界物质运动变化、能量积聚转换的一种激烈形式，是自然界物质、能量变化的极端形态；而人为灾难则一般是指决策失误、操作失误、管理不当对自然界生态平衡或人类生活环境的破坏等。

灾难主要是从事件产生的后果来说的，它不一定是短时间爆发的；而突发事件更强调事情发生的时间很突然，后果比较严重。从这个意义上说，灾难不一定是突发事件，突发事件也不一定会成为灾难。但是，两者都会给社会带来一定程度的损失。

（5）突发事件与紧急事件

"紧急事件"在英文中对应的单词是"Emergencies"，意思是必须立即采取行动、不容许拖延的事件；或者说，是一个突如其来的、不可预见的紧急关头或困境，它要求立即采取行动以免造成灾难。从这个角度而言，所有的突发事件都是紧急事件，因为所有的突发事件都需要立即处理，容不得拖延，否则会造成更大的损失。

但是，并不是所有的紧急事件都是突发事件。紧急事件只是处理时间很紧急，但不一定是负面事件。紧急事件发生时，不一定已经造成严重的损失；只是如果处理不及时或处理不好，就会造成严重损失。

（6）突发事件与冲突

"冲突"在英文中对应的单词是"Conflict"，意思是对立的、互不相容的力量或性质（如观念、利益、意志）的互相干扰。《现代汉语词典》对"冲突"的解释是：因矛盾表面化而发生的激烈斗争，如武装冲突、言语冲突。《辞海》对"冲突"一词的解释有三种：①急奔，猛闯；②抵触，争执，争斗；③文艺用语，即现实生活中人们由于立场观点、思想感情、要求或愿望等的不同而产生的矛盾在文艺作品中的反映。

冲突在现实世界中普遍存在。典型的冲突当属军事冲突，包括热战和冷战。当然还有政治冲突、经济冲突、文化冲突以及宗教冲突、种族冲突、民族冲突等。冲突的参与者必定有矛盾或分歧，这些矛盾或分歧也许是客观存在的，也许存在于人们的主观意识之中，经常表现在观点、利益、要求、需要、欲望、意志、文化、价值观、宗教信仰等方面。

突发事件和冲突的联系是：首先，两者都是双刃剑，都具有两面性，有消极影响，也有积极作用。冲突造成的破坏性影响是显而易见的。由于政治、经济利益的驱使，社会上人与人、不同利益集团之间的矛盾冲突，特别是非正义的战争，会对人类造成精神上和肉体上的伤害。但也应该看到，正是各种冲突推动着人类社会由低级向高级发展，推动着社会制度的不断演变。冲突还有利于促进、联合、增强群体内部的凝聚力。与此相似，突发事件除了负面影响以外，也具有一定的积极作用。例如，2003年非典事件提高了我国政府的公信力；2008年汶川地震提高了中华民族的凝聚力。其次，突发事件和冲突一样，都是社会发展不可避免的产物。当今社会处在一个变化莫测的动态环境中，充满着矛盾、机遇和挑战。个人、组织、团体、民族和国家要生存和发展，必然要发生各种各样的关系，其间必然伴随着各种冲突和突发事件。

突发事件和冲突除了联系以外，还有区别。冲突归根到底是一种人的行为。因此，可以从人的行为动因上归结冲突发生的原因。人的行为是在人格因素和环境因素的相互影响下发生的，正由于上述两种因素的存在，人们在形成对他人或其他组织看法的过程中容易产生偏差，很难达成一致。看法一旦形成，就难以轻易改变。当两个群体的立场相互抵触时，冲突很容易发生。而突发事件除了人为因素以外，还有非人为因素，如病毒、海啸、地震等。从这个角度看,冲突的外延要小于突发事件。

3. 立法中"突发事件"的定义

"突发事件"在《中华人民共和国刑法》第二百七十七条中的含义与"自然灾害"并列,而《中华人民共和国人民警察法》第十七条第一款中规定:"……对严重危害社会治安秩序的突发事件,可以根据情况实行现场管制",《国防交通条例》第五十三条规定:"……(一)特殊情况,是指局部战争、武装冲突和其他突发事件……"。

同样,突发事件的含义在《突发事件应对法》和《国家突发公共事件总体应急预案》(简称《总体预案》)中也都有具体的规定。《突发事件应对法》中所称突发事件是指突然发生,造成或者可能造成严重社会危害,需要采取应急处置措施予以应对的自然灾害、事故灾难、公共卫生事件和社会安全事件。

《总体预案》规定,突发事件是指突然发生,造成或可能造成重大人员伤亡、财产损失、生态环境破坏和严重社会危害、危及公共安全的紧急事件。

《突发事件应对法》和《总体预案》中关于突发事件的概念既有共同点,也有不同点。共同点是两者都体现了突发事件的要素:

1)突然性。它是指事件发生后给人们思考、决策的时间很短。

2)公共性。它是指事件发生后造成的后果危害或影响范围大。

3)全面性。它是指"造成或者可能造成",即不仅要研究造成损失的事件,还要研究可能造成损失的事件。

不同点在于:《突发事件应对法》中只说明突发事件造成或者可能造成严重社会危害;而《总体预案》中明确了突发事件所造成的社会危害的特征:重大人员伤亡、财产损失、生态环境破坏和严重社会危害,危及公共安全。这两个国家规范性文件从不同的角度对突发事件进行了诠释。

4. 突发事件的分类

突发事件的类型是多种多样的。随着社会复杂性及不稳定性的增强,特别是现代社会工业化、城市化和全球化程度的加深,人口、资源、环境、公共卫生方面的社会问题日益尖锐,当今人类面临的突发事件变得更为复杂多样。

我国现代对突发事件的分类是根据事件的特征,把各种突发事件划分为不同的类别。由于不同突发事件发生的原因、处置的措施、技术手段以及责任部门都不相同,因此分类的目的在于明确责任体系,更加便捷地处置专业性、技术性的突发事件。分类是应急管理工作的基础,只有首先确定事件的类别,才能更快地找到处理问题的应对方案。认真研究和合理确定突发性事件的分类,对于明确责任、制定预案、科学组织、整合资源具有重要意义,是做好突发性事件应对和处置的基础性工作。

依据不同的判断标准,可以把突发事件划分为不同的类型:

1)按其影响的地域范围划分,可以分为全球性、全国性以及地区性三类。全球性突发事件是由环境、难民、毒品等全球性问题引发的全球化产物,如全球气候变暖、臭氧层空洞、毒品集团跨国界犯罪、非典疫情、互联网危机等;全国性以及地区性突发事件,如美国"9·11"事件、日本阪神大地震、中国汶川地震等。

2)按其性质划分,可以分为:①政治性突发事件,如政变、选举纠纷、政治动乱等政治失序现象等;②经济性突发事件,如亚洲金融风暴、美国1929年的经济危机等;③社会性突发事件，如印度教派冲突、美国洛杉矶1965年和1991年的骚乱等；④生态性突发事件，如沙漠化、核泄漏、疯牛病等。

2006年1月8日，国务院发布的《总体预案》对突发公共事件的分类见表1-3。

表1-3 突发公共事件的分类

类　别	表　现	举　例
自然灾害	主要包括水旱灾害、气象灾害、地震灾害、地质灾害、海洋灾害、生物灾害和森林草原火灾等	台风、暴雨、海啸、地震、泥石流、火山爆发等
事故灾难	主要包括工矿商贸等企业的各类生产安全事故、交通运输事故、公共设施和设备事故、环境污染和生态破坏事件等	化工企业毒气、毒液泄漏事故，桥梁垮塌事故，城市水源地污染事故等
公共卫生事件	主要包括传染病疫情、群体性不明原因疾病、食品安全和职业危害、动物疫情以及其他严重影响公众健康和生命安全的事件	集体食物中毒事件、恶性传染病突发事件、伪劣药品损害事件等
社会安全事件	主要包括恐怖袭击事件、经济安全事件和涉外突发事件等	公共场所的爆炸案件、大型群众性活动中的踩踏伤亡事件、聚众闹事、堵路事件等

下面对各类型突发公共事件进行具体介绍。

（1）自然灾害

自然灾害是指由于自然异常变化造成的人员伤亡、财产损失、社会失稳、资源破坏等现象或一系列事件。自然灾害也就是人们常说的"天灾"，由自然因素直接所致。

2016年11月，世界银行与全球减灾和恢复基金（GFDRR）在第22届联合国气候变化大会（COP22）期间发布的《坚不可摧：加强贫困人口面对自然灾害的韧性》报告显示，自然灾害每年对全球经济造成的损失达5200亿美元（比通常报告的损失高出了60%），并且每年致使大约2600万人陷入贫困境地。

（2）事故灾难

事故灾难是指直接由人的生产生活活动引发，在生产生活过程中突然发生，伤害人身安全和健康、损坏设备设施、造成经济损失或环境污染，导致活动暂时中止或永远终止的意外事件。事故灾难一般属于"人祸"，通常由人们无视规则的行为所致。

以交通事故为例。2018年，世界卫生组织（World Health Organization，WHO）发布的《道路安全全球现状报告2018》显示，全球每年约135万人死于道路交通事故，相当于全球每天有3699人因交通事故死亡。报告强调，道路交通事故在高收入国家与低收入和中等收入国家之间存在巨大差距：大部分的道路交通死亡发生在低收入和中等收入国家，而那里只拥有世界上近乎一半的车辆；欧洲（尤其是该地区中比较富裕的国家）人均死亡率最低，非洲则最高。

（3）公共卫生事件

公共卫生事件是指突然发生，造成或者可能造成社会公众健康严重损害的事件。公共卫生事件通常由自然因素和人为因素共同所致。

突如其来的新冠肺炎疫情，给人民生命安全和身体健康造成严重威胁，对我国和全球经济社会发展造成严重冲击。习近平总书记指出，新冠肺炎疫情是百年来全球发生的最严重的传染病大流行，是新中国成立以来我国遭遇的传播速度最快、感染范围最广、防控难度最大的重大突发公共卫生事件。《抗击新冠肺炎疫情的中国行动》白皮书指出，新型冠状病毒肺炎是近百年来人类遭遇的影响范围最广的全球性大流行病，对全世界是一次严重危机和严峻考验。

（4）社会安全事件

社会安全事件是指突然发生，严重威胁社会治安秩序和公民生命财产安全，需要采取特别措施进行应急处置的事件。社会安全事件通常由一定的社会问题诱发。

例如，在恐怖袭击方面，根据美国马里兰大学全球恐怖袭击数据库（GTD）统计，1970年到2015年，全球共发生19138起恐怖袭击事件（不包括未遂的袭击），严重威胁世界和平与安定；从全球趋势看，2004年以后，恐怖袭击事件的频率明显增加并在2014年达到近年来的峰值。在"颜色革命"方面，从20世纪90年代初东欧剧变到2003年格鲁吉亚"玫瑰革命"，从2004年乌克兰"橙色革命"到2005年吉尔吉斯"郁金香革命"，从2011年"阿拉伯之春"到2014年乌克兰第二次"颜色革命"，冷战结束以来，原苏联地区和中东北非地区以和平的非暴力方式进行的政权更迭运动越来越多。

需要注意的是，突发事件的分类是相对的。在现代社会，很多突发事件具有交叉关联的特点，相互之间耦合转化、连锁联动，共同构成一个复杂的综合体。一方面，有的突发事件本身具有多重属性，在事件起因、发展过程、影响后果等方面同时兼具自然的、人为的、技术的因素；另一方面，各类突发事件之间相互影响、相互作用，产生各种次生、衍生影响，形成复杂的事件链。

5. 突发事件的分级

突发事件可以划分为不同的等级，要求按照"既要有效控制事态，又要应急措施适当"的原则，采取相应的应对措施。

《突发事件应对法》第三条规定："……按照社会危害程度、影响范围等因素，自然灾害、事故灾难、公共卫生事件分为特别重大、重大、较大和一般四级……突发事件的分级标准由国务院或者国务院确定的部门制定。"为此，2010年国务院制定了《特别重大、重大突发公共事件分级标准（试行）》，作为《国家总体应急预案》的附件印发各地、各部门执行。此外，国务院主管部门制定了较大和一般突发事件的分级标准。这些分级标准具体体现在《中华人民共和国防震减灾法》《生产安全事故报告和调查处理条例》《中华人民共和国传染病防治法》等法律法规，以及《国家防汛抗旱应急预案》《国家处置重、特大森林火灾应急预案》《国家地震应急预案》《国家安全生产事故灾难应急预案》《国家核应急预案》《国家处置电网大面积停电事件应急预案》《国家处置城市地铁事故灾难应急预案》《国家突发公共卫生事件应急预案》《全国高致病性禽流感应急预案》等相关法规中。

1.2.3 "应急"活动

1. 相关术语

（1）自然灾害

自然灾害（Natural Disaster）是指由自然因素造成人类生命、财产、社会功能和生态环境等损害的事件或现象。

（2）防灾

防灾（Disaster Prevention）是指灾害发生前，采取一系列措施防止灾害发生或预防灾害造成人员伤亡、财产损失以及对社会和环境的影响。

（3）减灾

减灾（Mitigation）是指在灾害的各个阶段，采取一系列措施减轻灾害造成的人员伤亡、财产损失以及灾害对社会和环境的影响。

（4）救灾

救灾（Disaster Relief）是指灾害发生后，开展的灾情调查与评估、物资调配、转换安置、生活和医疗救助、心理抚慰、救灾捐赠等一系列灾害救助工作。

（5）抗灾

抗灾（Disaster Resistance）是指灾害发生期间，为抗击或抵御灾害，紧急采取的抢险、抢修、救援等一系列应对工作。

（6）综合减灾

GB/T 26376—2010《自然灾害管理基本术语》中并没有对综合减灾（Comprehensive Disaster Reduction）加以规定。该词最早出现在1991年金磊和高庆华发表的相关论文中。金磊认为，城市规划要考虑综合减灾，建立综合的、交叉的"天、地、生、人"四位一体化的研究模式。高庆华论述的是沿海地区的综合减灾，但是没有给出相应概念及含义。

2. "应急"活动的内容

突发事件应对作为以突发事件为对象的人类实践活动，有着广泛的含义。《突发事件应对法》对突发事件应对给予了列举性的解释，即"突发事件的预防与应急准备、监测与预警、应急处置与救援、事后恢复与重建等应对活动"。所有这些活动可以分为技术性活动、认识性活动和整合性活动。

突发事件应对的技术性活动包括利用有关技术和物质手段对风险隐患采取安全防范措施、利用有关设备和工具进行应急救援、利用信息技术手段打造应急信息平台等。

突发事件应对的认识性活动包括科学研究、教育培训、宣传报道等。例如，《突发事件应对法》第三十条第一款规定："各级各类学校应当把应急知识教育纳入教学内容，对学生进行应急知识教育，培养学生的安全意识和自救与互救能力。"该法第二十九条第三款规定："新闻媒体应当无偿开展突发事件预防与应急、自救与互救知识的公益宣传。"

突发事件应对的整合性活动是把各种资源组织起来的活动。

3. 我国"应急"的职能部门

2018年4月，作为国务院组成部门，新组建的应急管理部将下述部门的职责整合，包括国家安全生产监督管理总局的职责，国务院办公厅的应急管理职责，公安部的消防管理职责，民政部的救灾职责，国土资源部的地质灾害防治、水利部的水旱灾害防治、农业部的草原防火、国家林业局的森林防火相关职责，中国地震局的震灾应急救援职责，以及国家防汛抗旱总指挥部、国家减灾委员会、国务院抗震救灾指挥部、国家森林防火指挥部的职责。

应急管理部的职能主要集中于自然灾害和事故灾难，而自然灾害和事故灾难并没有包括所有灾种。例如自然灾害中的海洋灾害、生物病虫害应对和事故灾难中的核事故应对就分别被保留在海洋、农业、环境管理部门。在各类突发事件的应急管理过程中，气象、交通等部门的应急职能也未被整合进应急管理部。

1.2.4 重要概念辨析

1. 应急管理与危机管理

从研究对象来看，危机管理的研究对象是危机。而应急管理的研究对象是突发事件。危机（Crisis）最早起源于希腊语中的 Krinein，是指"有可能变好或变坏的转折点或关键时刻"，也包括"困难或危险的时刻或不稳定状态"的含义；从汉语字面的释义来看，即"危险中孕育着机遇"。

从研究目的来看，危机管理与应急管理并无差异。无论危机管理还是应急管理，其目的就是要最大限度地降低人类社会悲剧的发生。危机管理和应急管理并无本质差异。

国外突发事件应急管理多是以危机管理出现的。罗伯特·吉尔（Robert Girr）认为，危机研究和管理的目的就是要最大限度地降低人类社会悲剧的发生。巴顿（Barton）定义危机管理：针对危机情景发展，包括消除危机的技术、正式沟通体系以避免和管理危机等一系列实践活动的总称。

从研究范围或任务来看，应急管理比危机管理范围更广。一些学者根据应急管理的范围或任务定义危机管理。格林（Green）注意到危机管理的一个特征是"事态已经发展到无法控制的程度"。一旦发生危机，时间因素非常关键，减少损失将是主要的任务。危机管理的任务是尽可能控制事态，把损失控制在一定的范围内，在事态失控后要争取重新控制住。米特罗夫（Mitroff）和佩尔森（Pearson）认为，收集、分析和传播信息是危机管理者的直接任务。危机发生的最初几小时（或危机持续时间很长时的最初几天），管理者应同步采取一系列关键的行动。这些行动是"甄别事实、深度分析、控制损失、加强沟通"等一系列关键的行动。

国内一些学者也对危机管理进行了定义，如苏伟伦认为危机管理是指组织或个人通过危机监测、危机预控、危机决策和危机处理，达到避免、减少危机产生的危害，甚至将危机转化为机会的目的。薛澜认为，危机管理的核心内容是在有限信息、有限资源、有限时间的条件下，寻求突发事件"满意"的处理方案，迅速从正常情况转换到紧急情况。

从应对的积极性来看，危机管理是面临事件的积极措施，可以不出现多余成本；而应急管理是灾难性事件的高级阶段，是在上一次造成的损失和灾难后果基础上的管理。

从涉及的学科领域来看，危机管理需要公关方法和技巧，技术只是辅助因素，而应急管理则需要优化与决策理论、信息技术、经济学、管理学、社会学等多个学科的支撑。

从研究的广度来看，危机管理处理的事件更为宏观，且影响面更广，可能造成的损失更大。但是可以通过恰当的处置方式，仍然有机会挽回潜在的损失，使事件不至于造成不可挽救的后果。应急管理则是应对各种突发性事件，对曾经造成过损失的情况进行的管理，主要研究的重点是对突发事件的缓解、准备、响应和恢复。

综上所述，危机和应急管理是孪生领域，因此有很多相似之处。

危机管理的重点在于危机的特性、紧急性和巨大的威胁及其所对应的非常规决策与行动以及战略性思考等管理特征。

应急管理对应更加宽泛的事件，危机必然导致应急状态，但并非所有的应急状态都由危机导致，实际上大部分应急状态完全与危机无关。

应急管理更多属于公共管理的范畴，应急管理一般而言是一个发展和执行公共政策和政府活动的过程。危机管理包含有管理领域内容，如评价、理解和应对各种严重危机情景的技术和技能等，并主要是针对从事件发生之时直到恢复过程的开始。应急管理的范围则与其所对应的突发事件一样，大量非危机性突发事件是需要纳入应急管理的范畴中，要比危机管理涉及的范围广。

从管理对象看，应急管理涵盖了危机管理；而从管理主体看，危机管理涵盖应急管理。

2. 应急管理与风险管理

威廉沃（William）认为，应急管理就是风险管理，其目的是使社会能够承受环境、技术风险所导致的灾害。哈多（Haddo）与布洛克（Bullock）说，应急管理是一门应对风险与规避风险的学科。以上观点说明了应急管理与风险管理有相似性。

风险管理主要解决如何防范和应对各种风险，以避免演化为突发事件和危机事件。如果防范不及时、应对不力，就会传导、叠加、演变、升级，使小的矛盾风险挑战发展成大的矛盾风险挑战，局部的矛盾风险挑战演变为系统的矛盾风险挑战，国际上的矛盾风险挑战演变为国内的矛盾风险挑战，经济、社会、文化、生态领域的矛盾风险挑战转化为政治领域的矛盾风险挑战，最终危及党的执政地位和国家安全。

事实上，风险管理是以"不发生事故"为目标，而不论风险管理工作做得多好，都只是降低突发事件发生的概率，应对、处置工作必不可少。但应急管理理念不仅关注事前的防范，还关注事中的管理和事后的处置，是一种全过程管理。

风险管理强调防患于未然，未雨绸缪，关口前移，这样应急管理部门在灾害来临的时候，一方面可以做到应对有序，另一方面能提升抵御灾害的能力。防范化解重大风险，必须树立风险管理和安全发展理念，事关人民群众生命财产安全、国家安全和发展全局，是应急管理部门的首要任务。

应急管理和危机管理主要是针对非常态管理，风险管理则是居于常态管理与非常态管理的中间地带，主要解决如何防范和应对各种风险，以避免演化为突发公共事件和危机。也就是说，"应急管理"是全过程管理，既要高度警惕"黑天鹅"事件，也要防范"灰犀牛"事件；既要有防范风险的先手，也要有应对和化解风险挑战的高招；既要打好防范和抵御风险的有准备之战，也要打好化险为夷、转危为机的战略主动战。

3. 应急管理与一般管理

应急管理具有明显的时间紧迫性，需要以极快的速度和有效的手段进行管理才能减少损害。因此，对于管理者而言，也需要在最短的时间内迅速正确地做出决策。相比较而言，一般管理的时间较为充裕，可以有充足的时间充分考虑和会商，从容地选择最佳管理措施。

突发事件爆发时对管理者而言往往具有信息掌握不充分的情况，在进行应急管理时（尤其是最初阶段）无法对突发事件进行客观全面的了解和分析，在管理中面临很多的不确定性，在管理中做出的决策和采取的措施有可能并不是最完美的，常常留有遗憾。而一般管理可以在充分调查了解后，全面、完整、详细地考虑客体的方方面面，在充分掌握信息的基础上做出决策。

应急管理的目的就是消除突发事件带来的危机，并将危害和损失尽可能控制在最小范围。而一般管理的目的往往根据组织职能设置的不同而不同，或是企业实现经济效益的增长,或是学校实现教育质量的提升,或是医院实现救死扶伤的医德要求等。

应急管理是一种极端心理状态下的管理,管理主体尤其是决策者、参与者往往处于高度紧张的状态,恐惧、紧张、焦虑、冲突的心态会影响管理者的认知能力、分析能力、判断能力,也会影响对突发事件管理的效果,而一般管理较少有这种极端的心理状态,相比较而言,心理压力较小。

应急管理的应对常常是非程序性的,出乎意料、无章可循,因此必须灵活应变、突破常规、另辟蹊径,根据事件的具体情况及事态的发展演变不断做出调整。而一般管理常常可以按部就班、按章办事,依照常规程序进行管理。

从上述比较中可知,突发事件应急管理作为管理活动的一个分支,既具有一般管理活动的共同属性,也具有自身的特殊性质和特点。

1.2.5 应急管理职能

1. 管理职能概述

管理职能是管理过程中各项管理行为内容的概括,是人们对管理工作应有的一般过程和基本内容所做的抽象概括。管理学历来重视对管理职能的研究。国际上,最早系统提出管理职能的是法国管理学家 Henri Fayol,他提出管理的职能包括计划、组织、指挥、协调、控制五项。此后,随着管理实践的发展和研究的深入,关于管理职能的阐述不断丰富和深入,以管理职能为主线阐述管理学基础知识也成为主流管理学著作的基本规范。

应急管理的基本职能有应急计划、应急组织、应急领导、应急沟通、应急控制等职能。在应急管理领域,应急管理主体在应急管理过程中的任何环节都需要落实计划、组织、领导、沟通、控制等基本职能。当然,在这其中,都离不开应急管理理念的统领、应急管理规范的遵循和应急保障条件的支撑。

以美国为例,"9·11"事件以来,美国政府高度重视应急管理能力建设,美国国土安全部把计划、信息沟通与警报、行动协调等应急管理职能作为其国家突发事件应对的通用核心能力加以建设。

在我国,突出研究和落实应急管理的计划、组织、领导、沟通、控制等基本职能有助于提升应急管理专业化水平和应急管理能力。

需要指出的是,管理职能通常是指施行于一个组织内的若干工作职能。故而将管理职能概念应用于应急管理领域,实际上是将管理职能学说转化到社会治理领域。因此,所阐述的应急管理各职能概念的内涵在与一般管理职能内涵相一致的同时,也根据具体情况进行了扩展和调整。

2. 应急管理职能与过程的关系

对应急管理过程的描述通常体现为应急管理全部活动的阶段性划分,而应急管理职能是贯穿于应急管理全过程的不同类型的管理机制与行为方式。

多数应急管理概论著作以过程为主线,对应急管理相关工作分阶段进行描述。以应急管理职能为主线阐述应急管理,有利于揭示性质相同的工作的原理与方法。例如,无论事前的应急管理战略规划、应急预案,还是事中的应急行动方案、事后的恢复重建规划,都属于计划管理的范畴,它们有着共同的特征和相似的工作流程与方法框架。

3. 应急管理的主要职能

（1）应急计划

应急计划是指应急管理机构针对突发事件的预防与应急准备、监测与预警、应急处置与救援、事后恢复与重建等应对活动制定并实施战略规划、应急预案、行动方案的机制与过程。应急计划既包括常态的战略规划与应急预案，也包括非常态下的应急行动方案。

（2）应急组织

应急组织是指对突发事件应对各个环节的应急管理主体和人力资源进行有效整合的机制与过程。在各应急管理主体职责相对明确的基础上，应急组织职能主要探讨跨部门的应急组织机制与过程。其中，常态应急组织主要是指在预防与应急准备工作中发挥作用的组织机制与过程，非常态应急组织主要是指在应急响应与恢复重建中发挥作用的组织机制与过程。

（3）应急领导

应急领导是指在突发事件应对的各个环节中，应急领导者把握自我、动员他人、完成突发事件应对任务的领导行为过程。为带领他人实现应急目标，应急领导者要有过硬的领导素质和高超的领导艺术。

（4）应急沟通

应急沟通是指政府和其他应急管理主体与其体系内部，以及与媒体、公众等受众沟通信息、相互交流的机制与过程。沟通是突发事件应急管理的基础性工作，它贯穿于应急管理工作的始终，体现在预防与监测、应急准备、应急响应、恢复重建等各个环节。应急沟通既包括内部沟通，也包括外部沟通；既包括日常的风险沟通，也包括非常态下的危机沟通。

（5）应急控制

应急控制是指在应急管理工作中，应急管理主体对相关单位、组织和人员的活动进行监督检查，从而能够全面妥善地应对和处置突发事件的机制与过程。应急控制包括常态下事前预防与应急准备的部门绩效管理和督查机制，以及非常态下事中应急处置与救援、事后恢复与重建的督查机制。

1.3 应急管理理论基础

1.3.1 系统理论

1. 老三论

老三论，一般是指系统论、控制论和信息论，是 20 世纪 40 年代先后创立并获得迅猛发展的三门系统理论的分支学科，在系统科学领域中已是资深望重的学科，合称"老三论"。人们摘取了这三论的英文名称的首字母，合并称它们为 SCI 论。

（1）系统论

系统论是研究系统的一般模式、结构和规律的学问，它研究各种系统的共同特征，用数学方法定量地描述其功能，寻求并确立适用于一切系统的原理、原则和数学模型，是具有逻辑和数学性质的一门新兴的科学。

（2）控制论

控制论是研究动物（包括人类）和机器内部的控制与通信的一般规律的学科，着重于研究过程中的数学关系。

控制论的第一个特征是要有一个预定的稳定状态或平衡状态。例如在速度控制系统中，速度的给定值就是预定的稳定状态。第二个特征是从外部环境到系统内部有一种信息的传递。例如，在速度控制系统中，转速的变化引起的离心力的变化，就是一种从外部传递到系统内部的信息。第三个特征是这种系统具有一种专门设计用来校正行动的装置。例如速度控制系统中通过调速器旋转杆张开的角度控制蒸汽机的进气阀门升降装置。第四个特征是这种系统为了在不断变化的环境中维持自身的稳定，内部具有自动调节的机制，换言之，控制系统是一种动态系统。

(3) 信息论

信息论是运用概率论与数理统计的方法研究信息、信息熵、通信系统、数据传输、密码学、数据压缩等问题的应用数学学科。

信息论将信息的传递作为一种统计现象来考虑，给出了估算通信信道容量的方法。信息传输和信息压缩是信息论研究中的两大领域。这两个方面又由信息传输定理、信源-信道隔离定理相互联系。

2. 新三论

耗散结构论、协同论、突变论是20世纪70年代以来陆续确立并获得极快进展的三门系统理论的分支学科。它们虽然确立时间不长，却已是系统科学领域中"年少有为"的成员，故合称"新三论"，同样地，这三论的英文名称首字母合并后将其称为"DSC论"。

(1) 耗散结构论

耗散结构论是比利时物理学家普利高津于1969年提出来的。一般来说，开放系统有三种可能的存在方式：①热力学平衡态；②近平衡态；③远离平衡态。耗散结构论者认为，系统只有在远离平衡的条件下，才有可能向着有秩序、有组织、多功能的方向进化，这就是普利高津提出的"非平衡是有序之源"的著名论断。在长期的研究工作中普利高津发现，当一个远离平衡态的开放系统，由于许多复杂因素的影响而出现非对称的涨落现象，当达到非线性区时，在不断与外界进行物质和能量交换的条件下，系统将可能发生突变，由原来的无序混沌状态自发地转变为一种在时空或功能上的有序结构。事物的这种在非平衡状态下新的稳定有序结构称为耗散结构。而耗散结构论则是探索耗散结构微观机制的关于非平衡系统行为的理论。系统论所要寻求的就是这种具有有序性的稳定结构，从这个意义上说，耗散结构论与系统论有异曲同工之妙。

(2) 协同论

协同论是20世纪70年代著名理论物理学家赫尔曼·哈肯创立的。他认为自然界是由许多系统组织起来的统一体，这些系统就称为小系统，这个统一体就是大系统。在某个大系统中的许多小系统既相互作用又相互制约，它们的平衡结构（由旧的结构转变为新的结构）具有一定的规律，研究这种规律的科学就是协同论。它主要研究远离平衡态的开放系统在与外界有物质或能量交换的情况下，如何通过自己内部协同作用，自发地出现时间、空间和功能上的有序结构。协同论以现代科学的最新成果——系统论、信息论、控制论、突变论等为基础，吸取了耗散结构理论的大量营养，采用统计学和动力学相结合的方法，通过对不同领域的分析，提出了多维相空间理论，建立了一整套数学模型和处理方案，在从微观到宏观的过渡上，描述了各种系统和现象从无序到有序转变的共同规律。

协同论是研究不同事物共同特征及其协同机理的新兴学科，是近年来获得发展并被广泛应用的综合性学科。它着重探讨各种系统从无序变为有序时的相似性。协同学的目的是建立一种用统一的观点去处理复杂系统的概念和方法。协同论的重要贡献在于通过大量的类比和严谨的分析，论证了各种自然系统和社会系统从无序到有序的演化，都是组成系统的各元素之间相互影响又协调一致的结果。它的重要价值在于既为一个学科的成果推广到另一个学科提供了理论依据，也为人们从已知领域进入未知领域提供了有效手段。

（3）突变论

突变论是比利时科学家托姆在1972年创立的。其研究重点是在拓扑学、奇点理论和稳定性数学理论基础之上，通过描述系统在临界点的状态来研究自然多种形态、结构和社会经济活动的非连续性突然变化现象，并通过耗散结构论、协同论与系统论联系起来，对系统论的发展产生推动作用。突变论通过探讨客观世界中不同层次上各类系统普遍存在着的突变式质变过程，揭示出系统突变式质变的一般方式，说明了突变在系统自组织演化过程中的普遍意义。它突破了牛顿单质点的简单性思维，揭示出物质世界客观的复杂性。突变论中所蕴含着的科学哲学思想，主要包含以下几方面内容：内部因素与外部相关因素的辩证统一；渐变与突变的辩证关系；确定性与随机性的内在联系；质量互变规律的深化发展。

1.3.2 风险理论

从人类历史发展的角度看，风险是与人类共存的，但是随着现代社会的到来，人类开始成为风险的生产者，这使得风险的结构和特征发生根本性变化，由此产生现代意义上风险社会的雏形。

1. 新风险理论

新风险理论认为，随着现代社会科学技术的发展，由于资源过度开发、贫富分化、种族歧视、恐怖主义、极端主义增长等，现代社会不断出现环境恶化、新型传染病、社会冲突、恐怖袭击、经济金融危机等一系列人为问题引发新的突发事件，这些新风险在全球化背景下以前所未有的速度和规模增加，给人类带来了深重的灾难。相比于传统风险而言，现代风险具有人为化的特点，因此更加引起社会高度关注。

2. 风险文化理论

以拉什为代表人物的风险文化理论是对风险的一种全新解释，该理论认为，人们的风险反应取决于文化信仰。个人和社会组织的思想倾向往往受文化信仰与文化形式的影响，从而使他们接受某些价值观，这些价值观决定了不同的风险态度。对于同一危险，有些群体视其为风险，有些群体则不视其为风险。因此，风险文化具有相对性。例如，相对于环境污染的法律与环境规范，环境污染被发达国家视为风险；但在一些不发达国家，环境污染并不是他们关注的风险。在管理人为风险时，要注重文化熏陶，着重培育良好的风险理念，加强风险制度建设。风险文化理论突出了文化的认知功能，强调共享文化价值观、惯例和期望对于应对风险的积极意义。

3. 风险社会理论

风险社会是指在全球化发展背景下，由人类实践所导致的全球性风险占据主导地位的社会发展阶段，在这样的社会里，各种全球性风险对人类的生存和发展存在着严重的威胁。风险社会理论的代表人物是贝克、吉登斯等人,他们的理论都把风险社会和现代制度结合起来,以探讨风险社会面临的问题。该理论认为,早期的现代性解决的是传统社会的风险,但也产生了新的风险,而这些风险的累积构成了晚期现代性的特征。贝克侧重于技术性风险,吉登斯侧重于制度性风险。

贝克将风险社会中的风险总结为以下特征:

(1) 风险的延展性与全球性

贝克认为,在后现代社会中,风险的影响和后果具有延展性,会超越民族国家的地理疆界。在风险社会里,"占据中心舞台的是现代化的风险和后果,它们表现为对于植物、动物和人类生命的不可抗拒的威胁……它们不再局限于特定的地域或团体,而是呈现出一种全球化的趋势,这种全球化跨越了生产和再生产,跨越了国家界限。在这种意义上,危险成为超国界的存在"。

(2) 风险的不可感知性

作为工业化的产物,现代风险不仅有着全球化的趋势,还有着不可感知的特征。也就是说,现代风险往往具有高度的不可预测性及不确定性,这对人类在风险问题上的预测、预警能力及处置、干预能力提出了挑战。人类的理性是有限的,思维也存在着各种盲区,许多风险和突发事件是防不胜防的,因而要在强化防范意识的同时,努力具备综合性应对各种突发事件的实力。

(3) 风险的人为性

作为社会学家,贝克提出"风险社会"理论的目的是对人类文明进程和现代化进行反思,其中"风险"侧重的是"人为的风险"。在现代社会中,自然灾害的过程可能是自然的,但其成因或后果却是社会的。因此,必须反思人类自身的行为,树立人与人、人与自然、人与社会和谐相处的思想。

(4) 风险的平等性

风险使承受者平等地分摊风险的结果,打破了社会阶层的划分,体现了一定的民主性。贝克形象地说:"贫困是等级制的,化学烟雾是民主的。"

风险社会概念是对目前人类所处时代特征的形象描绘。因此,可以说人类处于风险社会时代,但不能讲某个国家是风险社会,尽管那个国家的国内情况比其他国家更不安全。

1.3.3 突发事件相关理论

1. 事故致因理论

事故致因理论主要有能量意外释放理论和系统理论。

(1) 能量意外释放理论

能量意外释放论是吉布森于1961年提出的。在安全评价理论的发展过程中,能量意外释放理论的提出是一个巨大的飞跃。根据这一观点,能量是造成事故的罪魁祸首,当能量的转换不满足人们的使用条件时,就会产生相关的事故;如果相关的能量变得过剩,就会伤及人类甚至造成死亡。

因此,为了防止相关事故的发生,必要的手段及措施必须实施。从切断能量的传播途径入手,首先防止此类能量的产生,其次隔断能量的传播,最后对能量的接受人群进行一定的保护措施。

(2) 系统理论

20世纪后半叶，有关安全的理论有了创新性的发展，当然这是建立在系统理论基础上的。关于这种理论，瑟利的实验可以直观地展示。在这个模型中，有关危险的阐释是分两部分进行的，其本质是通过各种感官来认知外界的信息，当发现危险信号时，人们能够对其做出反应，如果任何一个阶段处理不当，就会导致伤害甚至死亡。在这之后，有关安全的理论也有了长足的发展。20世纪70年代出现的新模型——海尔模型，它是一种较为综合的模型，较之前提出的瑟利模型，它同时强调人为因素及外界原因，相比之下，海尔模型对于危险的认知显得更为充分，这实际是对瑟利模型的一种升级与发展。

2. 灾害系统理论

灾害系统由孕灾环境、致灾因子、承灾体组成。灾害系统具有因突变致灾因子形成的动力学机制、因渐变致灾因子形成的生态学机制。灾害系统的风险性、脆弱性与不稳定性之间相互作用构成灾情形成的动力学过程。

（1）灾害系统的概念

灾害是一种复杂的现象，具有很强的系统性。灾害系统的概念就是基于系统的思想提出的。

灾害作为一个系统可分为实体和过程两大部分。实体是指系统内的物质部分，包括致灾因子和承灾体。过程是指系统内各物质组成部分之间的动力行为，是各组成部分发生关系的媒介。任何灾害的形成都不是一蹴而就的，或长或短都需要在时间上经历一定的过程。这个过程可以简要地划分为孕灾过程和成灾过程。由孕灾环境、致灾因子、承灾体复合组成灾害系统的结构体系，即

$$D_s = E \cap H \cap S \tag{1-1}$$

式中 D_s——灾情，包括人员伤亡及造成的心理影响、直接经济损失和间接经济损失、建筑物破坏、生态环境及资源破坏等；

E——孕灾环境，包括自然环境与人为环境，在自然环境中可划分为大气圈、水圈、岩石圈、生物圈，在人为环境中可划分为人类圈与技术圈；

H——致灾因子，包括自然、人为和环境三个系统，也可再划分为突发性与渐发性两种体系；

S——承灾体，包括人类本身及生命线系统，即各种建筑物及生产线系统，以及各种自然资源，在承灾体中，除人类本身外，其他部分可划分为不动产与动产两部分。

通过孕灾环境—致灾因子—承灾体—孕灾环境这样一个循环反馈过程决定灾情过程。灾情大小由孕灾环境的稳定性、致灾因子的风险性、承灾体的脆弱性决定。如对于环境灾害系统，其实体部分包括污染物和人、资源、财产等，污染物质是致灾因子，污染物可分为大气污染物、水污染物、噪声、固体废弃物和土壤污染物等。人、资源、财产是环境灾害的承灾体，是灾害的接受者。环境灾害系统的过程包括污染物质的迁移、转化过程和人类利用自然资源进行生产活动过程。前一过程为自然过程，后一过程为社会行为过程。这两个过程中的矛盾冲突和相互作用构成了成灾过程。

灾害系统的结构体系把致灾因子与孕灾环境分开来，把承灾体概括为一个完整的子系

统,强调系统中各要素具有同等的重要性。组成灾害系统的三个要素在灾害形成过程中缺一不可,各要素特征的变化对灾情程度的作用不同,三个因素不存在谁是决定因素或谁是次要因素,它们都是形成灾害的必要且充分的条件。

(2) 灾害系统的功能体系

由孕灾环境稳定性(S_s)、致灾因子风险性(R)和承灾体脆弱性(V)共同构成灾害系统的功能体系(D_f)。这一功能体系强调系统各要素间具有相互作用、不可替代的功能。此外,视致灾因子、承灾体与孕灾环境在灾害系统中的作用具有同等的重要性,在特定的孕灾环境条件下,致灾因子与承灾体之间的相互作用功能集中体现在区域灾害系统中致灾因子风险性(R)与承灾体脆弱性(V)和恢复性(R_e)之间的相互转换机制(D_{ft})方面。

当强调自然物理因子、自然生物因子、人类技术因子、社会暴力因子及复合致灾因子时,将灾害系统划分为自然、技术、人为和复合四个灾害子系统。因此,可以将技术与人为或社会灾害统称人为灾害,将自然与人类引发的灾害视为环境或生态灾害。

3. 突发事件及应急管理的机理特征

(1) 机理性原理

"机理"指的是事物所遵循的内在逻辑规律。对于突发事件来说,分析清楚事件的机理就可以找到事件的源头,发现事件形成的规律和事件发展的动力,以便在应急管理中找到相应的应对策略。

突发事件机理与应急管理机理具有很强的关联性,后者基本上是由前者决定的,两者都包含专业性机理和一般性机理两个层次。

突发事件的专业性机理又被称为行业性或领域性机理,是指每个突发事件都有其专业领域内的特殊性。在目前划分的四大类突发事件中,其专业性机理各不相同,而且每一类的每一种突发事件的机理也存在较大差别,比如洪水和火山爆发同属于自然灾害,但它们的成因、发生及后果却存在天壤之别。

(2) 原理性机理

原理性机理刻画了事件和应急管理整个过程的规律性。这是应急管理工作中应加强探究的部分。

1) 突发事件的原理性机理。在单事件阶段中,把机理体系分成两个部分,也就是前后相继的过程:①发生机理;②发展机理。

发生机理又分成突发和渐发两个不同类型,区别主要在人们是否事先掌握事件发生的信息,如果事先知道,则为渐发,否则就为突发。

发展机理则分别按照空间上的扩展和烈度上的增强来进行区分。

一个事件的发生一方面可能是由其他事件诱发的,另一方面可能会造成更多的事件。对于多事件之间存在的这种关系,用"演化"依次概括,进一步细分,可分为"转化""蔓延""衍生""耦合"四个不同的演化机理。

2) 应急管理的原理性机理。突发事件的原理性机理包括事件发生、发展和演化三个环节。相应的,每个突发事件的原理性机理都对应应急管理的策略。所要采取的应急对策就是与发生机理相对应的过程阻断、与发展机理相对应的中止隔断以及与演化机理相对应的"路径控制""弃子""择优选择""解耦"等环节。

(3) 流程性机理

流程性机理一方面说明事件发生发展的前后逻辑，另一方面说明处置过程中需要遵循的逻辑性。

1) 突发事件的流程性机理。突发事件从发生到结束始终是一个能量变化的过程，它沿着最优路径逐步发展，消耗最少的能量，使灾害达到最大化。突发事件的流程性机理与原理性机理之间存在着密切的联系。

2) 应急管理的流程性机理。应急管理的流程性机理与突发事件的流程性机理在每个环节上一一对应。

(4) 操作性机理

突发事件在产生发展过程中虽然遵循上述各种机理和规律，但是每一起具体的突发事件的实际情况都是特殊的，都和理想状态存在一定的差异，因此在处置突发事件时只能在各种特定条件下寻找较优的路径，使灾害最小化。

同样，应急管理的操作性机理在操作过程中不是一成不变的，也会受到人员、资源、环境、时间、技术条件等各种因素的制约，因此很多环节可能是在当时条件下无法实现的。

综上所述，分析突发事件与应急管理的机理体系具有很强的实际意义，总结了突发事件从萌芽、发生到减缓、结束的整个过程及其规律，为进行全生命周期的应急管理提供了理论依据。

(5) 发展演化机理

突发事件的发展与演化是指在事件发生后，由于内部、外部条件之间的相互作用，使得事件进一步扩大的过程。

有学者将发生、发展、演化作为三个阶段来解释。其中后两个阶段的机理如下：

发展是指突发事件在空间上的扩展和/或烈度上的增强。

演化是指一个事件触发其他事件的过程。进一步细分，演化可分为"转化""蔓延""衍生""耦合"四种不同的演化机理。

1) "转化"是指 B 事件的发生是由 A 事件引起的，例如火灾引发建筑物门口的踩踏。

2) "蔓延"主要说明的是同类灾害不断发生，如航班的延误、火车的晚点，往往一个晚点带来一连串的晚点。

3) "衍生"主要是指因为应对某个事件而采取的一些不当措施会造成另外的事件，很可能后一事件比前一事件还要严重。

4) "耦合"是指两个或两个以上的因素共同作用，导致突发事件进一步加剧。例如，火灾中，"火借风势，风助火威"，风通过对火的方向、大小的影响使火灾加剧。

4. 社会冲突理论

社会冲突是人类社会普遍存在的一种现象，社会冲突理论是关于如何分析和解决社会发展过程中出现的社会矛盾的社会学理论，对于分析和研究应急管理的基本问题具有重要的意义。

20 世纪五六十年代，美国社会矛盾不断凸现，社会动荡日益突出。以达伦多夫、科塞等为主要代表的西方社会冲突理论指出普遍存在于当时社会的各种利益分歧和社会各阶级阶层之间的矛盾和冲突，合理地解释了困扰人们的种种社会问题，并提出了解决这些问题的办法。

德国社会学家 Ralf G. Dahrendorf 所创立的辩证冲突论认为，社会现象本身充满着辩证关系，往往同时呈现出矛盾的两重层面，即稳定与变迁、整合与冲突、功能与反功能、价值共享与利益对立等。社会冲突与社会变迁无时不在，社会中的每一个要素都可能促使社会变迁。社会冲突的根源是社会结构中的阶级结构，但是这种阶级结构不是根据是否占有生产资料划分的，而是根据统治与服从之间的权威关系来划分的，权力、权威的差别性分配激化了各群体之间的矛盾。一旦社会冲突形成，企图压制和消灭冲突是徒劳无益的。在现代社会中，只能通过制度化来调解冲突。

美国西方社会学家科塞的冲突理论重视冲突的过程和结果，尤其是注意分析社会冲突的功能。他认为，社会冲突绝不仅是一种破坏社会稳定与整合、单纯引起变迁过程的因素，社会冲突对于社会团结、一致、整合同样具有重要而积极的促进作用。冲突在具有负功能的同时，也具有正功能的一面。社会冲突的正功能主要表现在冲突对社会具有内部的整合功能、稳定功能，对新群体的形成具有促进功能，对新制度和规范的建立具有激发功能，是重要的社会平衡机制；社会冲突的负功能主要表现在分裂、破坏群体的团结，甚至引起群体结构的解体，导致社会的不稳定。在论述如何发泄不满和敌对情绪时，科塞提出了"社会安全阀"理论。社会冲突的"社会安全阀"功能就像锅炉上的安全阀，通过它可以使猛烈的蒸汽不断排泄出去，从而不至于破坏整个结构。"社会安全阀"功能主要体现在：①社会减压，即减轻或缓解冲突双方的敌对情绪；②社会报警，即向统治阶级或社会管理者显示民情。

社会冲突理论有助于揭示社会冲突的功能、根源，有助于找到化解矛盾的正确途径和有效方法，形成妥善处理社会矛盾和社会冲突的机制。这对于分析群体性事件等突发事件产生的原因及应急管理需要面对的问题具有启示意义。首先，在应急管理过程中要正视社会矛盾与冲突，树立起现代和谐观念。当前的社会环境不可能是无差别社会，更不可能是没有矛盾和冲突的社会，因此要正视社会冲突的存在。其次，建立和完善社会冲突风险预警机制，发挥社会冲突"社会安全阀"的功能，在一定程度上削减和控制社会冲突带来的负功能。最后，通过调整社会结构，建立健全利益公平分配和补偿机制，实现社会和谐，减少社会冲突。

1.3.4 全过程理论

在最初的突发事件应急管理中，人们大多关注的是突发事件发生后如何应对处置、如何抢险救灾，但是随着对突发事件的深入研究发现，传统的做法难以有效适应现实需要，人们意识到在应急管理中必须从被动应对的状态，扩展为对突发事件的全面主动管理。全过程理论是指应急管理相关人员在突发事件的事前、事中和事后采取控制活动的整个过程。全过程应急管理理论要求不能仅仅关注突发事件发生后的应急响应和处置，而应该从对突发事件的预防开始。

目前，国外对于应急管理的各阶段划分有不同的认识，最为普遍的是将应急管理分为预防（Prevention）、准备（Preparation）、反应（Response）和恢复（Recovery）四个阶段（即PPRR 模式）。而美国国家安全委员会将其修正为减缓（Mitigation）、准备（Preparedness）、响应（Response）和恢复（Recovery），所以又称 MPRR 模式。Robrt Heath 则将全过程危机管理的四个阶段定义为缩减（Reduction）、准备（Readiness）、反应（Response）、恢复

（Recovery）。

在国外，应急管理过程的划分主要是借鉴前人划分危机管理过程的方法。西方学者根据突发事件不同种类、性质和生命周期的不同特点，提出了众多不同的应急管理过程阶段模型，以下几种理论在学术界影响较大：

1. Steven Fink 的四阶段划分理论

美国学者 Steven Fink 在他的文集 *Crisis Management：Planning for the Invisible* 中，按照事态发生发展的物理过程，借助医学术语对危机管理的阶段划分进行了形象的描述：危机管理的第一阶段为潜伏期，即有迹象显示有潜在的危机可能发生，显然这是量变的阶段；第二阶段为发生期，即表示具有伤害性的事件突然发生并引发危机；第三阶段为蔓延期，即表示危机的影响逐步扩大，同时也是努力消除危机的过程；第四阶段为痊愈期，即表示危机事件已被完全控制，影响逐渐消退。

2. Mitroff 的五阶段划分理论

美国危机管理专家 Mitroff 于 1994 将危机管理过程划分为五个阶段：①第一阶段为信号侦测阶段，即对危机发生的警示信号加以认真识别并采取相应的预防措施；②第二阶段为准备预防阶段，即组织成员全面搜寻已存在的危机风险因素并最大限度地降低潜在损害；③第三阶段为损失控制阶段，即在危机发生阶段，组织成员尽最大可能使其不损害其他事物或者进一步扩散；④第四阶段为恢复阶段，即尽快让组织运转工作步入正轨；⑤第五阶段为学习阶段，即组织成员认真总结、整理所采取的危机管理措施，分析管理措施中的恰当和不足之处，从而为今后危机管理的运作提供借鉴和指导。

3. Augustine 的六阶段划分理论

普林斯顿大学的 Augustine 教授认为，每次危机本身既包含导致失败的根源，也孕育着成功的种子。基于此认识，他将危机管理划分为六个不同的阶段：

1）第一阶段是危机的避免阶段。将危机预防作为危机管理的第一阶段并不奇怪，令人奇怪的是，许多人往往忽视了这一控制潜在危机花费最少又简单的办法。

2）第二阶段是危机管理的准备阶段，即做好各项准备工作，比如通信计划、行动计划、制定紧急应对预案、消防演练及建立重要关系等。另外，由于危机会造成多方面的影响，忽略它们任一方面的代价都将是巨大的，因此在为危机做准备时，留心那些细微的环节，即所谓的"第二层问题"，将是非常有益的。

3）第三阶段是危机的确认阶段。这个阶段的危机管理通常是最富有挑战性的，其任务主要是在危机发展的过程中准确辨认出危机并进行正确的决策。

4）第四阶段是危机的控制阶段。这个阶段的危机管理需要根据不同情况对工作的优先次序进行权衡，以将危机控制在一定范围内。

5）第五阶段是危机的解决阶段。在这个阶段，要第一时间采取相关措施，危机不等人。

6）第六阶段是从危机中获利阶段。该阶段就是抓住弥补损失的机会，总结经验教训以避免更多的错误。

总之，Augustine 认为，要采取一切可行的措施以最大限度地避免陷入危机。危机一旦发生，就要接受它、管理它，并努力将眼光放长远一些。Augustine 将自己对危机管理的基本经验概括为六个字：说真话、赶快说。

4. Robrt Heath 的四阶段划分理论

著名美国危机管理专家 Robrt Heath 在《危机管理》一书中提出了危机管理的四阶段划分理论，也就是所谓的有效危机管理的 4R 模型，即危机缩减（Reduction）、危机预备（Readiness）、危机反应（Response）、危机恢复（Recovery）。该四阶段互相影响、互相构建，构成了危机管理体系的整体。为了探究对危机管理中的资源、人员、危机反应、危机恢复和危机沟通的公众认知图式，Robrt Heath 通过借助几何图形，以公众突发事件的认知发展的过程为依据，构造了危机管理范围图。同时，他认为危机管理范围图有助于管理者站在总体战略的高度进行危机管理。4R 模型从理性科学的角度出发进行危机管理，有利于危机控制和处理，使得危机管理工作有章可循，剔除了临时性的危机管理风险。

Robrt Heath 认为，为了最大限度地降低危机情境的影响力与攻击力，做好危机处理的准备工作，尽最大努力控制已经发生的危机以及从危机中快速恢复，危机管理者需要主动地将危机管理工作任务按照 4R 模型划分为四类。此外，他还认为，4R 模型中的危机缩减（Reduction）能够极大地减少危机管理的成本和危机所造成的损失，但是它在很多情况下是被危机管理者忽视的。有效的危机管理需全面整合 4R 模型的所有方面，而危机管理的本质是一个实时互动的动态过程。

Robrt Heath 认为，有效危机管理的 4R 模型有助于危机管理者和主管人员提高单位应对危机情境的能力。这种能力包括物质和精神的准备，即了解将要发生的事情以及适当的反应。这种有效生存与反应能力就是恢复力。恢复力是有效危机管理 4R 模型之后的第五个 R（Resilience，即恢复力）：设计并运用富有恢复力的组织，消除可能存在的危机影响，并且在危机情境影响组织时能够有效恢复。从而，Robrt Heath 将他的有效危机管理的 4R 模型进一步发展成为 5R 模型，即危机缩减（Reduction）、危机预备（Readiness）、危机反应（Response）、危机恢复（Recovery）以及危机恢复力（Resilience）。

以上几位学者对危机管理的阶段划分具有各自的学科特点：Steven Fink 的四阶段划分理论是借用医学术语对危机过程进行的划分，Mitroff 的五阶段划分理论侧重于工程技术，Augustine 的六阶段划分理论来源于商业管理，Robrt Heath 的四阶段划分理论则偏向于管理学。以上几种观点的共同之处在于强调应急管理的全过程介入，认为要把应急管理行为渗透到突发事件的全生命周期中。对第一阶段的管理方法，这几种观点的不同之处主要在于不同危机在可预防性方面的差异。一般来说，引发突发事件的原因通常来自两个方面：一方面是自然因素；另一方面是人为因素。从理论上讲，由人为因素引发的突发事件可以通过某些方式加以预防，而由自然因素引发的突发事件通过预防措施完全避免的可能性较小，只能从预测预警的角度缩减其带来的危害和损失。因此，综合几种观点的内涵，一般把突发事件应急管理分为四个阶段，即预防或缩减阶段、准备阶段、处置应对阶段、恢复重建阶段。这四个阶段中，应急管理的任务和目标有不同的侧重点。与此同时，不同阶段的工作又必须彼此协调、相互联系。因此，全过程理论要求应急人员应对各阶段进行综合管理、科学管理，尽最大可能降低突发事件产生的负面影响。

1.4 应急管理的发展

安全是人类最重要的社会需求，自从人类社会出现以来，各种自然的和人为的灾难就始终伴随着人类历史，人们不得不动用个人的和社会的力量同它们做斗争。因此，国家从形成时就具备组织人民抵御灾难的职责，应急管理就很自然地成为历史上各国、各时期政府的一个重要任务，只是叫法有别。中华民族的发展史就是不断与各种灾难做斗争并取得胜利的历史。2300年前，李冰父子率众修建的伟大水利工程——都江堰就是例证。但是，由于生产力的相对落后和政府性质，历史上的应急管理主要是应对各种灾难以及部分准备和预防工作，比如修建排洪工程、储备灾害与战争所需的物资等。从全球范围来看，全方位的应急管理，即成立专门的政府机构，完善立法，形成整套的工作程序和制度，以及建立有指导性的理论体系，还是近几十年的事情。

1.4.1 国际应急管理的发展

1. 前应急管理时期（20世纪50年代以前）

（1）前应急管理时期的主要特点

前应急管理时期也就是在正式设立或明确应急管理机构之前，政府在处置灾害时采取一系列相对孤立、临时性行为的时期。在这一时期，对于人为的侵权性责任事故，司法部门的介入是理所当然的；然而，人们面对的更多的是自然的、非侵权性的天灾人祸，政府究竟是否有责任介入这些灾害的管理，在法律责任上还是空白或者只是零星地通过了一些法律做了相应规定。具体的做法是：政府或立法机关对某一具体灾难通过行政手段或立法行为进行管理，但没有形成对灾难的持久性、普遍性管理责任和义务。简而言之，就是一事一管、一事一议。尽管这些行政与立法行为并没有形成一种制度，但政府反复应对灾害的行为逐步让人们形成了政府具有应急管理责任的观念，这为后来的应急管理奠定了广泛的社会认识基础，也为政府日后干预自然灾害和其他灾难奠定了立法和行政基础。

（2）发达国家的前应急管理时期

1）美国最早的应急管理行为出现在1803年。当时，新罕布什尔州发生火灾，损失惨重，大火几乎烧掉了半个州。较之前一个家庭失火依靠亲戚朋友、街坊邻居救助的情况而言，此次火灾造成大批灾民，人们之间很难开展互救行动，同时，巨大的损失也超过当地的承受能力。于是，问题被推向了美国政府，如果联邦政府无动于衷，就会动摇人们对政府的信任；如果政府采取救助行动，就要开创行政先例，需要立法许可。于是，美国国会通过法案，由联邦政府对遭受火灾的新罕布什尔州提供财政援助，这是美国建国以后首次通过的灾难立法。其意义在于：①明确了政府有责任帮助遭受大规模灾难的个人与社区；②明确了联邦政府可以对地方灾难实施援助；③明确了联邦的援助只是个案，而不是制度，且是通过法案授权的形式实施的，而不是通常的行政行为实现的。

2）新西兰虽然地域狭小，也同样遭受着各种自然灾害的侵袭，尤其是飓风、地震和洪水。在独立之前，自治领政府就采取过应急管理行动。1931年，霍克湾发生强烈地震并引发火灾，纳皮尔和哈斯丁斯两个城市遭到毁灭性破坏，数百人死亡，绝大多数居民失去了家园。当时，应对灾难主要是家庭与社区、至多是地方政府的责任。但是，对于此次重大灾难，他们显然能力不及，虽然人们组织了公民委员会，负责协调救援和安抚行动，但他们缺乏权威和支持，援救行动举步维艰。于是，自治领政府在没有法律授权的情况下，毅然介入，很快提供了各种形式的帮助。针对霍克湾地震的救援情况，加上当时全球性经济危机在奥克兰引起的社会动乱，自治领议会于1932年通过了《公共安全保持法》(*Public Safety Conservation Act*)，授权政府在任何时候、在所辖国土的任何地方，当"公共安全或公共秩序正在或者可能受到危害"时，立即实施紧急状态，在恢复秩序之前，事件现场的高级警官应该发布必要的指令，以"维护生命、保护财产、维持秩序"。从内容上来看，虽然法案将事件现场的管理责任明确授予了警察，但它更注重社会治安性灾难，没有对自治领政府或地方政府的抗灾组织做任何规定。由于法案对自然灾害的救助行动没有授权，因此，它还不能成为新西兰应急管理的制度性立法。再遇到类似霍克湾同类的事件，还是只能由地方机构采取自觉行动来进行应对。

3）日本是一个自然灾害频发的国家，由于可耕地面积小、人口众多，在明治维新之前，经常发生灾荒，即使在丰收年景，每年也有数万人被饿死。因此，日本历史上的农民起义，一般都采取"米骚动"（日本农民革命一般以"抢米"开展）的形式，德川幕府的将军经常发布敕令号召人民备荒。明治维新以后，抗灾荒仍然是政府关注的目标。1880年，日本政府颁布了《备荒储备法》，这是日本最早的防灾法律。该法的目的是储备粮食和物资，以备遇到灾害和饥荒时所需。到发动第二次世界大战时，日本先后颁布了《河流法》（1896年）、《砂防法》（1897年）、《森林法》（1897年）、《灾害准备金特别会计法》（1899年）、《水灾预防组合法》（1908年）、《治水费资金特别会计法》（1911年）等法律，开始对不同类型的灾害实施一定程度的管理，但没有形成专门的应急管理体系。

2. 应急管理规范期（20世纪50年代—90年代）

（1）应急管理规范期的主要特点

面对20世纪30年代的经济萧条，西方国家政府不同程度地加强了对经济和社会事务的干预，以弥补市场的不足，纠正市场的失灵，促进经济复苏。而正是在这个大背景下，作为政府重要职能的应急管理工作，也开始步入规范期，即各个国家的政府开始在制度上接入灾害管理，并通过设立专门的应急管理机构、确立应急管理原则、完善应急管理法律与工作制度来规范应急管理工作的过程。由于这一阶段受冷战时期的特点影响，对苏联发动核战争的威胁被夸大，西方国家纷纷加强或重建民防组织，因此，许多国家的应急管理体系都是从民防体系中萌芽而来的，随着古巴导弹危机的解决，核战争的威胁逐渐消退，以军事意义为主的民防机构向通用的民防机构转变，应急管理逐渐从政府的军事职能中剥离、独立出来，作为单独的体系予以建设与发展。

在应急管理规范期，一个典型的特征是综合应急管理（Comprehensive Emergency Management，CEM）体系的建设，其基础是"命令与控制"理论，即通过整合式应急管理系统（Integrated Emergency Management System，IEMS）的发展实现运转。"命令与控制"手段的前提是：首先，假设应急管理者的集权式控制是应对灾害最好的方式；其次，假设公众处于恐慌状态，或是出于自身最大的利益而开展行动。以此为前提，基于合理性的经典管理理论发展出来的模式则是用以"管理"灾害的最佳手段。然而，研究发现，"命令与控制"范式与现实的应急管理有着不匹配的现象，因为在应对灾害时，公众可能并不慌乱，反而会形成临时团队应对突发事件。随着时代的发展，综合应急管理这一旧范式对于全面解释应急管理开始显得不足；但当时，这一理论对整个应急管理体系系统化、规范化的发展发挥了重要作用。

(2) 应急管理规范期部分国家应急管理的示例

1) 1953年，新西兰通过了《地方政府紧急事态授权法案》。该法案规定了遭受核打击时地方政府的权力和责任，各州民防组织体系重新在更大的规模、更完善的组织、更多的投入和更多人员参与的情况下建立。该法案存在一些问题：①没有要求地方政府建立民防组织，导致只能在需要时仓促地设立临时机构应对，缺乏效率；②该法案与《公共安全保持法》的精神相悖，后者已经将权力授予警察部门。为了弥补瑕疵，中央政府制定了自己的行动方案——《重大紧急事态中政府的行动》，规定了中央政府的各部门在紧急事态中的责任，同时规定了中央政府处理重大紧急事态的工作流程。中央政府的行动方案在一定程度上解决了新西兰的民防组织"虚"的问题，但常设机构的缺位仍然存在。此后数年内，《地方政府紧急事态授权法案》与政府行动方案一直是新西兰民防的基础。

随着全球性核战争的威胁骤然增加，1959年4月，新西兰成立了民防部，设在内政部，由内政部部长出任民防部主任。这一体系并不十分顺畅：民防部设在内政部，却要对国防部部长负责，因为其军事需要远大于其他灾难的需要。尽管如此，民防部的成立对新西兰的应急管理来说，具有划时代的意义。不仅民防机构的缺位问题彻底解决了，并且为以军事意义为主的民防机构向通用的民防机构转变奠定了组织基础。民防部在全国公开招聘了三个地区专员，分别负责全国的三个地区。他们既监管自己辖区的民防事务，同时还在民防部内发挥核心班子的作用。中央一级的民防制度基本成型。但是，民防的费用问题，军事打击和自然灾害在民防中的优先权问题，中央政府和地方政府的民防责任划分问题，还没有明确的答案。

最后一揽子解决这些问题的是1962年的《民防法》。这是一个全面的、大规模的法案，共分为五个部分、59个条款，分别对行政管理、民防区域、全国紧急状态或重大灾难的宣布、地方政府的职责和权力，以及其他事项做出了详细的规定。法案把紧急事态分为军事打击和自然灾害两类，并没有明确优先权。1966年通过的《重大灾难中的政府行动》确立了应对各种灾害的政府工作重心。至于费用问题，确定了"以地方为主、中央财政补贴"的原则。新西兰的公共安全管理体制至此已经基本完备，进入了完善的应急管理时代，并且一直沿用"民防"的称谓。

2) 1950年，美国国会通过了《灾难救济法》，首次授权总统可以宣布灾难状态，授权联邦政府对受灾的州和地方政府提供直接援助，这是美国应急管理的制度性立法，具有里程碑式的意义。这一时期，核战争并没有到来，重大的自然灾害却年年"光顾"，美国于1949年建立的民防体系并没有发挥实质性作用。1953年5月2日，时任美国总统艾森豪威尔因为佐治亚州四个县遭受龙卷风袭击，第一次宣布了灾难状态，开创了总统宣布灾难状态和紧急事态的时代。进入20世纪60年代，美国自然灾害频频发生。1960年、1961年、1962年、1965年和1969年发生了五次飓风灾害，1960年蒙大拿州和1964年阿拉斯加州发生强烈地震，都造成了巨大损失。肯尼迪上台之后，在1961年把紧急事态准备的功能从国防动员办公室分离，设立了专门应对自然灾害的紧急事态准备办公室（可以说是美国应急管理的雏形组织），民防的职责仍留给隶属于国防部的民防办公室。自此，美国的应急管理机构开始从民防体系中萌芽。

1979年，时任美国总统卡特发布行政命令，合并诸多分散的紧急事务管理机构，组成统一的联邦紧急事务管理局（Federal Emergency Management Agency，FEMA），局长直接对总统负责。至此，美国的应急管理机构正式建立，FEMA的成立标志着美国应急管理体系开始走上更加主动、系统化的轨道。然而FEMA也有一定的局限：①组织结构决定了它需要向20个不同的议会委员会进行汇报，面临多头管理的问题；②里根总统的上台、冷战结束前民防系统的复苏（以1981年Giuffrida被任命为主任为标志），都意味着相对于自然灾害，FEMA会更加倾向于民防或国防事务。在此期间，综合应急管理模式取得了一定的发展，典型事件是1988年通过的《斯塔福德减灾和紧急援助法》。该法赋予了FEMA在更多领域的权限，包括灾害应对、准备和减灾等，并对灾害准备、恢复、减灾等问题有了新的诠释，它还提供了一个强有力的财政手段，专门划拨预算来鼓励减灾。

20世纪末，美国已成为拥有世界上最完善、最有成效的应急管理制度的国家，其既为美国国民所满意，也被西方国家广为模仿。但是，另一类新出现的公共安全事件——恐怖主义，开始向美国袭来，对美国应急管理体制的发展产生了重大的挑战。

3. 应急管理拓展期（21世纪至今）

在这一时期，美国的应急管理体系变化尤为显著。"9·11"事件发生后，2002年11月25日，时任美国总统小布什在白宫签署成立国土安全部的《国土安全法》，正式启动了美国50年来最大规模的政府改组计划，在FEMA的基础上成立了国土安全部，形成涵盖各类突发事件的应急管理体系。国土安全部于2003年3月1日正式成为美国联邦政府的第15个部，是美国政府统一领导应急治理工作的核心部门，它由FEMA、海岸警卫队、移民与规划局、海关总署等22个联邦政府机构合并而成，2008财年预算额高达464亿美元，工作人员达20.8万人之多。国土安全部在全美各地设有代表处，主要负责与地方应急机构的联络，在紧急状态下，负责评估突发事件造成的损失，制订救援计划，协同地方组织实施应急救助。联邦和地方应急管理的性质也发生改变，应急管理者也迅速从无名的官僚行政人员转变为美国抵制恐怖主义国家防御体系中的关键角色。

卡特里娜飓风是2005年8月出现的五级飓风，对美国路易斯安那州新奥尔良造成了严重破坏。2005年8月25日，飓风以一级飓风的强度在美国佛罗里达州登陆，8月29日破晓时分，再次以三级飓风的强度在美国墨西哥湾沿岸路易斯安那州新奥尔良外海岸登陆。登陆超过12小时后，才减弱为热带风暴。

自卡特里娜飓风事件之后，美国政府对其应急管理制度进行了反思，于2006年10月制定了《卡特里娜后应急改革法案》（Post-Katrina Emergency Management Reform Act of 2006），明确提出建立国家应急准备系统，对国家应急管理战略做重大调整。2008年1月，美国颁布《国家响应框架》。该框架是美国应急响应的指南，规定了各级政府、私营部门以及非政府组织的角色和职责，以美国国家突发事件管理系统为平台，为应急管理工作提供了一套完善的框架。

1.4.2 国内应急管理的发展

我国应急管理的发展历程大体可以分为两个时期，一是1949年—2002年应急管理时期，另一个是应急管理新发展时期。

1. 1949 年—2002 年应急管理时期

（1）突发事件种类

1）自然灾害[一]。新中国成立以来的自然灾害与历史上的自然灾害形势具有一定的继承性，依然体现在种类多、频率高、季节性强等方面。典型情况有：

① 大气圈和水圈灾害。这主要包括洪涝、干旱、台风、风暴潮、沙尘暴以及大风、冰雹、暴风雪、低温冻害等灾害。其中不少灾害给经济社会发展和生态环境带来极大的威胁。例如，频发的干旱灾害使得原本就十分匮乏的水资源变得更为紧缺，以至于生态环境用水濒临枯竭，从而进一步加剧了草场退化、土地沙化、地下水枯竭、湿地萎缩、生物多样性锐减等生态危机。

② 地质、地震灾害。这主要包括地震、崩塌、滑坡、泥石流、地面沉降、塌陷等。我国是地震多发国家，1949 年以来的 50 余年间，因地震死亡近 30 万人，伤残近百万人，倒塌房屋 1000 多万间。其中，1976 年唐山发生 7.8 级强烈地震，造成 24.2 万人死亡、16.4 万人重伤。全国崩塌、滑坡、泥石流灾害点有几十万处，每年因灾害死亡近千人。

③ 生物灾害。全国主要农作物病虫鼠害达 1400 余种，每年损失粮食约 5000 万吨、棉花 100 多万吨，草原和森林病虫鼠害每年发生面积分别超过 2000 万公顷和 800 万公顷。

④ 森林和草原火灾。全国平均每年发生森林火灾 1.6 万余次，受灾面积近百万公顷。受火灾威胁的草原 2 亿多公顷，其中火灾发生频繁的近 1 亿公顷。总体上，新中国成立以来自然灾害损失严重并呈增长趋势。一般年份，全国受灾害影响的人口约 2 亿人，其中死亡数千人，需转移安置约 300 万人，农作物受灾面积 4000 多万公顷，倒塌房屋 300 万间左右。随着国民经济持续高速发展、生产规模扩大和社会财富的积累，同时由于减灾建设不能满足经济快速发展的需要，自然灾害损失呈上升趋势。按 1990 年不变价格计算，20 世纪自然灾害造成的年均直接经济损失为：50 年代 480 亿元；60 年代 570 亿元；70 年代 590 亿元；80 年代 690 亿元；进入 90 年代以后，年均已经超过 1000 亿元。

2）生产安全事故。新中国成立以来，随着经济发展和生产规模扩大，生产安全成为新的挑战。以 1993 年—2002 年为例，在经济快速发展和社会深刻变革的过程中，一些地方和企业重效益、轻安全，致使生产安全的风险明显加大，各类事故及致人死亡的数量持续攀升，最高曾达到一年 107 万起、死亡近 14 万人。

3）公共卫生事件。新中国成立以来，公共卫生事件时有发生，较为著名的有血吸虫病流行事件。据统计，新中国成立时全国共有 13 个省、378 个县的 1000 多万人患有此病，血吸虫病由此被称为"瘟神"。新中国成立初期，湖南省血吸虫病疫区人口感染率最高达 80%，比例最低的乡村也在 20% 以上。其他突出问题有：①动物源性传染病所占比例一直较小，但其病死率较高，人畜共患传染病的种类不断增多，总发病率呈上升趋势；②改革开放以来，已经绝迹的淋病、梅毒等性传播疾病于 20 世纪 90 年代后又死灰复燃，且发病率上升速度快，病种不断增加，已占据传染病谱的主要位次。

（2）应急管理措施

1）中央政府高度重视，领导人发挥引领作用。新中国成立以来，党和国家高度重视应急管理工作。早在 1949 年 11 月，我国就成立了中央救灾委员会。历次重大突发事件发生

[一] 此部分数据来源于《中华人民共和国减灾规划（1998—2010 年）》。

后，党和国家高度重视，并在必要时派出中央工作组赴灾区前线慰问、指导工作。2015年1月19日—21日，习近平总书记到云南昭通、大理、昆明等地看望鲁甸地震灾区干部群众，深入企业、工地、乡村考察，就灾后恢复重建和经济社会发展情况进行调研。

2）以分类管理为主的应急管理体制日臻完善。新中国成立以来，我国逐步形成以专业部门为主导、以灾害分类管理为特征的应急管理体系。在自然灾害方面，有民政部门负责灾害救助，水利部门负责防汛抗旱，地震部门负责地震灾害应对等。其中，1950年中央防汛总指挥部成立，此后不断发展完善，逐步建立起完备的行政首长负责制，防汛抗旱应急体系成为新中国成立最早、迄今最为完善的防灾减灾应急管理体系。

3）政治动员发挥主导作用。在应对各类灾害的过程中，党和政府的政治动员发挥了集中各方面力量和资源的统一协调作用。政治动员通过其强大有效的宣传力量，使灾区和非灾区群众迅速掌握党和政府的救灾方针、政策，唤起全国上下对救灾工作的积极响应。政治动员模式确立后，在减灾工程建设和历次重大灾害救助中发挥了不可替代的作用。在政治动员中，党和政府对救灾工作的掌控能力极强，不但可以有效避免救灾失控的局面，而且可以做到审时度势、总揽全局、协调各方、因势利导，在大灾中提升民族凝聚力。在大规模减灾工程建设、抗灾救灾、灾后恢复重建中，各有关部门密切协作，中国人民解放军、武装警察和预备役部队、公安干警及广大民兵共同努力，人民群众广泛参与，保证了各项工作的顺利完成。

4）应急管理规范化科学化程度不断提升。我国建立了针对主要灾害的各种防灾减灾领导机构和灾害监测预警、紧急决策、指挥、调度、组织实施体系，初步形成了中央和省、自治区、直辖市的分灾种灾害信息网络系统，开展了灾害分级管理、灾害快速评估、灾情统计标准的研究工作，推动了灾害管理的科学化和规范化。我国的疾病防疫和灾害医疗救护网络，使因灾伤病人员得到有效治疗，基本控制了传染疾的大规模发生和蔓延。

2. 应急管理新发展时期
（1）突发事件的特征
突发事件的种类与之前类似，但特征有所变化。

1）突发事件风险更加广泛。例如，随着城市的发展，自然灾害（如水灾）对城市的影响更大了；环境污染和职业病造成的问题大量出现了；征地拆迁、企业改制、非法集资等导致的各类不稳定因素增加了；社会贫富差距的加大、恐怖主义渗透等造成了新的社会问题。

2）某些突发事件呈现高频次、大规模的趋势。经济高速发展和企业市场化转型造成安全生产事故隐患增多，重特大矿难、火灾、交通事故等时有发生；群体性事件和各类恶性治安事件也时有发生；各类矛盾和问题引发的互联网热点层出不穷。

3）部分突发事件的跨地域程度提高。由于人员流动性增强，以及通信、交通工具的日益发达，突发事件波及的范围也更广。一些食品安全事件动辄影响到数省区；重大交通运输事故往往涉及多地的受害人群；水污染等环境事故也会影响多地乃至境外；不明原因传染病可能影响到国外；一些社会安全事件的组织者在境内外相勾结。

4）突发事件的敏感性、危害性、影响有所增强。各类突发事件往往涉及社会不同利益群体，各种势力参与其中，敏感性、连带性很强；不少社会安全事件在幕后有人策划、煽动和组织，国内国外、网上网下联动，造成的危害和影响都不可小觑。

（2）应急管理措施

在2003年取得抗击非典疫情的胜利之后，我国以"一案三制"（应急预案，应急管理体制、机制和法制）为核心内容的应急管理体系建设工作全面起步。经过十几年的努力，我国现代应急管理体系框架基本建立。

1）应急管理的制度体系不断完善。以2007年《突发事件应对法》的颁布为契机，应急管理法制体系日益完善。应急预案方面，我国自上而下形成了横向到边、纵向到底的应急预案体系。应急管理规范化、标准化的制度体系正在逐步充实。

2）综合应急管理体制机制基本确立。目前，"统一领导、综合协调、分类管理、分级负责、属地管理为主"的应急管理体制基本建成。在综合管理体制方面，成立了国务院应急管理办公室和各级政府应急办。在综合性工作机制方面，国家减灾委员会等综合性指挥协调机制也日益发挥了重要作用。

3）专业化应急管理机制不断完善。根据各地灾害风险特点，县级以上政府设立了防汛抗旱、抗震救灾、森林防火、应对地质灾害、应对台风灾害，以及生产安全事故、食品安全事故等专项应急指挥机构。这些应急指挥机制发挥着预警防范、应急抢险、群众安置、伤员救治、卫生防疫、基础设施抢修、资金物资保障、灾情损失评估等作用。在灾后恢复重建方面，实行在党委和政府统一领导下，由发展改革委员会和民政系统牵头，各相关部门互相配合，实行对口支援，以及基层群众和有关社会力量共同参与的工作机制。

经过长期探索和实践，在应对突发事件的过程中积累形成了中国特色的"拳头模式"，这就是在党和政府统一领导下全国人民万众一心，社会各界同舟共济，将多种力量进行整合的一种应急管理模式，如同将五个手指紧握成拳，表现出决策迅速、出手快、出拳重、措施准、工作实、应对有力的鲜明特色。中国特色的"拳头模式"，集中反映了我国应急管理体制的本质特点，是我国应急管理体系建设成就的综合体现，是探索中国社会管理模式方面的重要发展和进步。实践证明，中国的社会主义制度为"拳头模式"的形成提供了制度基础，改革开放和经济发展为其提供了经济基础，中华民族的民族精神和社会主义文化为其提供了思想基础。但是，我国的公共安全形势依然严峻，面对着诸多可以预见和难以预见的风险挑战，我国的应急管理工作任重道远。

1.4.3 应急管理的发展趋势

近年来，国际应急管理和减灾工作正呈现出新的发展趋势。这主要体现在以下几个方面：

1）由单项减灾向综合减灾转变，由单一事件处置向多种事件综合管理转变，从单纯的自然灾害处置向各类突发事件管理延伸，事故灾害、公共卫生、社会安全等突发事件的应急处置工作正日趋完善。

2）由减轻灾害向减轻灾害风险、加强风险管理转变，从重在处置向"预防为主"转变，比如近几年陆续出台的美国《国家基础设施保护计划》（NIPP）、欧盟《开展基础设施风险识别与风险评估的相关法令》以及德国《关键基础设施保护——企业和政府部门风险和危机管理指南》等，都将风险管理作为核心概念引入并予以发展建设。

3）由单纯减灾向减灾与可持续发展相结合转变，更加强调科学发展，强调运用先进的科技手段与方法。

4）从单纯应对一个方面、一个区域的突发事件向更多领域、更大区域扩展，由一个国家减灾向全球或区域联合减灾转变，更加强调合作、协调、联动和高效。

5）建立全政府—全社会网络的应急管理体系。一方面，强调政府在应急管理中的重要作用；另一方面，努力实现政府和社会、公共部门和私人部门之间的良好合作，实现公民、社会组织、企事业单位在应急管理中的高度参与。

随着国际减灾与应急管理战略的不断调整与发展，世界各地尤其是发达国家和地区更加高度重视应急管理工作，更加强调政府、企业、社会组织和公民要履行自己的职责，而且在许多方面进行了积极探索，并取得了明显的成效，形成了各自的特点。

相关知识阅读

- 《应急管理概论：理论与实践》，闪淳昌，薛澜，高等教育出版社出版，2012 年
- 《新时代应急管理通论》，王宏伟，应急管理出版社出版，2019 年

第 2 章
突发事件风险管理

■ 本章概要

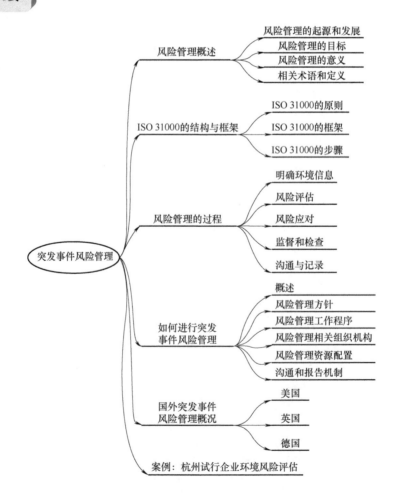

■ 学习要点

- 了解风险管理的起源、发展、目标和意义，熟悉风险管理的相关术语和定义
- 了解 ISO 31000 的八项原则、框架及五个步骤
- 熟悉风险管理过程，掌握风险管理环境信息要素、风险评估和风险应对方法以及监督和检查、沟通与记录需要注意的问题
- 了解如何进行突发事件风险管理，了解风险管理方针、工作程序、相关组织机构、资源配置、沟通和报告机制中需要明确的内容
- 了解国外突发事件风险管理情况

2.1 风险管理概述

应急管理的主要目标是"预防和减少事件发生造成的损失"，管理过程包括事前、事发、事中、事后全过程。尽管应急管理强调"预防为主、关口前移"，要求做好"预测预警"工作，但其管理起点是预防和减少存量风险（已经存在的风险），即捕捉突发事件发生的征兆并采取应对措施。因此，应急管理是以"事件"为中心，仍是相对被动的。要进一步推动应急管理，就必须从"事件"之前的"风险"入手，从更基础、更主动的风险管理层面展开工作。

风险管理（Risk Management）是指根据风险评估和对法律、政治、社会、经济等综合考虑所采取的一种风险控制措施，是面临风险者进行风险识别、风险估测、风险评价、风险控制，对风险实施有效的控制和妥善处理风险所致损失，期望达到"以最小的成本获取最大的安全保障"目标的一项管理活动。风险管理的关键环节，是在辨识风险的基础上，建立解决问题的系统模型，对风险因素的影响进行定量分析，并估算各种风险的发生概率及其可能导致的损失大小，从而找到该项目的关键风险，为重点处置这些风险提供科学依据。

风险管理的对象是"风险"，是对"能带来不利后果的可能性"的管理。风险管理能够更加系统地分析和评估各种风险因素。一方面，通过主动、系统地评估和处置措施，消除或控制存量风险；另一方面，通过优化规划、建设和管理手段，预防和减少增量风险（新增的风险）的出现，从而达到"消除或控制存量风险，预防或减少增量风险"的管理目标。风险管理将管理起点前移到"增量风险"，是应急管理的"关口再前移"，是一种更积极、更主动的管理方式。

2.1.1 风险管理的起源和发展

风险管理最早起源于中世纪的欧洲，发展于 20 世纪的美国。1916 年，法国的管理科学大师 Henri Fayol 首次把风险管理的思想引入企业经营中，认为安全职能是企业经营六种职能（即技术职能、营业职能、财务职能、安全职能、会计职能及管理职能）的基础和保证。1931 年，美国管理协会保险部最先倡导风险管理。1932 年，美国纽约几家大公司组织起纽约保险经纪人协会，该协会定期讨论有关风险管理的理论与实践问题，后逐渐发展为全美范

围的风险研究所和美国保险及风险管理协会，该协会的成立标志着风险管理的兴起。

1948年，美国钢铁工人工会与厂方就退休金和团体保险进行谈判。厂方不接受工会提出的条件，引起钢铁工人大罢工，持续时间达半年。这次大罢工严重打击了当时美国的经济。

1953年8月12日，世界知名大公司——美国通用汽车公司在密歇根州的一个汽车变速箱厂因火灾损失了约5000万美元。这次火灾成为美国历史上损失最为严重的15起重大火灾之一。

20世纪50年代前后发生的这两件事，直接导致公司高层决策人员对风险管理的重视和兴趣，推动了美国风险管理活动的兴起。风险管理开始在美国以学科的形式发展起来，产生了风险管理的基本构思，并逐步形成了独立的理论体系。1950年，美国学者Russell B. Gallagher首次使用"风险管理"一词，风险管理的概念开始广为传播。在此期间，保险成为企业处理风险的主要方法。1955年，美国全国"保险购买者协会"更名为"美国保险管理协会"，表明保险开始得到实业界的重视。20世纪60年代，企业风险管理的方法进一步扩大，很多学者开始系统研究风险管理的方法，开始寻求风险管理方法的多样化，并取得了丰硕的成果。1962年，美国管理协会出版了有关风险管理的专著——《风险管理的兴起》。1963年和1964年，Robert I. Mehr和Bob A. Hedges、Williams C. Arthur Jr.和Richard M. Heins分别出版了《企业风险管理》和《风险管理与保险》，引起了欧美各国的广泛重视，标志着风险管理研究系统化、专业化的开始，风险管理由此成为企业管理领域的一门独立学科。

在风险管理学科稳步发展的同时，有关风险管理的教育和培训也陆续展开。1960年，乌普萨拉大学企业管理系率先开设"公司风险管理"课程。1966年，美国保险学会和美国保险管理学会执行了风险管理准会员的培训计划，培养合格的企业风险经理。20世纪70年代初期开始，保险经纪人主动开展风险管理服务，风险管理咨询公司开始出现，推动了风险管理的普及。同时，美国许多大学的工商管理学院和保险系都普遍讲授风险管理课程，将风险管理的教育和培训贯穿于经济管理课程中，许多大学将传统的保险系更名为风险管理与保险系，有关的保险团体也纷纷改名。例如，1961年，"全美大学保险学教师协会"更名为"全美风险与保险学协会"，其著名的期刊《保险》也于1964年更名为《风险与保险》；1975年，"美国保险管理协会"更名为"风险与保险管理协会"，并开始出版著名的《风险管理》期刊。业界也开始广泛用"风险经理"的职衔来代替"保险经理"的职衔。

20世纪70年代初期，风险管理的理念和方法从欧美发达国家传入亚洲，80年代后期传入我国。虽然我国对风险管理的研究起步较晚，但近年来发展势头很猛。特别是在2006年6月，我国发布了《中央企业全面风险管理指引》，标志着我国拥有了自己的全面风险管理指导性文件，也标志着我国进入了风险管理理论研究与应用的新阶段。

当前，风险管理的理论研究和实践工作蓬勃兴起，并呈现出方兴未艾的发展势头。就其发展趋势来看，主要表现出以下三个特点：

1）从单一风险管理走向综合风险管理。风险管理已成为多学科交叉的前沿管理领域，综合了自然科学与社会科学、工程技术与管理科学等多学科和多领域。

2）强调将风险管理纳入国家的可持续发展规划中，提出将防范各种潜在的风险因素整合到发展规划和日常管理决策中，从而能从更基础的层面改善风险管理，防患于未然。

3）关注重点由传统风险因素转向新风险因素。当前，特别是对全球环境变化、全球化与区域化影响、能源与淡水短缺、新技术风险等新型综合风险予以高度关注。

在过去几十年的发展过程中，有关风险和风险管理的研究逐渐成为国际社会高度关注的焦点和热点问题，风险管理由此成为世界各国政府共同面临的重大挑战。在理论和实践相互作用、相互促进的过程中，全球风险管理已经超越了以往传统概念，超出了单学科、纯学术研究的范畴，具有跨学科、集自然科学与社会科学、研究与管理为一体的特点。尤其是进入21世纪以来，在全球经济一体化的过程中，"9·11"事件等恐怖袭击、新冠疫情等新发传染病等各种新风险不断涌现。各种风险越来越具有持续变化的动态特征，风险源、风险发生的背景条件、风险演变特性、风险后果以及社会管理能力等都在不断发生变化，表现出错综复杂的特征，并且各种风险相互交织，这给全球风险治理带来巨大的挑战。

2.1.2 风险管理的目标

风险管理是一项有目的的管理活动，只有目标明确，才能起到有效的作用。否则，风险管理就会流于形式，没有实际意义，也无法评价其效果。风险管理的目标是以最小的成本获取最大的安全保障。因此，它不仅仅是一个安全生产问题，还包括识别风险、评估风险和处理风险，涉及财务、安全、生产设备、物流、技术等多个方面，是一套完整的方案，也是一个系统工程。

风险管理目标的确定一般要满足以下几个基本要求：

1）风险管理目标与风险管理主体（如生产企业或政府部门）总体目标的一致性。
2）目标的现实性，即确定目标要充分考虑其实现的客观可能性。
3）目标的明确性，即正确选择、使用和实施各种方案，并对其效果进行客观的评价。
4）目标的层次性。从总体目标出发，根据目标的重要程度，区分风险管理目标的主次，以利于提高风险管理的综合效果。

美国反欺诈交易委员会（Committee of Sponsoring Organization，COSO）发布的《企业风险管理——整合框架》指出，风险管理的一个基本前提是每一个主体，不管是营利性的、非营利性的，还是政府机构，存在的目的都是为它的利益相关者提供价值。风险管理使管理者能够有效地处理不确定性以及由此带来的风险和机会，从而提高主体创造价值的能力。当管理者制定战略和目标，并科学有效配置资源以实现主体的目标，来追求效益和相关风险之间的最优解时，价值才得以最大化。风险管理能够帮助管理者实现主体的业绩和盈利目标，并防止资源的损失。它不仅有助于确保有效的报告，还有助于确保主体符合法律和法规，避免对主体声誉的损害以及由此带来的后果。总之，风险管理不仅帮助每一个主体达到期望的目的，还有助于避开前进途中的隐患和意外。简单地说，风险管理的目的就是增加管理主体的价值。

COSO将主体的目标分为四类，见表2-1。

表2-1 目标分类

分类	描述
战略	与高层次的目的相关，协调并支撑主体的目标
经营	与利用主体资源的有效性和效率相关

(续)

分类	描述
报告	与主体报告的可靠性相关
合规	与主体符合适用的法律和法规相关

COSO 的这种分类使人们可以关注风险管理的不同层面。这些各不相同却又相互交叉的类别——一个特定的目标可以归入多个类别，反映了不同的主体需要，并且可能成为不同管理者的直接责任。

2.1.3 风险管理的意义

1. 风险管理对企业的意义

（1）风险管理有利于维持企业生产经营的稳定

有效的风险管理，可使企业充分了解自己所面临的风险及其性质和严重程度，及时采取措施避免或减少风险损失，或者当风险损失发生时能够及时补偿，从而保证企业生存并迅速恢复正常的生产经营活动。

（2）风险管理有利于提高企业的经济效益

通过风险管理，一方面可以降低企业的费用，从而直接增加企业的经济效益；另一方面，会使企业上下获得安全感，并增强开展业务的信心，增加领导层经营管理决策的正确性，降低企业现金流量的波动性。

（3）风险管理有利于企业树立良好的社会形象

有效的风险管理有助于创造一个安全稳定的生产经营环境，激发劳动者的积极性和创造性，为企业更好地履行社会责任创造条件，帮助企业树立良好的社会形象。

2. 风险管理对个人与家庭的意义

通过有效的风险管理，可以防范个人与家庭遭受经济损失，使个人与家庭在意外事件之后得以继续保持原有的生活方式和生活水平。一个家庭能否有效地预防家庭成员的死亡或疾病、家庭财产的损坏或丧失、责任诉讼等风险给家庭生活带来的困扰，直接决定了此家庭的成员能否从身心紧张或恐慌中解脱出来。他们所承担的身体上和精神上的压力减少了，就可以在其他活动中更加投入。

3. 风险管理对社会的意义

风险管理对于企业、个人与家庭和其他任何经济单位，都具有提高效益的功效，从而必然使整个社会的经济效益得到保证或增加。同时，风险管理可以使社会资源得到有效利用，使风险处理的社会成本下降，使全社会的经济效益增加。

2.1.4 相关术语和定义

1. 与风险有关的术语

（1）风险

风险是指不确定性对目标的影响。此定义说明风险是一种"影响"，这种影响是对目标的影响，这里的"目标"是组织的目标或利益相关方的目标。这种影响是指偏离预期，可以是正面的和/或负面的。因此，可以说风险具有"二重性"，正面的影响意味着机会和收益，负面的影响则意味着威胁和损失。目前对于风险的描述多用于衡量其负面影响。

对目标的影响因素多种多样，风险要研究的只是其中一种，即"不确定性"。不确定性是指对事件（见本节）及其后果或可能性的信息缺失或了解片面的状态，不确定性是风险的最基本特性。不确定性是一种缺乏或部分缺乏相关信息或认知的状态。也就是说，不确定某个事件会不会发生；不确定某个事件发生的后果会怎样，程度有多大；不确定该后果发生的可能性有多大；等等。从不确定性的定义中可以看出，"信息"和"认识"对不确定性来说至关重要。之所以存在不确定性，是因为缺乏相关"信息"，缺少对事物的"认识"。所以，"不确定性"是对于主观认知而言的。对那些确定发生或确定不发生的事情，以及那些已知发生概率的客观不确定性事件（如抛硬币），则不属于风险不确定性研究的范畴。

通常用事件后果（包括情形的变化，见本节）和事件发生可能性（见本节）的组合来表示风险：

$$R = F(P, L) \tag{2-1}$$

式中　P——事件发生的概率，可以表示为 0~1 的无量纲数；

　　　L——事件发生后果。

（2）事件

在风险管理（见本节）中，事件指的是特定情况的发生或者变化。它可以是一个或多个情形，并且可以由多个原因导致，既包括会造成后果的"事故"，也包括没有造成后果的事件，后者通常被称为"未遂事件""事故征候""临近伤害"或"幸免"等。

（3）可能性

在《风险管理　术语》中，"可能性"一词指的是某件事发生的机会，不论客观地还是主观地、定性地还是定量地去定义、测量或确定，并且使用通用的术语或数学方法描述（例如在给定的时间段内的概率或频率）。

（4）后果

后果指的是某事件对目标影响的结果。这些后果可以是确定或不确定的，可以对目标产生正面或负面、直接或间接的影响。同时，任何后果都可以通过级联和累计效应逐步升级，并通过定性或定量的方式表示。

根据上述定义，人们常用"黑天鹅"比喻小概率而影响巨大的事件，用"灰犀牛"比喻大概率且影响巨大的潜在危机。

2. 与风险管理有关的术语

（1）风险管理

风险管理指的是社会组织或者个人用以降低风险的消极结果的决策过程，通过风险识别、风险估测和风险评价，并在此基础上选择与优化组合各种风险管理技术，对风险实施有效控制和妥善处理风险所致损失的后果，从而以最小的成本获取最大的安全保障。

（2）风险管理框架

风险管理框架是嵌入组织的整体战略、运营政策以及实践中，为设计、执行、监督、评审和持续改进整个组织的风险管理提供基础和组织安排的要素集合。它包括管理风险的方针、目标、授权和承诺以及相应的计划、关系、责任、资源、过程和活动。

（3）风险管理方针

风险管理方针是组织在风险管理方面的总体意图和方向的表述。

（4）风险管理计划

风险管理计划是风险管理框架中，详细说明用于管理风险的方法、管理要素及资源方案。

3. 与风险管理过程有关的术语

（1）风险管理过程

风险管理过程指的是将管理政策、程序和操作方法系统地应用于沟通、咨询、明确环境以及识别、分析、评价、应对、监督与评审风险的活动中。

（2）利益相关者

利益相关者指的是对一个决策或活动可以产生影响、受其影响或认为自己受到影响的组织或个人。

（3）风险感知

风险感知指的是利益相关者对风险的看法。

4. 与环境有关的术语

（1）外部环境

外部环境指的是组织追求其目标实现时所处的外部状况。外部环境可包括：①国际、国内、区域或地方的文化、社会、政治、法律、法规、金融、技术、经济、自然以及竞争环境；②对组织目标产生影响的关键驱动因素和趋势；③与外部利益相关者的关系以及他们的感知和价值观。

（2）内部环境

内部环境指的是组织追求其目标实现时所处的内部状况。内部环境可包括：①治理、组织结构、职能和责任；②方针、目标，以及实现它们的战略；③从资源和知识角度所理解的能力（如资本、时间、人力、过程、系统和技术）；④信息系统、信息流和决策过程（正式的和非正式的）；⑤与内部利益相关者的关系，以及他们的感知和价值观；⑥组织文化；⑦组织采用的标准、指南和模型；⑧合同关系的形式和范围。

2.2 ISO 31000 的结构与框架

自 2009 年发布全球第 1 版风险管理指南后，国际标准组织（International Standards Organization，ISO）于 2018 年 2 月 15 日更新发布 ISO 31000《风险管理指南》这一关键标准（以下简称指南或标准）。

新版指南仍然定位于"任何组织、任何类型、全生命周期、任何活动"，强调指南在风险管理领域的普遍适用性。相对于老标准，新标准的变化主要体现在以下四个方面：

1）风险管理原则审查，这是其成功的关键标准。

2）从组织治理入手，强调高级管理层的领导以及风险管理的整合。

3）更加强化风险管理的迭代性质，提出在每一个流程环节，新的实践、知识和分析可以引发对流程要素、行动和控制的修正。

4）精简内容，更加注重支撑一个开放的系统模型，以适应多样化的需求和环境。

2.2.1 ISO 31000 的原则

新版指南明确，风险管理原则最核心的内容为"价值创造与保护"，并在开篇就点出了风险管理工作的第一原则：与组织所有活动的整合。这表明风险管理是与组织相关的所有活动的组成部分，而不是一项独立于其他管理和业务活动的工作。图 2-1 中概述的原则指出了有效和高效的风险管理的工作特点，并为其提供指导，同时传达了风险管理的价值并阐明了其目标。

ISO 31000 的八项原则如下：

（1）整合的

风险管理是组织所有活动的组成部分。这是对风险管理"嵌入性"的声明，是嵌入（be Embedded），而不是附加于（Add on）。该原则强调了两个观点：①如果组织的某个过程没有实施风险管理，那么这个过程就是不完整的；②组织开展风险管理工作，不应

图 2-1 ISO 31000 的原则

像质量管理体系那样，制定一个独立的体系来运行，而是要把风险管理嵌入组织的其他各项活动中去。抓住风险管理的"嵌入性"，就能有效地克服风险管理与组织其他管理之间"两层皮"的现象，使风险管理工作真正落到实处。

（2）结构化和全面性

风险管理的结构化和全面性有助于获得一致和可比较的结果。

1）风险管理是结构化的，"结构"是指系统内存在的各个组成部分，及其它们之间相互联系、相互作用的框架。结构化的方法是对组织各个组成部分的存在、设置，及其之间的联系、作用进行分析，通过这一结构的运作而实现该结构的功能。

2）风险管理是全面性的，不能各自为政，更不能一叶障目，要考虑各种风险或各个层次的风险之间的关系，站在系统的角度看待风险、管理风险。

（3）定制化

风险管理框架和流程是根据组织与其目标的外部和内部背景来制定的，并与其密切相关。每个组织都有自己特定的生存环境，都有自己的特殊性，所以风险管理是定制的、个性化的，不可能完全复制或照抄照搬。

（4）包容性

需要考虑利益相关方的适当和及时参与，融入他们的知识、观点和看法。这里强调的是"包容性"，包容各利益相关方、组织内各层级决策者对风险和风险管理的意见及建议。

（5）动态的

随着组织内部和外部环境的变化，风险可能会出现、变化或消失。时间是风险的重要属性，同一个风险事件对组织目标的影响在未来三个月或半年内是不同的，因为随着时间的推移，组织所面临的内外部环境也将发生变化。风险管理会以适当和及时的方式预测、监控、掌握和响应这些变化和事件，"适时性"是风险管理"动态性"的要求。

（6）有效信息利用

风险管理的输入是基于历史和当前的信息以及未来预期。风险的核心是"不确定性"。不确定性是一种缺乏或部分缺乏信息的状态。"信息"对风险管理而言非常重要。组织的信息一般包括历史数据、经验、利益相关方的反馈、观察、预测和专家判断等。

这里的"有效信息利用"暗示该信息是可用的、易得的、较低成本的。组织在开展风险管理工作时，应该建立自己的信息获取策略、信息获取渠道和信息获取手段，并注意识别数据和数据处理模型的缺陷和局限。风险管理应明确考虑与这些信息和期望相关的任何限制和不确定性，信息应及时、清晰地提供给相关的利益相关方。

（7）人员与文化因素

人员行为和文化明显影响风险管理在不同层面和阶段的各个方面。人和文化是组织管理的基础条件，人在风险管理中起决定作用。风险管理与组织的所有利益相关者都有密切联系，需要各利益相关方参与。科学的风险文化的形成将有利于组织全面提升风险管理能力。

（8）持续改进

通过学习和经验积累，不断提高风险管理水平。这说明风险管理是一个能适应环境变化的动态过程，也是一个封闭的反馈循环过程。组织通过绩效测量、检查、调整、审计等手段，使风险管理得到持续改进。

2.2.2 ISO 31000 的框架

风险管理框架部分的目的是协助组织将风险管理纳入重要的活动和职能。风险管理的有效性取决于是否将其纳入组织治理和决策中。这需要利益相关方，特别是最高管理层的支持。此次更新的框架强化了领导层的职责和整合的重要性，核心是领导力与承诺，明确高级管理层和监督机构应确保风险管理融入组织所有活动。它体现为五个步骤：整合、设计、实施、评价、改进，并前后有序。图 2-2 展示了 ISO 31000 整个框架的构成。

图 2-2 ISO 31000 的框架

图 2-2 中，最核心的内容为"领导力与承诺"，强化了对于领导层在风险管理工作中的角色和职责。ISO 历来重视"管理承诺"，在其发布的管理标准中，一般都含有对组织管理者"承诺"方面的要求，且都居于标准的重要位置。"承诺"意味着责任和权力，也意味着公开；就某一特定领域的管理而言，"承诺"往往意味着在这一管理领域中组织的管理方向、总体要求和责任分配。按照 ISO 技术风险管理委员会时任主席 Jason Brown 所言：以前风险管理从业者往往处于组织管理的边缘，这种强调将帮助他们证明风险管理是企业管理不可分割的一部分。在适当情况下，高级管理层和监督机构应确保将风险管理纳入所有组织活动。

最高管理层负责管理风险，其主要任务有：①使风险管理与其目标、战略和文化保持协同；②自愿承担履行其认知内的义务；③确定风险的类型和数量，以指导风险标准的制定，确保将风险标准和价值传达给组织及其利益相关方；④促进对风险的系统性监测；⑤确保风险管理框架仍然适合组织的环境，并通过一定方式来显示领导能力和承诺：a. 定制和实现框架的所有构建；b. 发布风险管理的办法、计划或行动方针的生命或政策；c. 确保分配必要的资源以管理风险；d. 以适当的分级方式在组织内分配权力、责任和问责机制。

组织的管理者不仅包括组织的高级管理人员，对企业而言，还应包括对组织有出资、控制、监督职能的董事会、管理委员会等人员。通常这些人员参与组织的重大决策，他们是组织风险管理的重要责任人。

监督机构负责监督风险管理。监督机构被期望或要求：①确保在设定组织目标时充分考虑风险；②了解组织在追求目标时所面临的风险；③确保管理此类风险的系统得到有效实施和运行；④确保在组织目标的背景下这些风险是适当的；⑤确保正确传达有关此类风险及其管理的信息。

2.2.3 ISO 31000 的步骤

1. 整合

风险管理依赖于对组织结构和环境的理解。结构因组织的目的、目标和复杂性而异。组织结构的每个部分都应进行风险管理，组织中的每个人都有管理风险的责任。

将风险管理整合到组织中是一个动态的迭代过程，应该根据组织的需求和文化进行定制。风险管理应该是组织目标、治理、领导力和承诺、战略、目标和运营的一部分，而不是相互分离。ISO 风险管理技术委员会时任主席 Jason Brown 解释，ISO 31000 提供了一个风险管理框架，支持所有活动，包括组织内各个层次的决策。ISO 31000 框架及其流程应与管理系统整合，以确保组织所有领域管理控制的一致性和有效性。孤立的风险管理工作并无实际意义，应该与组织的所有管理活动整合，成为任何管理经营活动的一部分，包括但不限于战略和规划、公司治理、人力资源、合规、质量、健康与安全、业务连续性、危机管理与安全管理、组织抗风险能力、互联网技术（Internet Technology，IT）等。

显然，组织在实施风险管理时，要做好两方面的事情：①要学习风险管理的理论、流程和技术方法；②要具体明确组织的各个过程。"识别"和"规定"组织的各个过程是实施风险管理的基础性前提。"识别"是指了解、认识组织都有哪些过程，识别要全面，未能识别的过程将不被嵌入风险管理。"规定"是指如何将"识别"的过程体现出来，并给予恰当的描述。较好的"规定"方式是"程序+流程图"。

2. 设计

管理风险框架的设计是"框架"部分的核心内容之一，该设计包括五个方面的内容，它们分别是：

（1）了解组织及其环境

在设计风险管理框架时，组织应该审查并理解其外部环境和内部环境。这要求做两项工作——"审查"（Evaluate）和"清楚了解"（Understand），两者缺一不可。活动的内容是"组织的外部和内部环境"。对"环境"的强调是本标准的一个重要特征。

（2）明确风险管理承诺

最高管理层和监督机构应以声明或其他形式明确地传达组织目标和风险管理承诺，展示并阐明其对风险管理的程序承诺。承诺应包括但不限于：①组织管理风险的目的及其与目标和其他政策的联系；②加强将风险管理融入组织整体文化的必要性；③将风险管理融入核心业务活动和决策；④权力、责任和问责机制；⑤提供必要的资源；⑥处理冲突目标的方式；⑦在组织的绩效目标内进行衡量和报告；⑧评估和改进。

（3）分配组织角色、权限、职责

在适当情况下，高级管理层和监督机构应确保在组织各级分配和传达有关风险管理的权限和职责，并应该强调风险管理是一项核心责任以及确定有管理风险责任和权力的个人（风险所有者）。因此，组织需要设置"风险所有者"并给予正式授权，在实际工作中，"风险所有者"可能对应于组织的首席风险官（Chief Risk Officer，CRO）或相当的人员或部门。

（4）资源分配

在适当情况下，高级管理层和监督机构应确保为风险管理分配适当资源，这些资源可以包括但不限于：①人员、技能、经验和能力；②组织用于管理风险的过程、方法和工具；③记录过程和程序；④信息和知识管理系统；⑤专业发展和培训需求。同时，组织也应考虑现有资源的能力和限制。

（5）建立沟通和咨询渠道

为支持风险管理的框架，并促进风险管理的有效应用，该组织应建立沟通和咨询的渠道。沟通包括与目标受众共享信息。咨询包括参与者期望对决策或其他活动做出贡献，以便更好决策的反馈信息。沟通和咨询的方法和内容应反映利益相关方的期望。同时应当确保及时进行相关信息的收集、整理、汇总和共享，并提供反馈以期改进。

3. 实施

实施风险管理的第一步是构建风险管理的框架。组织在构建风险管理的框架时，首先应确定实施风险管理的时机和策略；如果许可，还应给出具体的实施进度安排和时间安排。另外，组织构建风险管理框架时应确保所做出的决策、开发和制定的目标与风险管理过程的结果一致。因此，在组织过程策划的前期阶段，就应该明确在整个组织中什么地点、什么时间以及由谁做出、如何做出不同类型的决策，同时考虑修改决策流程以实现实施结果与预期相一致。最后，组织还要保持与各利益相关方的沟通与咨询，以确保框架保持适宜。

4. 评价

为了评估风险管理框架的有效性，组织可从以下几个方面展开：

1）需要做三项工作：①要建立风险管理的绩效指标，来提供评审依据和标准；②要定期评审这些指标的适宜性，由于组织内外部环境的变化，有些指标可能需要调整，有些可能被取消，也有可能增加一些新指标；③利用这些指标对风险管理的绩效进行测量，并对测量的结果进行分析和评价。

2）对风险管理计划的监测与评审。风险管理计划是框架中的一项重要内容，是组织实施风险管理的总体计划。组织在编制并实施风险管理计划后，为了对框架进行监测与评审，要定期测量该计划的进展情况和偏离情况。

3）对风险管理框架、风险管理方针、风险管理计划的适宜性进行定期评审，这三项是组织风险管理工作中最基本的内容，组织需根据内外部环境的变化定期对它们的适应性给予评审。

4）建立监测与评审报告制度。报告内容为：①要报告风险，评审时要看其报告制度、报告途径、报告周期等内容；②要报告风险管理计划的进展情况；③要报告风险管理方针被遵循的情况。

5）对框架的整体有效性进行评审。

5. 改进

组织应持续监控和调整风险管理框架，以应对外部和内部的变化，同时不断改进风险管理框架的实用性、充分性和有效性，以及风险管理流程的整合方式。如果发现相关的缺陷或改进机会，组织应制订计划和任务，并将其分配给负责实施的人员。一经实施，这些改进措施将有助于加强风险管理的作用。

ISO认为"持续改进"是一项循环的活动，通过过程的运行和改进来实现。改进包括日常的"渐进改进"和重大的"突破性改进"。改进是为了寻求每一个可能的改进机会,而不仅是在问题发生后才显露的改进机会。改进是持续的,一个改进过程的终止意味着一个新的改进过程的开始。改进是螺旋式上升的,每一轮 PDCA(Plan、Do、Check、Action)循环都不是简单的重复,而是向着更新、更高的目标攀升。每一次改进的循环,其改进的活动及顺序如下:

1) 分析和评价现状,以识别改进的内容和范围。
2) 确定改进目标。
3) 寻找可能实现目标的解决方法。
4) 评价这些方法,并做出选择。
5) 实施所选定的方法。
6) 测量、验证、分析和评价实施的结果,以确定改进目标是否实现。
7) 正式采纳整改。

2.3 风险管理的过程

风险管理过程是组织管理的有机组成部分,嵌入在组织文化和实践当中,贯穿于组织的经营过程。风险管理过程由明确环境信息、风险评估、风险应对、监督和检查组成,如图2-3所示。其中,风险评估包括风险识别、风险分析和风险评价三个步骤。沟通与记录应贯穿于风险管理过程的各项活动中。

2.3.1 明确环境信息

通过明确环境信息,组织可明确其风险管理的目标,确定与组织相关的内部和外部参数,并设定风险管理的范围和有关风险准则。尽管许多此类参数与风险管理框架设计时所考虑的参数类似,但在明确风险管理过程的状况时,这些参数需要细致分析,特别是与特定风险管理过程联系起来考虑。

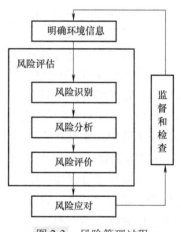

图2-3 风险管理过程

1. 建立外部环境

在制定风险准则时,为了确保外部利益相关者的目标和关注点被考虑,理解外部环境非常重要。它虽以组织范围的环境为基础,但是也基于法律和监管要求的具体细节、利益相关方的感知,以及风险管理过程范围内风险的其他方面。外部环境的主要因素详见2.1.4节的相关内容。那么,应当如何认识和理解"建立"环境呢?

(1)"建立"环境是主动管理的体现

"建立"一词,英语是"Establishing",要求组织将自己的环境建立起来,而不仅仅是"识别"现有的环境。一些关于风险管理的法规或书籍中,经常有"识别风险"的说法。"识别"只意味着对现有环境的认识,这是不同之处。

(2)环境的范围

这里是从风险管理过程的角度要求组织"建立环境"。该环境与"了解组织及其环境"

中"评价"的环境有所不同,不是组织风险管理"框架"所处的大环境,而是风险管理过程"嵌入"的业务过程所处的环境,如组织将进行一项"并购"所处的环境。

(3) 建立现有环境

事实上,组织的任意业务过程客观上存在一个环境,但可能被忽视了,以至于人们在进行一项活动时意识不到既有的环境。因此,要将这个客观上存在但被忽视的环境真实、具体地建立起来。就如同一个特定的人居住在一所具体的房子里,他熟悉房子的任何部位和每样东西,可以为其所用。应注意的是,每一过程的特点不同(包括业务、产品、地域、人员和时间等),其所处的环境也就不同,所以要对每一个过程建立相应的环境。

如何体现已"建立现有环境"呢?组织应以文件的形式将已建立的现有环境描述出来,并保留下来,描述并反映过程的特征。就像地球本身是一个大磁场,人们生活在这一磁场的环境中,但很少意识到。如果一项活动与该磁场环境有关,那么应有一个指南针,拥有该指南针就体现已经将这一环境"建立"起来了,因为每当看到指南针时,都会意识到所开展的活动是在此环境中进行的。

(4) "发展"环境

它以对每一过程"建立"的现有环境为基础,组织应根据该过程的目标,"发展"更有利于过程进展的环境。既要考虑已建立的现有环境是否发生了变化,如法律环境的变化,又要积极主动地改造环境、创造环境。

2. 建立内部环境

风险管理过程应与组织的内部文化、过程、结构和战略相匹配,内部环境是组织内部可能影响管理风险方式的任何事情,其具体因素参见2.1.4节相关内容。组织在这一环境中追求、实现自己的目标,同时一个特点项目、过程或活动的目标和准则也应当在组织的整体目标下考虑。针对存在的问题,有必要建立内部环境。"问题"是指在识别机会方面,存在一些组织未能识别实现其战略、项目或经营目标的机会。

3. 明确风险管理过程状况

在风险管理过程被应用的地方,组织应建立各项活动的目标、战略、范围和参数,或者它们的一部分。对风险的管理应该充分考虑需求,以证明在实施风险管理中使用的资源是合理的,同时所需的资源、职责、权限和要保存的记录也应予以规定。

风险管理过程的状况根据组织需求而变化,包括但不限于:①确定风险管理活动的目标;②确定风险管理过程的职责;③确定所要开展的风险管理活动的范围以及深度、广度,包括具体的内涵和外延;④以时间和地点界定活动、过程、职能、项目、产品、服务或资产;⑤界定组织特定项目、过程或活动与其他项目、过程或活动之间的关系;⑥确定风险评估的方法;⑦确定评价风险管理的绩效和有效性的方法;⑧识别和规定所必须要做出的决策;⑨识别、审视或构建所需的研究,同时确定它们的程度和目标,以及此种研究所需的资源。

4. 确定风险准则

风险准则是组织用于评价风险重要程度的标准。因此,风险准则需体现组织的风险承受度,应反映组织的价值观、目标和资源。有些风险准则直接或间接反映了法律和法规要求或其他需要组织遵循的要求。风险准则应当与组织的风险管理方针一致。具体的风险准则应尽可能在风险管理过程开始时制定,并持续不断地检查和完善。确定风险准则时通常需要考虑以下这些因素：

（1）风险的特性

风险的特性是指对风险的认识是客观的还是主观的，是系统的还是局部的，包括对正面、负面影响的判断等。风险的原因可能有多种，需要明确究竟该如何划分、风险后果是什么、如何对后果进行测量。

（2）对风险后果进行测量

对风险后果进行测量是指确定风险发生的可能性。"后果"和"可能性"的内容，这里强调的是对风险的"后果"和"可能性"如何赋值，以及采用怎样的指标将其测量出来。

（3）风险发生后果、可能性的"时限"问题

在一般的风险管理书籍或相关法规中，风险的后果、可能性受到普遍重视，但较少用到"时限"这一概念，也就忽视了它的重要性。实际上，风险的"时限"就是风险发生的后果、可能性的"时间敞口"。对于确定的风险后果、可能性，一般来说，时间敞口越大，风险也就越大。例如，信贷风险。贷款者向银行借贷一定数量的货币，银行将承受此借贷者不能偿还的风险。但对不同的贷款期限，银行所面临的信用风险是不同的。与10年期的贷款相比，1年期的贷款风险要明显减小，因为贷款者在10年之中不偿还贷款的可能性要大得多。因此，"时限"也可以理解为"风险期"，是在某个时间区域内发生的风险。风险期可能是依风险而客观存在的，也可依其获得的信息而主观确定。在评价风险重要性时，标准中提到的"时限"应引起重视。因为许多主体的战略和目标着眼于短期到中期的时间范围。管理者自然就关注与这个时间范围相关的风险。然而，战略方向和目标的某些方面却延伸到较长的时期。因此，管理者需要认识到较长的时间范围，并且不能忽略那些可能延伸的"风险"。

（4）评价风险的重要性

评价风险是指"确定风险等级"。组织在实施风险管理过程时，确定风险准则中的风险等级划分是一项必不可少的工作。

（5）利益相关方的意见

风险准则是从主观上评价风险的重要性，但评价的主体不能仅仅是组织自身，还必须包括组织的利益相关方。利益相关方参与风险准则的制定，有利于风险重要性评价的全面、公正。

（6）风险可接受等级

该风险等级是组织可接受或可容忍的风险等级，处于这一等级中的风险，组织是可以接受的。人们经常说不可能把风险彻底消除，而是要把风险控制在可接受的范围内，组织通过在风险准则中确定风险接受或可容忍的等级而得到可接受的风险范围。

（7）涉及风险组合的问题

组织所面对的风险通常不是一个，而是多个，在评价风险的重要性时，只考虑一个风险可能是片面的，可能要从多个角度去考查风险。组织如果认为需要，则应考虑对多个风险如何组合及应采取的方式。

通过对以上因素及其他相关因素的关注，将有助于保证组织所采用的风险管理方法适合于组织现状及其所面临的风险。

2.3.2 风险评估

1. 风险评估技术

风险评估有助于决策者对风险及其原因、后果和可能性有更充分的理解。为是否开展某些活动、是否需要应对风险以及风险策略选择等决策提供信息。常用的风险评估技术有：

（1）情景分析法

情景分析法是指通过分析未来可能发生的各种情景，以及各种情景可能产生的影响来分析风险的一类方法。换句话说，情景分析是类似"如果-怎样"的分析方法。未来总是不确定的，而情景分析使人们能够"预见"未来，对未来的不确定性有一个直观的认识。用情景分析法来进行预测，不仅能得出具体的预测结果，而且还能分析达到未来不同发展情景的可行性以及提出需要采取的技术、经济和政策措施，为管理者决策提供依据。

（2）失效模式和效应分析

失效模式和效应分析（Failure Mode and Effect Analysis，FMEA）是用来识别组件和系统未能达到其设计意图的方法。它主要用于识别：①系统各部分所有潜在的失效模式（失效模式是被观察到的失误或操作不当）；②这些故障对系统的影响；③故障原因；④如何避免故障及减弱故障对系统的影响。

（3）风险矩阵法

风险矩阵法是一种将定性或半定量的后果分级与产生一定水平的风险或风险等级的可能性相结合的方式。

2. 风险评估步骤

风险评估包括风险识别、风险分析和风险评价三个步骤。

（1）风险识别

风险识别是通过识别风险源、影响范围、事件及其原因和潜在的后果等，生成一个全面的风险列表。识别风险不仅要考虑有关事件可能带来的损失，也要考虑其中蕴含的机会。

进行风险识别时要掌握相关的和最新的信息，必要时，需包括适用的背景信息。除了识别可能发生的风险事件外，还要考虑其可能的原因和可能导致的后果，包括所有重要的原因和后果。不论风险事件的风险源是否在组织的控制之下，或其原因是否已知，都应对其进行识别。此外，要关注已经发生的风险事件，特别是新近发生的风险事件。

识别风险需要所有相关人员的参与。组织所采用的风险识别工具和技术应当适合于其目标、能力及其所处环境。风险识别方法包括：

1) 基于证据的方法，例如检查表法以及对历史数据的审查。

2) 系统性的团队方法，例如一个专家团队可以借助于一套结构化的提示或问题来系统地识别风险。

3) 归纳推理技术，例如危险与可操作性分析（Hazard and Operability Analysis，HAZOP）等。

4) 组织可利用各种支持性的技术来提高风险识别工作的准确性和完整性，包括头脑风暴法及德尔菲法等。

（2）风险分析

风险分析是根据风险类型、获得的信息和风险评估结果的使用目的，对识别出的风险进行定性和定量的分析，为风险评价和风险应对提供支持。

风险分析中需要考虑：①导致风险的原因和风险源；②风险事件的正面和负面的后果及其发生的可能性；③影响后果和可能性的因素；④不同风险及其风险源的相互关系；⑤现有的管理措施及其效果和效率；⑥组织的风险承受度及其对前提和假设的敏感性；⑦可能存在的专家观点中的分歧及数据和模型的局限性。

根据风险分析的目的、获得的信息数据和资源，风险分析可以是定性的、半定量的、定量的或以上方法的组合。一般情况下，首先采用定性分析，初步了解风险等级和揭示主要风险。适当时，进行更具体的和定量的风险分析。后果和可能性可通过专家意见确定，或通过对事件或事件组合的结果建模确定，也可通过对试验研究或可获得的数据的推导确定。对后果的描述可表达为有形或无形的影响。在某些情况下，可能需要多个指标来确切描述不同时间、地点、类别或情形的后果。

（3）风险评价

风险评价是将风险分析的结果与组织的风险准则比较，或者在各种风险的分析结果之间进行比较，确定风险等级，以便做出风险应对的决策。如果该风险是新识别的风险，则应当制定相应的风险准则，以便评价该风险。

风险评价利用风险分析过程中所获得的对风险的认识来对未来的行动进行决策。比如某个风险是否需要应对、应该采取哪种途径应对等。道德、法律、资金以及包括风险偏好在内的其他因素也是决策的参考信息。

风险评价的结果应满足风险应对的需要，否则应做进一步分析。有时，根据已经制定的风险准则，风险评价使组织做出维持现有的风险应对措施，不采取其他措施的决定。

2.3.3 风险应对

风险应对是选择并执行一种或多种改变风险的措施，包括改变风险事件发生的可能性或后果的措施。风险应对决策应当考虑各种环境信息，包括内部和外部利益相关者的风险承受度，以及法律、法规和其他方面的要求等。

风险应对措施的制定和评估可能是一个递进的过程。对于风险应对措施，应评估其剩余风险是否可以承受。如果剩余风险不可承受，应调整或制定新的风险应对措施，并评估新的风险应对措施的效果，直到剩余风险可以承受。执行风险应对措施会引起组织风险的改变，需要跟踪、监督风险应对的效果和组织的有关环境信息，并对变化的风险进行评估，必要时重新制定风险应对措施。

1. 选择风险应对措施

可能的风险应对措施之间不一定互相排斥。一个风险应对措施也不一定在所有条件下都适合。风险应对措施可包括：

（1）规避风险

①在活动开始之前，已决定组织不能接受其中的风险（在组织的"风险偏好"之外），故不启动此项活动；②在已进行的活动中，组织发现有不可接受的风险，应立即停止此项活动。

（2）消除风险源

为消除具有负面影响的风险对组织目标的影响，如果能确定风险源，就可采取消除风险源的方式。

（3）改变可能性

改变风险（"风险应对"的意义）的主要途径是改变风险的后果及发生的可能性。因为是这两者或两者的结合决定了风险。

（4）改变后果

应注意，"消除风险源"和"改变可能性"的应对方式是中性的，对具有"机会"或"威胁"的风险都可以实施这两种应对方式。

（5）分担风险

分担是一种较为普遍的风险应对方式。组织可采用各种形式分担所面临的风险，如合同和风险资金。

（6）风险保留

风险保留本身也是一种风险应对方式，但如采用风险保留，组织应以正式的方式予以决定。

2. 风险应对的具体操作

（1）选择风险应对措施

选择适当的风险应对措施时需考虑很多方面，比如：法律、法规、社会责任和环境保护等方面的要求；风险应对措施的实施成本与收益（有些风险可能需要组织考虑采用经济上看起来不合理的风险应对决策，例如可能带来严重的负面后果但发生可能性低的风险事件）；选择几种应对措施，将其单独或组合使用；利益相关者的诉求和价值观、对风险的认知和承受度以及对某一些风险应对措施的偏好。

风险应对措施在实施过程中可能会失灵或无效。因此，要把监督作为风险应对措施的实施计划的有机组成部分，以保证应对措施持续有效。风险应对措施可能引起次生风险，对次生风险也需要评估、应对、监督和检查。在原有的风险应对计划中要加入这些次生风险的内容，而不应将其作为新风险独立对待。为此需要识别并检查原有风险与次生风险之间的联系。当风险应对措施影响到组织内其他领域的风险或其他利益相关者时，决策者和其他利益相关者应当清楚在采取风险应对措施后的剩余风险的性质和程度。因此，要评估这些影响，并与有关利益相关者沟通，必要时调整风险应对措施。

（2）制订风险应对计划

在选择了风险应对措施之后，需要制订相应的风险应对计划。风险应对计划中应当包括以下信息：①预期的收益；②绩效指标及其考核方法；③风险管理责任人及实施风险应对措施的人员安排；④风险应对措施涉及的具体业务和管理活动；⑤选择多种可能的风险应对措施时，实施风险应对措施的优先次序；⑥报告和监督、检查的要求；⑦与适当的利益相关者的沟通安排；⑧资源需求，包括应急机制的资源需求；⑨执行时间表等。

2.3.4 监督和检查

作为风险管理过程的组成部分，定期对风险与控制进行监督和检查，以确认：①有关风险的假定仍然有效；②风险评估所依据的假定，包括内外部环境，仍然有效；③正在实现预期结果；④风险评估的结果符合实际经验；⑤风险评估技术被正确使用；⑥风险处理（应对）有效。

组织应明确界定监督和检查的责任。监督和检查活动包括常规检查、监控已知的风险、定期或不定期检查。主要内容有：①监测事件，分析变化及其趋势并从中吸取教训；②发现内部和外部环境信息的变化，包括风险本身的变化、可能导致的风险应对措施及其实施优先次序的改变；③监督并记录风险应对措施实施后的剩余风险，以便在适当时做进一步处理；④使用时，对照风险应对计划，检查工作进度与计划的偏差，保证风险应对措施的设计和执行有效；⑤报告关于风险、风险应对计划的进度和风险管理方针的遵循情况；⑥实施风险管理绩效评估。

2.3.5 沟通与记录

1. 沟通

由于利益相关者的价值观、诉求、假设、认知和关注点不同，其风险偏好也不同，并可能对决策有重要影响。组织在风险管理过程的每一个阶段都应当与内部和外部利益相关者有效沟通，识别并记录利益相关者的风险偏好，以保证实施风险管理的责任人和利益相关者能够理解组织风险管理决策的依据，以及需要采取某些行动的原因。

沟通和协商计划应在早期制订。该计划针对与风险本身、风险成因、风险后果（如果掌握）以及处理风险本身措施相关的问题。为确保风险管理过程的职责明确，以及利益相关者理解决策的基础和特定措施需求的原因，需要采取有效的外部和内部沟通和协商。沟通和协商应提供真实的、相关的、准确的、便于理解的交流信息，同时应考虑保密和个人诚实因素。

2. 记录

在风险管理过程中，记录是实施和改进整个风险管理过程的基础。建立记录的主要目的有：①出于管理的目的需要重复使用信息；②进一步分析风险和调整风险应对措施；③风险管理活动的可追溯要求；④沟通；⑤法律、法规和操作上对记录的要求；⑥组织本身持续学习的需要。同时建立记录时需要考虑这些因素：①建立和维护记录所需的成本和工作量；②获取信息的方法、读取信息的难易程度和储存媒介；③记录保留期限；④信息的敏感性。

2.4 如何进行突发事件风险管理

2.4.1 概述

组织实施风险管理过程需要一个风险管理体系，包括相关方针、组织结构、工作程序、资源配置、信息沟通机制以及相关的技术手段等基础设施，以便将风险管理嵌入组织的各个层次和活动之中。通过在组织的不同层次和特定环境内实施风险管理过程，风险管理体系帮助组织有效地管理风险。组织的风险管理体系可能由在各层次和特定环境内实施风险管理过程的子体系构成，如内部控制体系等。风险管理体系应当保证风险管理过程中的风险信息的充分沟通，并且在相关的组织层次范围内作为决策和问责的依据使用。风险管理体系的要素主要包括：①风险管理方针；②制度和程序；③组织结构；④资源分配；⑤沟通机制；⑥技术手段、方法、工具等。

2.4.2 风险管理方针

风险管理方针的目的是提供有关风险管理的指导，以支持组织目标的实现，保护成员和组织资产，并确保业务可持续性。风险管理方针应明确下列事项：①组织的风险管理理念、目标；②领导承诺；③组织的风险偏好；④与组织的目标及其他方针之间的关系；⑤职责分配；⑥程序和方法；⑦资源配置；⑧绩效评估方式；⑨建立风险管理体系的计划；⑩持续改进的承诺。

2.4.3 风险管理工作程序

组织应当设计适当的制度和行为规范，建立风险管理工作程序，特别是整个组织层面的风险管理计划，以保证风险管理嵌入组织的所有活动和过程中，尤其是组织的战略规划、运营过程以及变革管理中。

风险控制活动一般包括两个要素：确定应该做什么的政策，以及实现政策的程序。例如，政策可能要求证券经纪商的零售分部管理人员对客户交易海运进行复核，程序就是复核本身，及时执行并注意政策中所列举的要素，例如所交易的证券的性质和数量，以及它们与客户净财富和期限之间的关系。

在很多时候，政策是口头沟通的。如果政策是一项长期持续而且充分理解的惯例，以及在沟通渠道包括很少几个管理阶层而且对员工有密切互动和监督的较小的组织中，不成文的政策可能很有效。但是不管是否成文，政策都必须被仔细地、有意识地和一贯地执行，而不能机械地执行，同时要对政策所针对的情况保持敏锐而持续关注。此外，根据所观察的程序和所采取的适当的矫正措施来辨别情况也是至关重要的。矫正措施可能会因规模和组织结构而异。比如，大公司的正式报告程序，各业务单元陈述任务为什么没有完成以及今后应该采取哪些措施来防止问题再次发生；小企业的所有者兼管理人员穿过走廊与车间管理人员就哪里出了问题以及需要做什么进行交谈。

2.4.4 风险管理相关组织机构

一个主体的组织结构提供了计划、执行、控制和监督其活动的框架。相关的组织结构包括确定权利和责任的关键界区，以及确立恰当的报告途径。具体来说，内部审计职能机构的结构设计应该致力于实现组织的目标，并且允许不受限制地与高层管理者和董事会的审计委员会接触，而且首席审计官应当向组织中能保证内部审计活动实现其职责的层级报告工作。

主体建立适合其需要的组织结构。有的是集权型的，有的是分权型的。有的是直接报告关系，而其他的则更接近于矩阵型组织。一些主体按照行业或产品线、按照地理位置或者按照特定的分销或营销网络来进行组织。而其他的主体，包括很多省、市和地方政府单位以及非营利机构，则按照职能进行组织。一个主体的组织结构是否适当，取决于它的规模以及所从事活动的性质。有正式报告途径和职责的高度结构化的组织，可能适合于很多经营分部，包括外国业务的大型主体。然而，在一家小公司中，这种结构可能会阻碍必要的信息流动。不管采取什么样的结构，主体的组织方式都应该确保有效的企业风险管理，并采取行动以便实现其目标。

组织可通过以下方法保证风险管理的责任认定和授权，从而能够执行风险管理过程，并

保证风险管理的充分性和有效性:
1) 明确风险管理体系的制定、实施和维护人员的职责。
2) 明确执行风险应对措施,维护风险管理体系和报告相关风险信息人员的职责。
3) 建立批准授权制度。
4) 建立绩效测量及相应的、合适的奖励惩罚制度。
5) 建立对内对外报告风险管理机制等。

2.4.5 风险管理资源配置

组织需根据风险管理计划制定可行的方法,为风险管理分配适当的资源。这主要包括:①人员、技术、经验和能力;②资金及各种资产;③数据记录的过程和程序步骤;④信息和知识管理系统。

由于全面风险管理覆盖面广,资源的使用一般是多方面的、综合性的。企业应当统筹兼顾,将资源用于需要优先管理的重大风险。

企业可以使用内部和外部的资源,许多资源可以从外部获得,如信息、知识、技术等;但要注意,有些资源是不能从外部得到的,如经验,只能靠内部积累。

2.4.6 沟通和报告机制

一个组织中的各个层次都需要信息,以便识别、评估和应对风险,以及从其他方面经营主体和实现目标。

信息来自两个方面——内部和外部,以定量或定性的形式出现,以便对变化的条件做出反应。管理的一项挑战是处理和提炼大量的数据以形成可靠行动的信息,这项挑战可以通过建立一套信息报告机制来追溯、获取、处理和报告相关信息的方式予以解决。

1. 内部沟通和报告机制

组织要建立内部沟通和报告机制,以保证:①风险管理体系的关键组成部分及其调整得到适当的沟通;②在组织内部充分报告风险应对计划实施的效果和效率;③在适当的层次和时间提供风险管理的相关信息;④建立与内部利益相关者协商的程序。

内部沟通和报告机制还包括在考虑组织敏感程度的基础上,适当整合从各内部渠道得到的风险信息的程序。

2. 外部沟通和报告机制

组织需建立与外部利益相关者沟通的机制。这种机制应当保证:①符合法律、法规和公司治理要求;②组织与外部利益相关者保持有效的信息沟通;③在外部利益相关者中建立对组织的信心;④在发生突发事件、危机和紧急状况时与利益相关者沟通;⑤为组织提供外部利益相关者的报告和反馈。

2.5 国外突发事件风险管理概况

(1) 美国

20世纪90年代,美国联邦政府就已经将风险管理应用到政府工作中。各联邦机构根据自身的工作,在环境保护、劳工安全、财政管理、信息管理、国土安全等领域,相继开展和建立了适合其自身目标、职能与业务的风险分析或风险评估制度，逐步将风险管理作为制定公共政策过程中的重要环节。2001年，美国发生"9·11"恐怖袭击事件之后，联邦政府组建了国土安全部。2005年，在经历了卡特里娜飓风之后，美国国土安全部正式推广基于风险的方法来管理国土安全的相关项目。2006年，由美国国土安全部牵头，与国务院、国防部、能源部、司法部、商务部、财政部、环保部等联邦部门共同起草并发布了《国家基础设施保护计划》，该计划提出了一个全面的风险管理框架，界定了联邦政府部门及地方政府的职责。2008年，美国国土安全部成立风险管理与分析办公室，以强化联邦政府国土安全风险管理，支持国土安全的相关任务。美国联邦政府还专门成立了国土安全部风险指导委员会来组织和推进风险管理标准化。国土安全部风险指导委员会专门建立了风险术语工作组，并吸纳国土安全部风险利益团体的代表参与标准制定工作。该委员会倡导国土安全部风险管理术语手册计划以促进风险管理标准化，并于2008年9月出版了《国土安全部风险管理术语手册》。2010年9月，美国联邦政府又对其进行了大规模的修订，时任国土安全部副部长Rand Beers在其修订出版时明确指出，规范风险管理术语系统，促进安全风险的沟通和交流，是提高全联邦安全风险管理能力的重要基础。2011年11月，美国开始推行国家战略风险评估（SNRA）。国土安全部在其国家战略风险评估中，将自然灾害、技术危害和恐怖袭击列为对美国本土的最大威胁，但不包括被其称为"长期社会问题"的移民和边境冲突。

（2）英国

英国政府自2004年以来，先后出台了《国民紧急状态法》《应急管理准备和响应指南》《应急管理恢复指南》《中央政府对突发事件响应的安排：操作手册》等法规和文件。从管理层次来看，英国的风险管理体系包括中央、地区和地方三个层级。每一层级按照职责分工，建立不同的风险管理组织，开展风险管理工作。在中央层面，对全国风险管理工作进行宏观指导，负责全国风险管理宏观政策制定以及跨部门、跨机构的综合协调，具体工作由2001年7月内阁办公室设立的国民紧急事务秘书处承担。在地区层面，主要负责本政府级区域内不同地方的风险管理协调工作，具体通过地区韧性论坛（Regional Resilience Forum, RRF）开展工作。地区一级中，每个地区都有明确的地区召集人，下设小规模的应急规划小组。地区韧性论坛通常由3~7个不同地方的韧性论坛（Local Resilience Forum, LRF）组成，其职责是负责本政府级区域内跨地域、跨部门的风险评估和应急规划工作，并在发生突发事件时为地方的应急抢险救援工作提供必要的支持。在地方层面，通过建立地方韧性论坛，具体负责本区域范围内的风险管理工作。地方韧性论坛通常由当地警察局局长负责召集。地方韧性论坛的职责是负责当地的风险评估、应急规划和信息共享。

2002年，内阁国民紧急事务秘书处会同英国业务持续协会制定了《业务持续管理：行为规范》。目前，英国内阁国民紧急事务秘书处与英国业务持续协会联合发布报告，有针对性地开展各相关领域的业务可持续性调查。2004年，英国政府提出了风险管理模型，提供给各级行政管理人员作为风险管理的标准程序。2010年，英国政府颁布了《国家风险登记册》《业务可持续性调查报告：中断与抗逆力》等文件。同年，英国内阁国民紧急事务秘书处制定了《国家风险评估》（NRA）条例，确定了五年期内的风险，并绘制了约80个危害和威胁的风险矩阵。2015年，英国《安全战略评估报告》中指出恐怖主义风险、应急风险和军事风险是未来英国面临的主要安全风险和威胁。

(3) 德国

德国联邦内政部是突发事件风险管理的主责机构。为了加强对风险管理工作的统一领导，德国联邦政府专门成立了联邦风险分析与公民保护指导委员会，包括内政部、环境部、卫生部、交通部、经济与技术部、劳动和社会事务部等与公共安全相关的所有联邦部门都是该委员会的成员单位。该委员会由德国内政部部长牵头负责，委员会的主要任务包括：①制定风险分析的方法框架（损害参数、等级/临界值等）；②选择需进行分析的危险；③要求各业务机构参加工作组，共同开展风险分析；④向工作组发放委托工作任务；⑤评估工作组的成果等。同时，委员会下设的联邦风险分析与公民保护工作组设在联邦公民保护与灾难救助局，主要任务包括：①为所选择的危险设计场景；②实施风险分析（为各种危险建立相应的风险分析工作小组）；③让其他领域的权威专家共同参与（如科学界、经济界等）；④总结分析成果上交指导委员会；⑤准备每年上交给联邦议院的年度报告。

2001年11月，德国联邦政府颁布了《公民保护新战略》。2002年，联邦内政部编写了《德国危害预测》手册，该手册简单列出了所有可能由技术性因素、人为因素、自然灾害等方面引起的重特大突发事件；同时，在一些无区域界线的灾害风险方面（比如传染病、关键性基础设施受损等），联邦政府开始统一为各州提供专业的风险分析和预测指导。2005年，隶属于联邦内政部的联邦公民保护与灾难救助局（BBK）开始具体负责评估各州在关键领域的重大危害预测成果，并制作完成了《全德风险统计册》，收集了所有可能对国家安全、社会、环境和经济带来重大危害的风险，这是德国第一次在全联邦范围、用统一方法来收集风险信息。2006年9月，联邦公民保护与灾难救助局开始研发针对所有危害、以风险发生概率损害规模为主要考虑指标的风险分析方法。

2009年9月修订完成的《德国公民保护和灾难救助法》明确规定，在各州的共同努力下，德国联邦政府要开展全国范围的风险分析。2010年10月，德国联邦政府正式发布了《公民保护中的风险分析方法》，指导联邦、州及地方政府开展风险分析，这成为德国联邦政府加强风险管理工作的里程碑。同时，联邦内政部将每年向德国联邦议院报告风险分析的结果。2011年年初以来，德国联邦政府正在下萨克森州、北莱茵-威斯特法伦州、巴伐利亚州同步实施全面风险分析试点工作。

2.6 案例：杭州试行企业环境风险评估

浙江省杭州市拱墅区涉及危险化学品的企业众多，危险化学品的环境安全形势严峻。为此，管理部门对辖区内有可能使用危险化学品的单位进行了"拉网式"排查，重点检查了企业的危险化学品使用、储存和管理情况，以及环境事故应急预案的制定情况和污染事故应急措施的落实情况。确定其中进行化学品储运、化工生产使用的30家危险化学品企业作为环境风险重点防范单位，要求试行环境风险评估。

杭州市生态环境局拱墅分局借助具有相应资质的第三方，探索性地提出"环保局提出要求—企业提供现状资料—咨询单位分析评价—专家审核把关"的操作模式，试行环境风险评估工作。

咨询单位根据专家的意见并按照环保分局的要求，立足于解决企业实际问题，严格按照《建设项目环境风险评价技术导则》的要求，确定了风险识别、风险源项分析、风险后果计算、风险防范措施等九个大项,每个大项分若干小项。例如风险后果计算大项中,有发生事故对大气环境影响分析、对水环境影响分析、对次生火灾和爆炸影响分析等小项。

  试行的环境风险评估工作,有助于发现问题、消除隐患、明确改进方向、提高防范和处置能力,真正做到防患于未然,因此得到了多数企业的初步认可。

相关知识阅读

- GB/T 23694—2013《风险管理 术语》
- GB/T 24353—2009《风险管理 原则与实施指南》
- GB/T 26317—2010《公司治理风险管理指南》

第3章
韧性理论与韧性城市建设

■ 本章概要

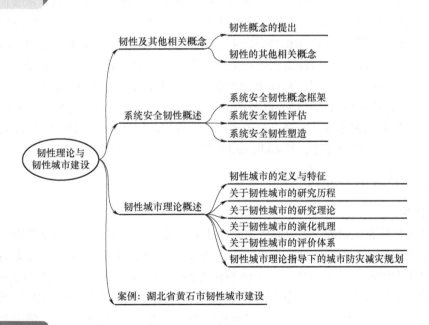

■ 学习要点

- 了解韧性及其相关概念
- 掌握系统安全韧性的概念框架及其评估与塑造
- 了解韧性城市的定义与特征，掌握其研究理论与演化机理，了解韧性城市理论指导下的城市防灾减灾规划

3.1 韧性及其他相关概念

3.1.1 韧性概念的提出

"韧性"的英文为"Resilience",词根源于拉丁文"Resilio",有"反弹,返回原始状态"的意思。它最早被应用于物理学范畴,用以形容弹簧的稳定性以及其他材料的稳定性和抵抗外部冲击的能力。19世纪,韧性开始用于机械学,来描述金属在外力作用下形变之后复原的能力。进入20世纪中叶,韧性的概念开始应用于人类学和心理学,用来描述人在精神等方面受到创伤后的恢复能力。1973年,加拿大生态学家Holling第一次从生态的角度提出"韧性决定了系统内部的关系的持久性,并衡量在面对变化的情况下,系统吸收变化并保持结构和功能的能力",也可以认为韧性是"系统面对干扰时维持其功能和控制的能力"。Holling的定义为其他研究奠定了基础,但受研究目的的影响,后来的其他研究多局限于应对气候挑战方面。

在安全科学与工程领域,与多数术语一样,"韧性"仍然以一种共识性的概念形态存在于学术研究中,尚未有公认的定义和概念。有学者提出Hollnagel模型,认为韧性是系统安全应具备的若干核心能力,包括感知、预测、响应和学习。感知是系统的异常表征被纳入监测范围,即系统要"知道去发现什么";预测是基于感知到的信息、知识,提前判断可能的危险和灾难,即系统要"知道和预料会发生什么";响应是感知和预测信息融入认识后采取的进一步行动,以减轻不利事件造成的后果,即系统要"知道做什么";学习是通过系统过去发生的事件形成经验和知识,从而准确判断系统当前的状况,即系统要"知道已经发生了什么"。Hollnagel模型将系统边界以外的部分统称环境。系统和环境都需要被感知,响应行为同时也影响系统和环境。该观点对于现代韧性理论的发展有启发作用,但随着研究的深入,韧性的概念不断发展变化,与Hollnagel模型给出的概念有所差别。

3.1.2 韧性的其他相关概念

1. 脆弱性

脆弱性在韧性相关研究,尤其是灾害韧性中频频出现,脆弱性研究略早于韧性,早期的研究中脆弱性的概念涵盖了韧性,如研究环境风险的美国学者Kasperson指出脆弱性是个体暴露在外界压力中而存在的敏感性,但随着研究的不断深入,脆弱性与韧性的概念逐渐剥离。瑞典社会学家Folk等认为,脆弱性与韧性是一体两面的,脆弱性强调的是承灾体受到灾害或变化时,被破坏的可能性,韧性是承灾体受灾后抵御与恢复的能力。澳大利亚公共服务部学者Buckle等将脆弱性与韧性看作多个引子相互作用形成的,在不同层面和时空交织,可以是正相关,也可以是负相关。研究城市灾害的荷兰学者Bruijn认为,尽管韧性与脆弱性存在一定的共性,但在城市水安全研究中,韧性侧重于系统面对干扰时如何应对,脆弱性则更注重系统或承灾体的反应。韧性与脆弱性相比,在抵抗性的基础上增加了恢复性。

2. 适应性

适应性是指自然或人工系统受到气候或其他干扰时,而进行的相应的调节。适应性的概念主要是受全球气候变化的影响产生,而韧性则是适应性中的一部分。适应力即适应能力,被定义为系统中能够影响和调节韧性的能力。韧性与适应力呈正相关关系，即适应力越强，韧性则越大。城市系统中的适应力是城市系统受到灾害或气候变化等外部影响，无法保持当前系统状态而转变和迁移到另一状态的过渡。

3. 4R 特性

韧性包括一系列系统特性：

1）事前行动。它是指个体、组织和系统在不利事件前行动的能力，包括预测挑战、为有效应对风险或威胁进行计划和准备。

2）态势感知。它是指紧急情况下，对人员、组织、设备保持感知并理解操作情景的能力，以及决策人员对运行环境的认知。

3）抵御。它是指在威胁、风险、破坏到达前或到达时，对其进行重定向、阻碍或削弱的能力，包括固有设计及积极或消极策略。

4）抗扰性。它是指系统面临不利事件时吸收冲击并缓慢降级的能力。

5）健壮性。它是指系统经受内外压力并维持关键功能的固有强度或能力。

6）冗余性。它是指不完全依靠任何关键子系统，重视选项和替换，有目的地多元化及分散关键资产和资源。

7）应变能力。它是指个体或组织在事中或事后适时应对风险和变革的能力，包括灵活性和适应性。

8）恢复。它是指系统经历不利事件后在较低或更高的性能水平上运转的能力，依赖于实际需要、约束和学习能力。

9）时效性。它是指系统经历不利事件后恢复到一定表现水平需要的时间长度。

10）学习能力。它是指系统或组织应用先前事件中学习到的经验教训提升未来不利条件下表现水平的能力。

11）成本可行。它是指系统应对灾难的经济可行性，反映维持系统功能的成本阈值水平，在该阈值上，可以允许系统失效或状态改变。

其中，抗扰性（Robustness）、冗余性（Redundancy）、应变能力（资源充裕度，Resourcefulness）、时效性（Rapidity）被视为最重要的四种韧性特性（4R），并获得较多学者的认同。

3.2 系统安全韧性概述

有学者指出严格统一的定义系统韧性是不切实际的，需根据实际应用定义符合该领域的韧性。厘清安全系统背景下的韧性定义（系统安全韧性），可避免与其他学科领域的韧性概念混淆，并为韧性理论在安全科学领域的应用打下坚实基础。

韧性理论强调系统安全不应被视为不存在不期望事件，而是系统在不同条件或风险冲击下依然保持正常运转的能力。此外，系统韧性还应包括向事故学习的能力，即把系统所遭受的风险冲击和扰动看作改变和优化系统安全状态的能力，其目的是使系统达到更高、更稳定的安全状态。韧性是系统吸收能力、适应能力、恢复能力和学习能力的函数。其中，吸收能力是系统吸收风险冲击和扰动以及用最少的投入使事故后果最小化的能力；适应能力是系统适应风险冲击和扰动的能力。适应能力和恢复能力的区别是：适应能力是吸收能力已经被超出的情况；恢复能力是系统从灾难事故中恢复到正常状态的能力。基于此，可将系统安全韧性定义为系统在一定时空内面对风险的冲击与扰动时，维持、恢复和优化系统安全状态的能力。可从四个方面解析其内涵：减少灾难事故发生概率的能力、减少灾难事故损失的能力、减少系统从灾难事故中恢复到正常状态的时间的能力、向事故学习的能力。

3.2.1 系统安全韧性概念框架

系统安全韧性属性可分为以下几部分，它们共同决定系统的安全韧性：①鲁棒性，即系统损毁前承受风险冲击和扰动的能力，也即系统在事故中保持期望功能的能力；②冗余性，即遭受风险冲击和扰动的部件、组件可更换的能力，旨在最大限度地减少系统损失；③迅速性，即系统从损毁状态恢复到事前状态的速度；④有源性，系统发现安全问题并确定优先顺序的能力，事故发生时调动应急救灾资源的能力，有源性可进一步概念化为面对事故时系统人力、物力和财力的可用程度。在上述四个属性中，鲁棒性和迅速性描述的是系统在事故中的动态过程，也即系统受事故影响的结果；冗余性和有源性描述的是系统在事故中影响结果的手段，它们的作用效果最终体现在系统的动态响应中。基于此，可利用系统在事前、事中和事后的动态响应曲线定义指标，构建系统安全韧性概念框架，如图3-1所示。

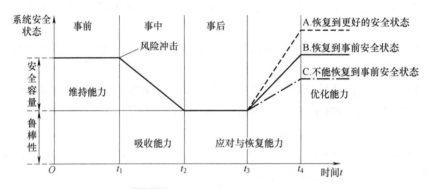

图 3-1　系统安全韧性概念框架

1) 在 $0<t<t_1$ 时段，系统处于原始安全状态。当系统承灾能力不足以吸收风险时，t_1 时刻遭受风险冲击与扰动：当其超过系统维持安全运作所承受的最大危险总量（安全容量）时，就会导致事故的发生，系统遭受破坏，进入毁损阶段（$t_1<t<t_3$）。在 t_3 时刻，采取恢复措施，系统进入恢复阶段（$t_3<t<t_4$）。通过恢复，系统可以重新达到事前安全状态 B，也可能达到不如事前的安全状态 C，或通过学习等途径提高其安全韧性，达到更好的安全状态 A。

2) 当系统的承灾能力不足以吸收风险，导致系统遭受破坏和损失，并且不能恢复到事前安全状态 C，系统依然不能承受未来风险冲击。

3) 当系统的承灾能力足以吸收风险冲击，从而没有破坏和损失发生。此时系统可保持其事前安全状态 B，也可在应对风险冲击过程中通过学习能力提高其韧性功能 A，进而可应对未来更加强烈的风险冲击。

需指出的是，系统安全韧性概念框架描述了系统在某个具体事故中的响应情况，所以由此定义的安全韧性指标，也只能描述系统在此事故下的安全韧性。此外，该框架只是概念模型，需根据具体应用实例进行深入的定性定量分析。

3.2.2 系统安全韧性评估

1. 定性评估

系统安全韧性定性评估主要从概念框架和半定量指标两方面综述。

（1）概念框架

概念框架是定性与定量评价的基础，提高关键基础设施的韧性水平是公共安全管理的重要内容。构建关键基础设施的安全韧性框架包括四个维度：①技术韧性，即物理系统面对风险冲击时保持稳定运转的能力；②组织韧性，即风险管理者做出决策、采取行动以避免风险冲击以及减少风险冲击影响的能力；③经济韧性，即系统吸收由危机产生的额外耗费的能力；④社会韧性，即社会（团体）通过帮助首先响应者或作为志愿者以减少危机影响的能力。上述维度的划分有助于分析系统安全韧性，但各个维度的研究还是分离的，未考虑其间的关联关系。在评估程序与原则方面，韧性联盟提出韧性评估的通用过程框架，包括七个步骤：①定义并了解所研究的目标系统；②确定合适的评价尺度；③确定系统的驱动者，外部和内部扰动；④辨识系统中的关键角色，如人、组织；⑤为辨识必要的恢复活动构建概念模型；⑥通知决策与政策制定者；⑦整合上述各个步骤的结果。有学者提出包括八个指导原则的韧性概念框架：①危险源评估；②鲁棒性；③后果减轻；④适应性；⑤风险告知规划；⑥风险规划调查；⑦目标统一；⑧全面的范围。城市能源系统韧性评估的概念框架并提出韧性测量主要基于四个管理因素：①集中或分散控制系统；②变更与风险管理；③事故分析；④管理层对安全和韧性的承诺。地震易发区的组织韧性框架包括：①识别危险和危害特征；②确定个人或社区的脆弱性；③风险感知和意识准备；④改善社会资源（如教育、健康保险等）、经济资源（如资本、就业等）、身体资源。有学者借鉴风险的分级定性评价方法，提出包括红色、黄色与绿色三个等级的安全韧性定性评价方法。

（2）半定量指标

半定量指标方法通常是基于专家意见产生韧性指数，通过李克特（Likert）量表（0~10）或百分比（0~100）表征。美国灾害学家 Cutter 提出面对自然灾害时的 36 个组织韧性变量，根据所获得的资料，对每个指标进行打分（0~100），这 36 个指标被划分为五个二级指标，包括经济、基础设施、社会、组织结构和管理体制，使用加权平均计算得出每个子指数得分，通过取所有子指数得分的加权平均来计算总得分。伊朗公共卫生专家 Shirali 使用半定量的方法评估工业过程的安全韧性，提出六个关键韧性指标：高级管理、承诺、学习文化、意识、准备与灵活性。这六个指标的数据通过使用调查表的方法和主成分分析方法，从 11 个工业过程获得。瑞士气候学家 Joerin 等提出面对气候灾难时的社区安全韧性评估指标，包括物理、社会、经济、组织和自然五个维度。

2. 定量评估

系统安全韧性定量评估方法主要包括：

（1）以面积表征系统韧性

美国地震学家 Beuneau 等用系统发生事故时的状态和其理想安全状态（100）相比，提出一个用于评估地震灾难时组织的韧性损失的方法。该方法具有一般实用性，被改进后用到各个学科领域的韧性评估。但该方法用以表征韧性损失的面积不便于求解，即使假设该风冲击事件具有瞬时冲击，并且恢复性措施立即启动。以面积表征系统安全韧性的优势是简单和易于操作，但其线性恢复过程对某些系统和事件是不合适的。该方法是静态的，把事前系统状态设定为100%也不切实际。此外，将系统遭受破坏性事件以后的功能降低看作瞬时的，这对一些系统是可行的，但一些系统的功能损失则是一个渐变的过程。

（2）以系统功能状态函数表征系统韧性

意大利学者 Cimellaro 等构建系统灾难韧性定量分析框架，韧性被定义为系统在特定时间段内维持和恢复期望功能的能力，在此基础上，构建系统韧性定量模型。美国学者 Henry 等提出基于时间的以损失恢复率表征韧性的方法。我国学者欧阳敏等提出一个基于时间的基础设施系统韧性指标及其韧性评估框架，该框架不仅适用于单一或多重风险，并且适用于考虑系统演化时量化潜在的、未来的系统韧性。该指标是基于一个时间段内两条曲线的：一条曲线是实际的系统功能曲线，反映系统在灾难事件和恢复重建措施下的性能变化；另一条曲线是系统的目标功能曲线，表示系统在没有遭受任何冲击时的功能状态。系统韧性通过某时间段内，系统实际功能曲线和时间轴之间的面积，与该时间段内目标功能曲线和时间轴之间的面积之比表征。该指标和其他指标的不同在于，该指标是在给定时间段内定义的，而其他的则是在某个具体的恢复阶段针对具体事件定义的。

上述有关系统安全韧性评估方法的基本逻辑思路是一样的，即通过比较事前事后系统功能状态实现对系统韧性的表征，而没有考虑具体的系统特征，且研究都是针对单一事件，虽然提出多重灾难事件韧性概念，但在系统安全韧性曲线构建以及定量评估方面还很欠缺。此外，这些评估方法都通过简化系统表现以量化评估系统安全韧性，对系统结构缺乏考虑。

3.2.3 系统安全韧性塑造

芬兰学者 Oedewald 提出可通过塑造和增强系统韧性提高系统安全状态；伊朗学者 Shiral 论述了实现化工园区安全韧性的主要阻碍，如有关韧性工程经验的不足，重生产轻安全，报告制度缺失，安全价值和安全信仰不当，过时的制度、操作手册、指南，反馈回路不畅通等；巴基斯坦地震学家 Ainuddin 在构建社区安全韧性框架的基础上，提出通过提升社区的灾前准备能力、灾害感知能力等，塑造社区安全韧性；法国学者 Bruyelle 提出通过技术措施和行为管理提高交通系统安全韧性；美国计算机学家 Sterbenz 的研究结果显示，从防护、检测、诊断、修复、完善和恢复六个方面可促进韧性系统的设计和塑造；巴西学者 Costella 等提出系统安全韧性的塑造原则：高层管理承诺、向事故学习、增强灵活性、系统状态辨识；美国工程控制专家 Dinh 提出影响过程安全韧性塑造的五个主要因素（系统设计、监测检测、应急预案、人的因素、安全管理），以及塑造过程安全韧性的六个原则（灵活性、可控性、早期监测、最小化故障、事故后果限制、行政管理有效）。分阶段的系统安全韧性塑造与提升措施见表3-1。

表3-1 分阶段的系统安全韧性塑造与提升措施

阶 段	相关因素	系统安全韧性塑造措施举例
第一阶段 （承受能力）	危险频率 初始破坏程度	使用风险管理方法识别和强化系统关键要素；利用事故模型向事故学习，以提高系统韧性；基于建模技术及可视化技术，实时监测监控系统状态；完善决策支持平台、人员培训和组织文化提升态势感知能力

(续)

阶 段	相关因素	系统安全韧性塑造措施举例
第二阶段 (吸收能力)	最大破坏程度	调整基础设施系统拓扑结构;设计冗余系统,增加和完善系统自我修复和自适应应急机制
第三阶段 (恢复能力)	恢复时间 恢复成本	建立有效的沟通渠道和协调快速恢复与响应;完善决策支持平台,快速准确地识别可行的恢复策略

3.3 韧性城市理论概述

3.3.1 韧性城市的定义与特征

1. 韧性城市的定义

城市韧性（Urban Resilience）指的是城市系统和区域通过合理准备、缓冲和应对不确定性扰动,实现公共安全、社会秩序和经济建设等正常运行的能力。美国灾害学家Godschalk认为,韧性城市应该是可持续的物质系统（Physical Systems）和人类社区（Human Communities）的结合体,而物质系统的规划应该通过人类社区的建设发挥作用。与之相比,美国学者Campanella更加重视人类社区的力量,他通过评估分析美国新奥尔良市在卡特里娜飓风之后的表现,认为城市韧性实质上依赖于更有韧性的、足智多谋的民众集群。学者Jha、Miner和Stanton-Geddes进一步论述城市韧性的四个主要组成部分:基础设施韧性（Infrastructural Resilience）、制度韧性（Institutional Resilience）、经济韧性（Economic Resilience）和社会韧性（Social Resilience）。基础设施韧性指的是建成结构和设施脆弱性的减轻,同时也涵盖生命线工程的畅通和城市社区的应急反应能力;制度韧性主要是指政府和非政府组织管治社区的引导能力;经济韧性指的是城市社区为能够应对危机而具有的经济多样性;社会韧性被视为城市社区人口特征、组织结构方式及人力资本等要素的集成。

2. 韧性城市的特征

早在韧性城市的概念被提出之前,就有学者对韧性系统应该具有的特征进行了分析。除上文提到的4R特性等韧性系统特性,比较有代表性的论述还有伯克利加州大学政治科学与公共政策教授Wildavsky提出的韧性系统的六个基本特征:①动态平衡特征（Homeostasis）,意味着组成系统的各个部分之间具有强有力的联系和反馈作用;②兼容特征（Omnivores）,指的是外部冲击可以被多元的系统组成部分带来的选择性所削减;③高效率的流动特征（High Flux）,指的是通过系统内资源的及时调动和补充,填补最需要的缺口;④扁平特征（Flatness）,意味着比等级森严的系统更具有灵活性和适应能力;⑤缓冲特征（Buffering）,指的是要求系统具备一定的超过自身需求的能力,以备不时之需;⑥冗余度（Redundancy）,指的是通过一定程度的功能重叠以防止系统的全盘失效。作为韧性理论在城市这个庞大的社会生态系统中的应用,韧性城市的主要特征很大程度上与韧性系统的特征相对一致。

美国学者Ahern认为,韧性城市应当具备五个要素:①多功能性,韧性城市需要有城市功能的混合性和叠加性，这是因为功能单一的城市要素间缺乏联系，容易导致系统脆弱；②冗余度和模块化特征，韧性城市需要有一定程度的重复和备用设施模块，通过在时间和空间上分散风险，减少扰动状态下的损失；③生态和社会的多样性，因为在危机之下，多样性可以带来更多解决问题的思路、信息和技能；④多尺度的网络连接性，这不仅体现在城市的物质实体和空间分布层面，也体现在人际和群体之间的协作上；⑤有适应能力的规划和设计，即需要承认规划设计做决定时面临知识缺乏这一事实，并将不确定扰动视作学习修正的机会。此外，新西兰学者 Allan 和 Bryant 相应地认为韧性城市必须具备七个主要特征，即多样性、变化适应性、模块性、创新性、迅捷的反馈能力、社会资本的储备以及生态系统的服务能力。

综上所述，以上学者的论述具有以下相同点：①强调了城市系统的多元性，表现在城市系统功能多元，受到冲击过程中选择的多元性，社会生态的多样化以及城市构成要素间多尺度的联系等；②城市组织具有高度的适应性和灵活性，不仅体现在物质环境的构建上，还体现在社会机能的组织上；③城市系统要有足够的储备能力，主要体现在对城市某些重要功能的重叠和备用设施建设上。

3.3.2 关于韧性城市的研究历程

1. 国外学者对韧性城市的研究

国外学者对韧性城市的初期研究成果主要集中在系统韧性领域，包括生态韧性、工程韧性、演进韧性。

（1）生态韧性

加拿大生态学家 Holling 认为，工程韧性是系统受到干扰后返回平衡或稳定状态的能力。这种干扰可以是自然灾害（如洪水地震等），也可以是社会动荡（如金融危机/革命或战争等）。在这一角度，衡量韧性的标准是系统抵抗干扰、返回平衡状态的速度。系统返回状态速度越快，则韧性越高。工程韧性强调的是恢复时间，"效率、稳定性和可预测性"是工程设计"绝对安全"所必备的特性。

（2）工程韧性

Holling 将生态韧性定义为"系统保持结构所能承受的干扰值大小"。在此，韧性不只是根据系统受到干扰后回弹的时间来定义，也是指其承受干扰保持状态的阈值。生态韧性强调"保持状态的能力和适应性"。

这两种类型之间的主要区别是生态韧性拒绝单一的、稳定均衡的存在，相反承认存在多重均衡，以及系统在稳定域波动的可能性。挑战了传统生态范式假定所有生态系统都是稳定状态，受到干扰后会返回原始状态。实证表明，部分生态系统由于受到干扰的频率较高，从未达到稳定状态，当生态系统受到干扰后，会存在不同状态的多重平衡。这意味着不同进程中，生态系统是变化的，难以恢复到之前的状态。在多重平衡/非平衡基础上，Holling 将韧性定义为系统吸收干扰并保持稳定的能力，强调"稳定性"，不关注是否处在平衡状态。而美国学者 Pimm 则认为韧性的基础是平衡，是系统受到干扰后抵御、持续、恢复和变化的能力。

在不同系统研究中，工程韧性与生态韧性存在一定差距。从本质上讲，工程韧性是维持稳定，保持系统状态不变或者最低波动的能力；而生态韧性是生存能力，而不单是指状态。

这是两个不同的甚至相互矛盾的系统属性，工程韧性高的系统可能生态韧性低，工程韧性低的系统可能生态韧性高。

（3）演进韧性

在生态韧性的基础上，随着对系统构成和变化机制认知的进一步加深，学者们又提出了一种全新的韧性观点，即演进韧性。在这个框架下，美国学者 Walker 等提出韧性不应该仅仅被视为系统对初始状态的一种恢复，而是复杂的社会生态系统为回应压力和限制条件而激发的一种变化（Change）、适应（Adapt）和改变（Transform）的能力。瑞典学者 Falk 等也认为之前阶段韧性的思想主要着眼于社会生态系统的三个不同方面，即持续性角度的韧性（Resilience as Persistence）、适应性（Adapt Ability）和转变性（Transform Ability）。

演进韧性观点的本质源于一种全新的系统认知理念，即美国环境学家 Gunderson 和加拿大生态学家 Holling 提出的适应性循环理论（Adaptive Cycle）。与之前系统结构的描述不同，他们认为系统的发展包含了四个阶段，分别是利用阶段（Exploitation Phase）、保存阶段（Conservation Phase）、释放阶段（Release Phase）和重组阶段（Reorganization Phase）。

1）在利用阶段，系统不断吸收元素并且通过建立元素间的联系而获得增长，由于选择多样性和元素组织的相对灵活性，系统呈现较高的韧性量级。但随着元素组织的固定，其系统韧性逐渐被削减。

2）在保存阶段，因元素间的连接性进一步强化，使得系统逐渐成形，但其增长潜力转为下降，此时系统具有较低的韧性。

3）在释放阶段，由于系统内的元素联系变得程序化，需要打破部分的固有联系，取得新的发展，此时潜力逐渐增长，直到混沌性崩溃（Chaotic Collapse）的出现。在这一阶段，系统韧性量级较低却呈现增长趋势。

4）在重组阶段，韧性强的系统通过创新获得重构的机会来支撑进一步发展，再次进入利用阶段，往复实现适应性循环。另一种可能性是，在重组阶段，系统缺少必要的能力储备从而脱离循环，导致系统的失败。

此后的研究主要包括：①美国麻省理工学院工程专家 Pickett 等分析了韧性城市的内涵，并探讨了它们在整合生态学、社会经济学和规划中的作用；②美国气候学者 White 将风险和复原力的概念结合起来，探索空间规划如何在千变万化的世界中解决城市水问题；③美国学者 Schrenk 等指出统筹兼顾空间规划信息和建立基础空间数据是韧性城市的初步关键所在。从多学科的角度出发，结合城市实践，意大利学者 Chelleri 和 Olazalbal 探讨了城市韧性的时间尺度和空间尺度，并总结了城市复原力的特征；Jha 等在气候变化的背景下详细阐述了建立城市韧性和相关实际结果的原则和方法；教育学家 Dielema 强调通过教育和培训提高公民的学习能力，进而提高整个城市韧性能力可持续的良好发展；学者 Haeri 通过在德黑兰设计和监督的独特的岩土工程项目，以说明如何精确地设计和构造岩土工程结构，从而使其具有可持续性和复原力，研究了岩土工程在可持续和韧性城市中的作用；欧盟学者 Zuccaro 和 Giulio 基于仿真的情景评估方法，用多尺度设计的减少灾害风险（DRR）和适应气候变化（CCA）整合建设抗灾城市，介绍了 Plinivs 研究中心开发的学习方法，以及 2014 年国际合作项目（simm-ccities）和 2020 年欧盟项目（h2020-espresso）中实施的试验应用。

2. 国内学者对韧性城市的研究

我国城市韧性规划研究的起步较晚。1985年，李兵弟指出"从理论分析和城市发展的实践来看，指导城市建设的城市总体规划应有更大的韧性"，并提出了区域城镇体系规划协调发展、以道路为基础和大片公园绿地三个基本特点。周庆生认为，每个城市规划方案都存在一定的局限性，需要"开展软硬结合的韧性城市规划"。此时，韧性规划的研究主要集中在规划方法上，涉及城市交通系统规划等。

2000年开始，韧性规划的相关研究逐步增多，此阶段的研究主要集中在土地利用、大学城规划、建筑分析和遗产保护等方面，韧性规划进入摸索阶段。2012年，韧性规划研究开始应用到实证中，刘堃等以深圳市城市规划为研究对象，从中提取韧性规划的技术方法，按照时间脉络将其划分为"外向""外向+内向"与"内向+过程"三大发展阶段。黄数敏等结合海口西海岸新区控制性详细规划编制，提出从多方面构建韧性指标体系。

此后，韧性规划研究进入一个高峰期。李彤玥等介绍了韧性城市概念，并就韧性城市与可持续城市研究框架进行了比较研究。徐振强等概括了韧性城市的理论缘起和国外实践，研究了我国对韧性城市理念的理解与应用进展。此阶段韧性规划的研究主要集中在韧性概念及演变、韧性城市规划框架、气候变化与生态敏感性以及城市安全与防灾研究等方面。

由此可见，我国韧性规划方面的研究整体上还处于一个初级阶段，尚未形成完善的韧性规划体系和评价指标体系，需要进一步完善和发展。

3.3.3 关于韧性城市的研究理论

在城市规划视角，城市、社会生态系统适应灾害的方法，已经从防灾思维转向韧性思维。韧性理论作为一种与"干扰共存"主动适应复杂形式的系统性思维，成为保障社会生态系统安全、可持续发展的有效保障机制。韧性理论的内涵包括三个方面：①控制风险的能力，增强系统的免疫能力，减少风险的发生及减低系统受灾的可能性；②应对灾害的能力，增加系统的恢复能力以减少灾害对系统的损害；③保障能力，使系统快速重建以适应新环境的变化。城市规划学者多从韧性系统特征出发进行应用建设，将抽象的韧性理论表达为具象的载体，以便更易理解韧性内涵，进而开展城市—社区生态系统的韧性建设。现阶段学术界对"城市—社区—空间"韧性系统特征的研究观点具有一致性，可概括为"灾前-抗扰动力""灾中-恢复力"和"灾后-适应力"三个方面，在进一步对某种功能、设施韧性特征的研究方面存在一定的差异性。

在对社区韧性空间层面的研究中，城市规划学者从社区空间韧性特征出发，探索保障"环境承载力""防灾需求、满足居民活动"为一体的社区环境的有效方法。在理论研究层面，我国学者提出社区空间的韧性表现在空间格局和空间环境两个方面。一方面，在应对灾害过程中，社区空间结构和布局具有冗余性、多功能性、连通性，以实现彼此相通、空间互依的社区空间自组织网络，增强系统的适应性，为社区居民提供保障性空间，降低社区受灾后的脆弱性，有助于社区系统的恢复。另一方面，在灾前储备和灾后恢复过程中，社区空间环境构成要素具备开放性、多样性、地方化，通过提高社区空间环境的承载力，避免受灾或降低灾害损失；通过提高空间环境的活力，减少公共安全风险的发生，同时增进邻里交往，促进居民行动统一，有助于社区的可持续发展。

提高空间环境的文化魅力，激发居民家园建设情感，加快社区系统的恢复重建。在实践层面，社区空间的韧性建设也从两方面进行建设：一方面强调社区结构与布局的防灾特性建设，以提高社区的应急能力；另一方面强调空间环境的宜居性建设，注重激发居民的凝聚力、培育社区文化等。由此可见，社区韧性空间层面的研究从只关注增强社区物质空间韧性，转变为同时兼顾物质空间与人文环境综合韧性建设的方向，有助于社区的可持续发展。

3.3.4 关于韧性城市的演化机理

1. 基于复杂适应性系统的韧性城市演化机理

城市作为一个复杂系统的状态是实现韧性特性的基础，部分研究从城市复杂适应系统的多重反馈出发进行韧性城市框架建构。复杂系统或者复杂适应性系统（CAS）通过多方向的反馈过程创造了自组织或者涌现模式，识别和研究这些反馈是框架构建的关键，包括城市要素（Components）、压力源（Stressors）、压力源作用结果（Outcomes）、增强作用（Enhancer）、抑制作用（Suppressors）、作用影响（Impact）、干预手段（Interventions）等部分。城市系统和代理人作为物理和社会两种要素类型，与自然、技术、经济和人类四种类型压力源之间存在交互作用。其中，物理要素是物理资源（如材料）和过程（如收集传递工具及布局材料）；社会要素包括人、制度和行动；自然压力源是指飓风、地震、海啸及与气候变化相关的外生性灾害；技术压力源是指技术体系故障及其传播扩散；经济压力源是指经济波动及失业、贫穷加剧等；人类压力源是指恐怖袭击、战争、犯罪和骚乱等。城市系统在压力源的作用下，可能出现破坏、衰退和毁灭三种损伤。人这一关键角色通过强化和抑制作用调控压力源对城市要素的影响。强化作用是指增加压力源强度及其作用于城市要素的持续时间；抑制作用是指降低压力源强度及其作用于城市要素的持续时间。例如，接受过良好教育的劳动力和社会资本因素将发挥抑制作用，以抑制人类压力源（恐怖袭击等）对城市造成的不利影响。

基于复杂适应性系统的韧性城市演化机理，城市规划是构建韧性城市的参与方式之一，其作用是在城市中布局新的要素，灵活的规划是塑造城市韧性的重要机会，规划最基本的方面在于激活和捕捉自组织原则。公共机构应当意识到不能"为市民规划"，而必须"与市民规划"，使得信息和潜在的反馈能够多向流动。

2. 基于演化经济地理学的韧性城市演化理论

经济地理学者运用韧性概念研究应对不确定、不稳定和变化的城市区域经济韧性问题。区域经济韧性的概念是指"经济被锁定为一个低水平的平衡之后，快速转换至一个'更好的平衡'的能力"。起初基于"单一平衡"的"区域经济韧性"的定义是"区域经济在面对一些外生冲击时保持预先存在的平衡状态的能力，以及区域和国家经济经历外生冲击后能够回到冲击前水平的增长速率"。另一些韧性解释来自演化理念的制度学文献，强调路径依赖和封闭稳定的系统结构，采用"多重平衡和次级持续"视角。

然而，近年来，城市区域经济"单一平衡"和"多重平衡"的假设因具有局限性而受到批判，它们不能解释韧性的地理空间分异问题。研究趋势是从演化经济地理的视角定义"适应"的概念以更好地解释韧性的地理多样性和不均匀性。"适应性"是指能够通过松散和微弱的社会代理人的耦合产生多重演化动态轨迹，综合响应偶然事件，不至于破坏整个系统。"锁定"是指政治、经济、社会制度和关系的配置随着时间逐渐僵化（Rigid），它依赖于之前的增长路径，随着时间自我加强，不利于塑造适应性。在演化的框架内，锁定是不可避免的，但是很多"解锁定"的机制有助于塑造适应性，例如技术的发展、多样化经济代理人的创新、进口和植入外部资源以及经济结构的多样化。适应性视角的韧性是一种典型的演化视角，关注韧性的动态过程，而不仅是一个特征（与美国经济学家Schumpeter的"破坏性创新"学说关系紧密）。

3.3.5 关于韧性城市的评价体系

韧性城市评价，即对城市的韧性进行评价，它可以为城市的规划、建设、运行、管理和修复等过程提供有价值的参考依据，同时体现城市预期的发展目标。城市韧性的评价主要通过构建指标体系来进行，要构建优良的评价体系必须要遵循全面性、精确性和可操作性三大原则。就城市韧性的评价而言，全面性体现在需要涵盖韧性城市的全部特征和要素。由于城市系统庞大复杂，精确性主要体现在追求全面反映信息的同时也要尽量简化评价指标。可操作性则包括三个方面：①应通过实施过程明确韧性城市的内涵并发展测量指标；②具体指标的数据获取应具有可行性；③由于城市间的差异，应制定差异化的评价体系。

构建韧性城市评价体系，主要有以下三种思路：①以城市的基本构成要素为核心进行构建；②以城市韧性的不同特征为核心进行构建；③以韧性的阶段过程序列为核心进行构建。

1. 以韧性城市基本构成要素为核心的评价体系

社会、经济、生态（自然/环境）是城市韧性评价体系的主要度量方面，几乎涵盖了城市的基本构成要素，但是韧性城市还具有一些特殊的深层次内涵，如关心人的发展以及要求公共部门对扰动采取快速响应等，因此仅从社会、经济、生态（自然/环境）三个方面无法充分体现。许多韧性评价体系增加了基础设施建设韧性、社区韧性、组织韧性、人的韧性等度量指标。围绕城市基本构成要素设计韧性城市评价体系，主要包括以下步骤：①通过德尔菲法、层次分析法或现有较成熟的理论框架确定具体指标；②由客观的统计资料获得指标数据；③通过主观赋予各指标权重的方法表达韧性指数的计算公式；④由公式计算出特定系统的韧性指数，从而得出城市韧性评价结果。

2. 以韧性城市的特征为核心的评价体系

从城市韧性特征着手的韧性城市评价体系，最早考虑的是坚固性和快速性特征，后来逐步扩充到了坚固性、快速性、冗余度和资源可调配度四个方面。此类韧性城市评价体系在构建时首先要进行特征提取。城市韧性特征的划分有两种方式：①对应不同的韧性阶段所体现的能力进行划分；②从城市系统整体进行考量，划分韧性城市具备的各种能力特性。

美国学者Parsons和Morley通过应对能力和适应能力两个大类的特征来评价，对应了韧性发挥作用的不同阶段：①扰动发生时吸收影响阶段体现了应对能力；②扰动发生后城市重新恢复阶段体现适应能力。李彤玥和美国学者Heeks等所构建的评价体系则从生态学理论出发，结合系统动力学总结韧性城市所具备的显著特征及能力。李彤玥借用美国学者Bruneau的4R框架，以抗扰性（Robustness）、冗余性（Redundancy）、应变能力（Resourcefulness）、时效性（Rapidity）构建城市应对雨洪灾害的评价体系。美国学者Heeks等建议用功能特征和赋能特征两大类指标构建评价系统，并提出需要评价韧性的公平性，即系统是否能够向其服务对象提供公平的使用资源的机会或权利。不论采用何种划分方法，都需要对韧性城市的特征进行清晰的识别和准确的分析。表3-2概括了几种围绕韧性城市特征构建的韧性城市评价体系。

表 3-2 围绕韧性城市特征构建的韧性城市评价体系

评价体系出处	指标大类	解释	具体指标
《韧性城市研究新进展》	4R 框架	基于社会-政治-技术、经济、水文三方面所构建的评价指标	抗扰性、冗余性、应变能力、时效性
《澳大利亚自然灾害韧性指标体系》	应对能力、适应能力	应对能力：充分利用资源应对不利影响的能力 适应能力：通过学习适应和转型调整自身的行为	应对能力：社会性、经济资本、基础设施与规划、应急服务、社区资本、信息获取 适应能力：治理与政策、社区参与
《概念化信息系统与韧性之间的联系——以发展中国家为例》	功能特征、赋能特征	功能特征：系统应对扰动整个过程的不同阶段所需要具备的能力与作用 赋能特征：进一步完善韧性系统，具有可行性的选择特征	功能特征：鲁棒性、自组织性、学习性 赋能特征：冗余性、快速性、规模性、多样性、灵活性、公平性

3. 以韧性阶段过程序列为核心的评价体系

吴波鸿和陈安将韧性城市的恢复力评价指标分为强度、刚度、稳定性三个维度。此划分方式在本质上对应了韧性恢复力损失、弹性恢复、恢复力强化三个阶段。类似地，陈长坤等从城市韧性的抵抗力、恢复力和适应力三大属性出发，建立雨洪灾害情境下城市韧性评价体系。美国学者 Bruneau 等认为，地震后城市社区的韧性状态可以用基础设施机能随时间的变化曲线表示。欧阳敏和美国学者 Dueñas-Osorio、Min Xing 利用美国学者 Bruneau 等提出的基础设施机能反应过程曲线模型，以韧性阶段过程序列为核心构建出城市基础设施韧性的评价框架，发展了"三阶段"韧性计算模型。上述过程序列依次为：灾害防御阶段、灾害吸收阶段、系统恢复阶段。从韧性阶段过程着眼构建的评价体系，不仅可以针对某种单一的外部扰动，还可以适用于所有的自然灾害。

以韧性阶段过程序列为核心设计的韧性城市评价体系，其具体指标通常使用多种城市基本构成要素。在不同的思维范式下，学者对于韧性过程的认知存在差异。工程韧性一般包括抵抗、吸收、恢复三个阶段；生态韧性一般包括抵抗、调整、适应三个阶段；演进韧性尚未有详细且一致的阶段划分，但是增加了学习、发展等更加高级的阶段。目前按照韧性阶段过程构建的评价体系仍十分有限。韧性城市发挥作用的整个过程与传统城市对抗扰动的过程存在根本差异，韧性过程中城市在面对扰动后重新组织并长期适应、学习的阶段尤为关键，在评价体系中划分恢复、适应、学习、发展等阶段能够充分体现韧性运用到城市研究中的契合性。表 3-3 概括了几种围绕韧性阶段过程序列构建的韧性城市评价体系。

表 3-3 围绕韧性阶段过程序列构建的韧性城市评价体系

评价体系出处	过程划分	对应阶段
《韧性城市恢复力评价模型构建》	强度 刚度 稳定性	韧性恢复力损失阶段 弹性恢复阶段 恢复力强化阶段

(续)

评价体系出处	过程划分	对应阶段
《雨洪灾害情境下城市韧性评估模型》	抵抗力 恢复力 适应力	抵抗阶段 恢复阶段 适应阶段
《城市基础设施系统的三阶段韧性分析框架》	灾害防御阶段 灾害吸收阶段 系统恢复阶段	防御阶段 吸收阶段 恢复阶段
《受自然灾害影响的城市生态系统替代韧性指数》	损伤标准化 进一步量化损伤程度	扰动初期 事件发生后

综上所述，已有的韧性城市评价体系主要基于以上三种思路构建。其中，思路一集中在社会、经济、生态三个方面，与传统的城市评价相类似；思路二既能体现韧性在不同阶段的特征或韧性城市综合能力，还能与城市基本构成要素结合，与韧性城市理论的联系较为紧密；思路三能够对不同阶段的韧性能力进行评价，识别韧性发挥作用过程中的薄弱环节，有针对性地进行改进。伴随着思维范式的越加复杂和深化，不难发现，从工程韧性到演进韧性的评价体系越加丰富，所涉及的对象也越加广泛。

4. 韧性城市评价体系的发展方向

目前学者普遍认为韧性是城市的一种能力，主张将韧性城市作为一种系统来看待。由于城市韧性的理论、定义、属性等还在发展中，韧性城市评价体系也存在差异性，因此构建科学的、具有可行性的评价体系，必须对城市韧性理论有深刻和完整的认识。同时，由于系统外部环境和自身内部存在差异，因此制定具有差异化、不同尺度下的韧性城市评价体系显得尤为重要。韧性评价体系的构建还要考虑韧性城市所必须具备的能力特性，关注系统的动态性。

随着韧性概念的内涵与外延不断拓展，韧性城市越来越关注人的感知和发展，因此应该采用主观评价和客观评价相结合的评价方法，充分体现人的感知体验，与韧性概念中以人为中心的发展路径相吻合。

21世纪信息通信技术（ICT）得到了跨越式的发展。伴随着城市现代化水平的不断提高，在灾害治理、危机应对和应急管理中，信息通信技术被广泛应用，成为重要的技术支撑；同时，具有时代特征的信息通信技术依托物联网、互联网等载体，在很大程度上构筑了人们的生产生活模式。如何将信息通信技术的理论与实践有机结合，以谋求城市的韧性发展，从而适应人的发展需求已经成为当下的讨论热点。因此，可以考虑将信息通信技术手段与方法融入韧性城市评价体系中。

信息通信技术与发展（D）之间的有机联系被称为ICT4D。发展具有多方面的含义，包括经济的发展、人的发展、环境改善和社会福利等很多方面，强调人与经济和社会的协调发展。每个主体可以根据自己的现实情况和需求去解决未来发展问题。ICT4D的研究具有多重、相互和跨学科三大本质特征。贝斯特概括性地将ICT4D的研究划分为可持续发展、冲突和灾难计算、人机交互、应用模式四种类别。

ICT4D和韧性城市研究的契合点有三个。①ICT4D强调关注人的发展与发展的可持续性，与韧性城市发展的内涵相吻合。②ICT4D应用于冲突与灾难计算，与韧性城市应对的不确定性风险和扰动相一致。韧性城市面临扰动，需要市民、公共部门、企业和社会组织等多元主体的响应。市民需要高效的、用户友好型的技术和服务；公共部门、企业和社会组织则需要构建一个集技术、政策、体系于一体的行动框架作为支撑。ICT4D有助于搭建服务于这些多元主体的，贯穿于韧性城市发展全过程的，用于信息获取、沟通及响应的平台。③ICT4D的应用离不开经济和社会背景等环境因素，与韧性城市的融合度较高。城市包含了经济、社会、生态等基本构成要素，且各要素之间存在相互作用和相互影响。将ICT4D融入韧性城市研究，可以使韧性城市的构成部分实现信息共享，为快速响应扰动进而采取优先措施奠定基础。

3.3.6 韧性城市理论指导下的城市防灾减灾规划

1. 防灾：应对极端气候和多种风险

构建韧性城市的防御体系，要预先布控城市防灾重点，提升防灾减灾设施的保障能力。通过灾害风险监测预警平台实现实时监测及高风险区的分析与模拟，动态评估未来可能发生的重点城市灾害，加强重点防御。另外，韧性城市的政府、非政府和私营组织要及时更新灾害脆弱性与灾害资源的信息，与有效的交流网络相联通，并且要共同协作。

（1）完善多灾种监测预报预警平台

监测预警是城市应急体系运行的首要环节，也是最重要的一个环节，对突发事件的处置起着关键作用。城市应充分利用科学技术手段，全面提高全市各类灾害监测预警水平，优化提升各类灾害监测预警系统，并在城市运营管理中心的基础上完善综合减灾与风险预测管理信息平台。同时，通过信息平台大数据，建设"应急一张图"，分析城市安全风险并进行评估，筛选出公共安全防治需求和现有保障措施资源不匹配的区域，并进行重点管控治理。

（2）提高灾害设防标准，提升综合防灾能力

进一步研究城市未来的气象灾害等极高等级风险的变化趋势，对目标年份的风险变化情况进行预测，根据预测结果评估这些风险变化对城市社会的影响，并进行脆弱性分析和风险评估，在此基础上制定防灾减灾策略以应对极端气候等灾害风险造成的影响。对于台风、暴雨及洪涝等气象灾害，从韧性城市建设的角度，提倡冗余设计，提高高风险区的市政、交通基础设施和各类防灾减灾设施的设计标准，并对设施进行重点保护，加强适应性；推进"海绵城市"建设，保护河流、湖泊及湿地等水生态敏感区，提高城市防洪排涝能力。对于地震、地质灾害等自然灾害，应进一步完善监测预警体系，搭建高风险区域的生命线系统和提高各类建筑的设计标准，严格控制人为诱发灾害。对于重大火灾、重大危险源事故等，在优化城市安全布局的基础上，进一步完善消防基础设施，增强城市抵御火灾尤其是重（特）大火灾的能力。

（3）加强防灾宣传教育

防灾预警机制的建立，首先要有危机意识。面对灾害风险，无知比灾难更可怕。国内外的成功防灾经验显示，建设一种集意识、责任、制度和教育等于一体的综合防灾减灾文化是非常重要的。

2. 减灾：适应新常态的城市减灾空间

对于地震、地质灾害、重大危险源风险及传染性疾病等灾害风险，大多需要依赖具有韧

性的空间规划来分散城市风险，尽可能降低灾害的影响力和破坏力。同时，通过加强生命线系统保障能力和完善避难疏散体系，构建韧性城市减灾空间。具体内容如下：

（1）城市安全布局，主动适应灾害风险

基于韧性城市理论，城市用地布局要在安全风险评估指导下远离高风险地区。做好地质灾害易发地区城市建设的用地安全评价；防范危险边坡、地面坍塌风险；加强余泥渣土受纳场等重点领域的安全隐患整治。

（2）提高生命线系统保障能力，韧性应对灾害风险

城市生命线系统是保证城市生活正常运转的重要基础设施，是维系城市功能的基础性工程。韧性理论下的防灾减灾规划，还要求提高城市给水、排水、供电、供气、通信、固废处理等各项基础设施的建设标准和管理水平，完善关键基础设施灾备与应急体系，加强稳定性和抗风险能力，保障设施在灾害和极端气候条件下平稳、安全运行。城市重大工程及生命线基础设施的抗灾能力要满足国家相关规范标准要求，生命线系统的安全防灾保障能力也要基本满足防御大灾的要求。

（3）构建综合避难疏散体系，优化防灾减灾空间

完善的避难疏散体系是减轻灾害损失、应对城市重大突发灾害事件的重要手段。结合城市更新和公园、广场、体育场、学校及地下空间的开发利用，形成布局合理、全面覆盖和重点突出的应急避险体系；结合高快速路、主次干道，构建分级疏散救援体系，保障城市防灾设施满足防御大灾的要求。

3. 救灾：韧性城市的应急管理体系

（1）构建现代化应急指挥体系

城市应急指挥系统是政府与公共机构在公共安全事件的预防、应对和善后过程中建立的保障公众生命财产安全的指挥系统。应急指挥中心承担较大级别以上突发事件应急处置与救援的综合协调和指挥责任，并组织协调突发事件的事后评估和善后处理。

（2）进一步完善专项应急预案

解决部分行业领域预案管理缺失问题；完善重特大突发事件现场处置的部门预案，提升现场处置效率；完善各辖区应急预案体系，提高各辖区的响应效率。

（3）加强巨灾应对体系建设

建立城市巨灾情景构建与推演研究平台，研究城市在巨灾灾害要素作用下具备什么样的功能，有没有抵御这些重大突发性灾害事件的能力。

3.4 案例：湖北省黄石市韧性城市建设

湖北省黄石市因矿设企、因企建市，钢铁、煤炭、水泥等重工业企业遍布全市，矿业经济曾给黄石市带来"矿冶之城"的辉煌，也给黄石市留下了"光灰城市"的生态赤字。推进韧性城市建设成为黄石修复生态环境、加快城市转型发展的战略抉择。

2013年9月，黄石市委十二届八次全体（扩大）会议审议通过《中共黄石市委、黄石市人民政府关于坚持生态立市产业强市，加快建成鄂东特大城市的决定》，确立了经过五年左右的努力，成功创建国家森林城市和环保模范市的目标；再通过五到十年的努力，基本建成鄂东特大城市，成功创建国家生态市的宏伟目标。虽然该文件并未明确提到"韧性城

市"概念，但实质上它是结合了黄石市实际现状而采取的迈向建设韧性城市的纲领性文件。黄石市韧性城市建设主要集中在以下几个方面：

1）水治理战略。通过韧性城市建设，解决城市自然水系湖泊和滨水空间问题，减少城市水涝灾害，提升黄石市城市开敞空间服务能力，促进自然生态环境的改善，进而增加生物多样性，加强生态链韧性。黄石市所辖天然水系湖泊众多，可以提供强有力的城市开敞空间恢复力，这对于黄石市来说至关重要，在维持生态性能方面发挥着关键作用。因此，要做好水体保护工作，提高城市供水系统的抗灾能力，大力推进防洪、排水及污水处理能力的提升，并努力改善并消除该地区的黑臭水体。

2）向绿色经济转型。建立一个有韧性的城市领先组织，利用一切力量，推动全新绿色经济体系建设。建立新的发展指标体系，具体方向包括：①充分利用人文和自然旅游资源，加强生态文明城市建设，建立更加富有韧性的生活体系；②加强智慧城市建设，推进自动化、信息化和现代化能力提升；③加强生态环境的恢复，加大法制的建设和监督；④加强城市基础设施建设；建设轻轨和快速运输系统，在城市建立"一小时"工作和生活交通系统；实施雨污分离控水用水战略，协调城市地上和地下设施的规划与建设。

2014年12月3日，湖北省黄石市成功成为"全球100韧性城市"（第二批）的35个城市之一。这也是黄石市大力实施"生态立市，产业强市，建设现代化特大城市"战略取得的一大阶段性成果。随后黄石市按照"全球100韧性城市"的要求，结合本地实际情况深入推进韧性城市建设。

相关知识阅读

- 《韧性城市研究新进展》，李彤玥，发表于《国际城市规划》2017年第32卷第5期
- GB/T 40151—2021《安全与韧性　应急管理　能力评估指南》
- ISO 37123：2019《可持续性城市和社区——韧性城市指标》（英文版）
- Challenges in building resilience engineering (RE) and adaptive capacity: a field study in a chemical plant，Abbas Moghimbeigi，发表于 *Process Safety and Environmental Protection* 2012年第90卷第2期
- A/RES/69/283《2015—2030年仙台减少灾害风险框架》
- A/RES/70/1《变革我们的世界：2030年可持续发展议程》

第4章
情景构建与应急准备

■ 本章概要

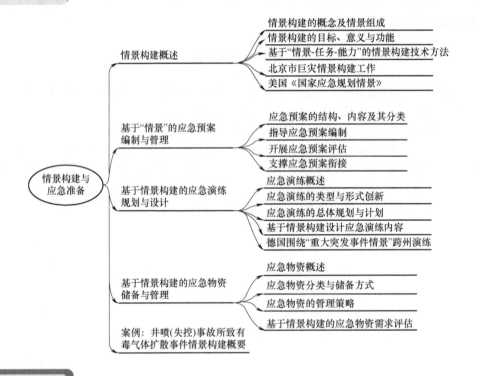

■ 学习要点

- 了解情景及情景构建的相关概念及基本原理,掌握基于"情景-任务-能力"的情景构建技术方法,通过实践案例学习情景构建具体过程

- 熟悉应急预案结构、内容及分类，认识"情景构建"在指导应急预案编制、开展应急预案评估和支撑应急预案衔接等方面所起的作用
- 了解并掌握如何应用情景构建方法对应急演练进行规划和设计
- 了解应急物资的概念及分类，掌握如何应用情景构建方法评估应急物资需求，认识其在提升应急物资储备与管理水平方面的作用

4.1 情景构建概述

情景构建在我国的应急管理工作中具有重要的支撑性结构作用，这主要是因为该方法在应急管理理论框架中的定位，切实弥补了我国在应急管理实际工作中的两个薄弱环节——风险分析和应急准备。情景构建一方面为风险分析提供方法支撑，另一方面为应急准备提供目标，是跨越与衔接风险管理与应急管理的重要枢纽。在地区（行业、企业）的重大突发事件风险研判基础上，确定地区（行业、企业）情景清单，并且对每项典型风险开展情景构建，以一系列情景引导地区（行业、企业）有的放矢地开展应急准备行动，包括对应急预案体系优化、应急演练规划、宣传培训和物资储备的技术指导，实现应急能力的提升。

4.1.1 情景构建的概念及情景组成

1. "情景"的概念

每个突发事件都会不同程度地带有地域、社会、经济和文化的特别属性，差别甚大，但无论形式如何变化，基本都是源于自然灾害、技术事故和社会事件这三个方面，其发生、发展、演化和结束的一般动力学行为也大体表现出相似的规律，而且几乎所有的突发事件在警报、紧急疏散和医疗救治等关键处置环节上差别并不大。

因此，情景构建中的"情景"不是某典型案例的片段或整体的再现，而是无数同类事件和预期风险的系统整合，是基于真实背景对某一类突发事件的普遍规律进行全过程、全方位、全景式的系统描述。"情景"的意义不是尝试去预测某类突发事件发生的时间与地点，而是尝试以点带面、抓大带小，引导开展应急准备工作的工具。理想化的"情景"应该具备广泛的风险和任务，表征一个地区（或行业）的主要战略威胁。

2. 突发事件情景分级分类

突发事件情景实质上是反映公共安全的最主要风险，而不同的国家或地区由于经济社会发展水平以及文化和自然环境的差异性，使其面对突发事件的风险有很大区别，需要对情景进行可选择性的分级与分类，这既可保证应急管理在整合水平上的一致性，又有利于对不同风险进行区别对待和实施分级、分层管理。中国安全生产科学研究院原院长、研究员，国务院应急管理专家组成员刘铁民提出了一个主要基于风险特征的突发事件情景分级分类矩阵（见表4-1），用一个简略矩阵形式同时体现出事件情景的性质分类、强度级别、情景特点三个维度的特性。

一级为巨灾（危机）级情景，是所有情景中最高级别的，也可称为国家突发事件情景。这类事件的特点是极端小概率，严重威胁公众群体生命安全与健康，对经济社会破坏力极强，损失严重，波及范围广泛，影响至全国，有时可超越国界，灾变情况十分复杂，常造成

继发性或耦合性灾害，恢复十分困难，甚至难以恢复，需要动员国家力量才能应对的特别重大危机事件。表 4-1 中列出了七组巨灾（危机）级情景。

表 4-1 突发事件情景分级分类矩阵

级别	性 质			合计
	自然（N）	技术（T）	社会（S）	
一级 巨灾（危机）级	疫病大流行 特大地震 飓风	核泄漏 危险化学品泄漏	恐怖袭击（爆炸、生物袭击或核爆） 暴乱	7
二级 灾难级	洪水 大坝失效 森林大火	特大交通事故 空难 海难	种族、宗教和经济纠纷等导致激烈冲突 网络袭击	8
三级 事故（事件）级	局地极端气象条件 地质灾害	工业与环境事故 重大火灾 重大交通事故	公共集聚 大规模工潮	7
合计	8	8	6	22

二级为灾难级情景，一般是指事件发生概率相对较低，破坏强度很大，后果较为严重，波及范围超出几个市、可遍布全省乃至跨越省辖区，情况较为复杂，动员力度较大，较长时间才能恢复的重大突发事件。表 4-1 中列出了八组灾难级情景，可作为省辖区重大突发事件情景。

三级为事故（事件）级情景，主要是指发生概率相对较高，事件造成破坏强度有限，波及范围在市县级政府辖区范围之内，灾种较为单一，处置力度相对较小，较短时间即可恢复的突发事件。表 4-1 中列出了七组事故（事件）级情景，这类基本属于市县辖区的突发事件情景。

可以注意到，列入表 4-1 中的 22 个情景基本反映了各类突发事件的共性特点和公共安全面临的主要威胁，这样基本可以保障用最少量的、最有代表性和最可靠的情景，明确应急准备的方向与范围，指导综合性应急预案的编制和组织培训与演练实施。

突发事件情景构建的事件分级不同于我国目前对突发事件的分级方法。在我国《突发事件应对法》和《总体预案》等相关法律法规文件中都是首先按照行政管理的领域划分成自然灾害、事故灾难、公共卫生事件和社会安全事件四个类别，然后依据每个类别不同类型事件的损失后果（人员伤亡或经济损失等）程度进行事件分级，即所谓先分类再分级的办法。突发事件情景构建的事件分级，主要强调事件本身的强度和应对的难易程度，尤其关注应急准备和应急响应与之相匹配的能力。因此，应急准备任务设置和应急响应能力要求成为突发事件情景构建中的主体内容，对此可以称为基于事件强度和能力的分级思想。突发事件情景构建的这种分级方法有利于对各类事件进行分层管理。分级与分层是两个不同属性的概念，分层管理特别强调的是每一级政府或每一个单位应对突发事件的能力，无论突发事件类型、级别和预期后果如何，都必须从事发地最底层政府启动应急响应，应急管理权与指挥权是否转移至上一级主要取决于应对能力。这样处置不但可以充分发挥基层政府"第一时间响应"的作用，而且特别有利于实现属地为主原则和减少应急响应成本。

3. 情景构建概念

情景构建是结合大量历史案例研究、工程技术模拟对某类突发事件进行全景式描述

（包括诱发条件、破坏强度、波及范围、复杂程度及严重后果等），并依此开展应急任务梳理和应急能力评估，从而完善应急预案、指导应急演练，最终实现应急准备能力的提升。因此，情景构建是"底线思维"在应急管理领域的实现与应用，即"从最坏处准备，争取最好的结果"。

在2001年"9·11"恐怖袭击事件与2005年卡特里娜飓风重创美国之后，美国联邦政府为明确国家应急准备目标，由美国国土安全委员会牵头，组织相关部委和国家实验室共同开展了《国家应急规划情景》重大研究计划，这是国家层面应用情景构建来指导应急规划的典型案例。研究团队对未来可能发生的重大突发事件做了系统分析，构建了15个国家重大突发事件情景。《国家应急规划情景》后来与《通用任务清单》《目标能力清单》一同成为指导美国各层级政府开展应急准备工作的重要模块化工具。几乎在同一时期，欧洲的一些国家也开展了针对重大灾害的应急准备工作，例如德国于2004年开始，围绕"重大突发事件情景"持续性地开展跨州演练工作。在国家层面，以"重大突发事件情景"引导的应急准备工作已经成为西方国家开展应急准备的标准化方法和抓手性策略。近年来，我国不同地方和领域也开展了情景构建工作，例如北京在2012年"7·21"特大暴雨灾害之后开展了巨灾情景构建工作，国家安全生产应急救援指挥中心曾开展了石化行业巨灾情景构建工作。

相关国家（尤其是欧洲国家）针对民防和突发事件应急管理制定了风险评估指南，在其指南中，均对基于情景构建的风险分析进行了系统性论述。其中关于情景构建和情景的描述见表4-2。

表4-2 相关国家在风险评估指南中对情景构建和情景的描述

国家	关于情景构建的约束	关于情景的内容
荷兰	1）情景必须是合理、可信的 2）现有的政策措施（预防、准备、响应政策；实践中发现的一些缺陷）必须在情景中有所反映 3）情景事件必须产生全国性影响，至少对下面一项或多项产生干扰（领土安全、人身安全、经济安全、生态安全、社会与政治稳定性）	情景必须包含以下内容： 1）该类风险事件达到何种规模会对国家安全产生影响 2）引发该类风险事件发生的原因：深层原因和触发机制 3）事件相关信息：环境、主体脆弱性、应对措施（人、物、社会） 4）事件后果（各类后果性质与规模） 5）对关键基础设施运转产生的影响
丹麦	1）构建的情景不应太多，应涵盖类似事故出现的典型问题 2）情景不应选择极端事件（类似近地行星相撞），也不应是日常频繁发生的事件（例如公路交通事故） 3）情景后果应该足够严重，例如：大量人员伤亡、受伤、染病和暴露；社会关键设施功能中断；生态环境遭到严重破坏；物资与财产损失巨大 4）引发人群广泛焦虑、不安、愤怒，导致政治不稳定 5）启动大范围防范准备措施	1）情景内容支撑是领域内的真实案例，或者预期会发生的事件 2）情景应该勾勒出事件的详细进程 3）情景应该足够详尽地分析风险和脆弱性 4）情景事件不应太笼统，至少包含危险源的类型、形式、持续时间等，例如"针对国家机关的生物恐怖袭击"相对于"含有炭疽病毒的邮件被××部门人员接受"，前者描述太过笼统

(续)

国家	关于情景构建的约束	关于情景的内容
德国	1）情景构建是风险分析的起点性工作 2）情景构建必须与实地情况结合开展，需要真实的背景 3）实地情况包括地理、气候、人口情况、自然环境、经济、基础设施等 4）情景构建是定量科学分析（历史数据、科学模型）与定性假设估计（领域专家、本地专家）的融合	情景必须包括以下要素： 1）危险源情况 2）发生地点、辐射区域 3）强度 4）发生时间、持续时间 5）演化规律 6）预警与准备情况 7）影响人群 8）历史类似案例 9）其他相关信息
英国	1）对未来五年的风险开展预测 2）情景选取原则：最坏可信情景（Reasonable Worst Case） 3）排除高度不现实的情景	情景内容包括： 1）风险概要 2）背景情况（含历史案例、风险发展趋势） 3）后果（人员、财产、生命线设施、生态环境……） 4）政府相关部门与响应者的准备情况

4.1.2 情景构建的目标、意义与功能

1. 情景构建的目标

突发事件情景构建的目标是对突发事件状态和发展过程进行描述表达，为决策人员了解事件、分析事件、高效进行应对决策而服务。其核心目标是：针对具体或者不同的情景，解决"现在应该怎么做以及今后如何更好地应对"的问题。将不同的情景作为衡量标尺，分析查找各种应急资源与能力在应对巨灾中的差距和脆弱性，编制情景应对资源与能力的差距对策表，提出长期的对策措施，并以提升应急准备能力为最终目的。

2. 情景构建对我国应急管理工作的重要意义

情景构建对我国当前阶段的应急管理工作具有重要意义，主要体现在以下三个方面：

（1）情景构建可以支撑我国相关主体开展扎实的风险分析和风险沟通工作

我国应急管理工作非常重视突发事件之前的风险管理，但风险分析和风险沟通依然是我国各行业风险管理中普遍存在的薄弱环节，这直接影响相关主体对风险的系统性认知。情景构建就是实现对风险的具象化表达，"情景"是对应风险在一个地区、一个行业、一个单位的具体映射，构建过程中需要有剖析历史案例、借鉴专家经验，并归纳风险演化规律，基于"底线思维"模拟"最坏可信后果"。因此，情景构建的过程可以看作相关主体（政府、企业和相关组织）开展风险分析的过程，可以促使相关主体从致灾因素、承灾载体和应急能力三个层面系统性地认知风险。除此之外，情景构建的过程是相关方对风险信息互通有无的过程，客观推进了相关主体风险沟通与交流，可有效克服风险信息条块分割和碎片化，解决"平时风险沟通缺位、战时危机沟通失灵"的问题。

（2）情景构建为一个地区（或行业、企业）提供应急能力建设路径

我国各地的应急能力建设往往是由中长期规划来引领的，宏观层面的"愿景"很重要，

但是还需要中观层面的路径设计,情景构建可以提供这样一种能力建设路径:①在风险研判基础上,首先确定地区(或行业、企业)的情景清单来表征其典型风险布局;②对清单中的风险开展情景构建,构建过程中可以实现对"风险"和"能力"的系统性认知;③以形象的"情景"替代虚拟的风险来引领应急准备,包括预案修编、演练规划、物资储备和队伍建设等具体工作,促进应急能力的提升;④伴随能力的提升和风险的变迁,适时对情景清单和情景进行迭代更新,引领应急能力的持续提升。

(3) 情景构建为理顺当前的应急管理机制改革提供策略

当前应急管理体制改革已经基本结束,但是在新的应急管理体制下如何理顺"防与救""统与分""破与立"的关系仍是各方重点关注的问题。情景构建可以为应急管理部门提供一种特殊的视角和策略,例如邀请相关部门围绕重点关注的领域(如防汛抗旱、森林草原防火、地质灾害防治等)共同开展重大突发事件情景构建,从"事件"的角度分析"防与救"的衔接点、救援过程中业务冲突点、指挥调度与执行的信息衰减与隔阂点,最终通过联合预案建设、联合部门推演、联合建章立制的方法建立一套部门之间、上下级之间的应急协同机制。

3. 情景构建的主要功能

在面临日益严重的各类公共安全事件威胁下,通过情景构建可以培养统一、灵活、高效应对主要风险的能力,凝聚国家或辖区整体力量对各类突发事件进行有效预防、准备、响应和恢复,有助于"有准备"地应对极端小概率或"几乎从未出现过"的突发事件,从而提高国家和地方处理复杂、交叉突发事件的能力。突发事件情景构建的价值主要通过以下三大功能来体现。

(1) 突发事件情景构建明确应急准备主要目标

应急准备与应急响应能力对突发事件实施有效的预防、准备、响应和恢复至关重要,而能力主要通过事前的应急准备来实现。显然,应急准备必须要有明确的目标,而重大突发事件情景则为全面的应急准备工作提供了清晰、确切的方向和目标。应用共享的一套情景组,使所有参与应急管理的单位与人员目标更加一致、思想更为统一、行动更加协调,使整体上的应急准备活动切实做到"有的放矢",尤其在应对那些发生概率极小,甚至在国家和辖区内尚未出现过,很难预测,又没有经验,但危害极其严重的危机性事件(巨灾)时,情景构建就更不可替代。

(2) 突发事件情景构建是应急预案制定的重要基础

重大突发事件情景构建是应急预案制定工作的中心,突发事件情景规划中列出的情景是未来可能面对的具有严重威胁的"实例",因此,在国家和地方应急预案中应得到优先关注和安排。按照"情景—任务—能力"应急预案编制技术路线,情景构建可对应急预案管理每个主要环节发挥关键性作用。基于"情景"的应急预案编制本质上是危害识别和风险管理的过程,其主要内容包括特殊风险分析、脆弱性分析和综合应急能力评估三大部分,这三大部分都为应急预案制定修订提供重要技术支撑。事件情景清晰刻画了未来可能面对的主要威胁,描述了事件可预期的演变过程和可能涌现的"焦点事件",事件情景所提供的地质、地理条件、社会环境和气象条件,都可成为制定应急预案的重要参考。这些内容对设定应急预案的方向、目标、结构和内容都有指导意义。在情景构建中,有一大部分内容是各部门和各单位在某一事件中需承担和完成的各类应急任务要求,这些任务不但涵盖了预防、监测预警、应急响应和现场恢复等各项工作，而且比较细致地描述了每个单位或职责岗位的具体活动，有助于对应急预案的职责和内容进行整合与分配，避免职能的重叠与交叉，保障应急响应指挥协调的通畅。无论应急准备还是应急预案，其核心目标都是应急响应能力建设。"情景"通过事件后果评估和应急响应任务设置，对通用能力和预防、保护、响应、恢复四种职责能力都规范了明确要求，同时，也可为应急能力考核、评估提供衡量标准。

（3）突发事件情景可作为规划应急培训和演练的依据

突发事件情景凝练集成了应急响应的主要活动，可为各类应急培训和演练开发共同的指导基础。情景中的基本要素为应急演练的规划制定、教材方案编写、活动内容安排、考核方法和评估标准提供了可衡量的依据，使各地区、各部门组织的培训、演练都能达到一致性的目标和要求，逐渐形成具备有效应对复杂、多变、重大突发事件的能力。

4.1.3 基于"情景-任务-能力"的情景构建技术方法

情景构建是一个地区（或行业）的战略风险管理工具，在地区（或行业）的重大突发事件风险研判基础上，可以确定地区（或行业）情景清单并且对每项典型风险开展情景构建，对典型风险进行实例化表征；在情景构建结束后，一系列情景可以引导地区（或行业）有的放矢开展应急准备行动，指导应急能力的提升；伴随风险环境的变化和应急能力的提高，在风险研判的基础上，可以将情景清单进行动态调整，或者对某项（不符合当下风险的）情景进行修订。如此，可以形成一个以情景构建为载体的应急准备循环。

突发事件情景构建是理论与实践的衔接，该项工作必须由科研部门和实践综合管理部门的密切配合，按照"情景-任务-能力"的逻辑主线依次展开，才能完成情景构建研究。

1. 全过程、多角度的情景分析

经典的应急管理理论将应急管理过程划分为四个阶段：预防、准备、响应和恢复。近十年应急管理学界逐步认识到应急准备的重要性，将其从单纯的一个过程环节提升为"支撑应急全过程"的基础性行动，进而有了"广义应急准备"和"狭义应急准备"两个不同的概念。

突发事件情景作为广义应急准备的引导目标与支撑性工具，实际也是面向突发事件全过程的，包含情景事件的孕育阶段、发展演化阶段、事件恢复阶段。

应急管理是一门交叉学科，可能涉及管理、工程、社会、心理、环境、地理等一系列学科。因此，在开展重大突发事件情景构建时，需要符合应急管理学的研究特点，即围绕情景事件，从多学科角度切入，全面系统地展现情景事件的演化规律和特点。重大突发事件本身是一个复杂系统。当尝试通过情景构建来表征重大突发事件的规律特点时，按照社会物理学理论，需要对一系列社会变量进行描述，决定重大突发事件情景的变量包含长变量（与民族、文化、宗教相关的变量）、中变量（与地理、规划、经济、社会相关的变量）、短变量（与信息、气候、环境、交通等相关的变量）、随机变量（与心理、行为以及未知因素相关的变量）。为确保突发事件情景能够准确地代表不断演化的国家风险（或者地区风险），情景构建过程中，需将上述长变量与中变量设置为情景恒定要素，当这两类变量发生变动时，需要及时修订情景。此外，关于短变量，应该基于"底线思维"，设置可能导致事件往最坏方向发展的变量，这样可以有效保证与情景所匹配的目标能力具备"冗余"。而随机变量，对于情景构建来说不具备较大价值,不应在情景中描述。

2. 全业务、多环节的任务梳理

情景分析之后,需要梳理应对情景的任务清单。为实现多个情景任务清单的归纳性研究,有必要设计统一、标准的任务清单框架作为任务梳理的标准化工具。美国国土安全部曾经发布《通用任务清单》,该清单提供了以国家应急规划情景为代表的重大事件的预防、保护、响应和恢复所需的任务,其中大多数任务都是通用的。该清单可作为一个共同的语言和参考系统,用于描述应急行动的各种任务,让来自各地的人员在必要时可以有效地协作和交流。

中国安全生产科学研究院应急准备课题组参考美国《通用任务清单》,对我国多灾种的应对任务进行了分析,提出了符合我国体制机制特点的突发事件应对通用任务框架,该框架包含五类任务领域、17类一级任务、64类二级任务(图4-1)。

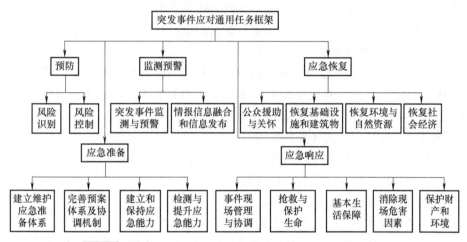

图 4-1　面向全灾种、全过程的突发事件应对通用任务框架

该任务框架是面向全灾种、全过程的任务框架,无论哪种类型的突发事件情景,均可在该框架的引导下开展任务梳理。该任务框架是动态、开放、可扩展的工具,伴随重大突发事件情景构建的逐渐推广,该框架中的任务可能会被修正、合并、拆解,甚至删除,而最终完善的任务框架将会成为指导我国应急准备工作的标准化工具。

基于情景应对的任务清单逐步清晰之后,可以通过业务部门的座谈分析,明确各项任务的归属,包括主责部门和配合部门。例如,交通保障任务的主责部门是交通局,同时安排有公安局协同配合其进行工作。卫生救援任务则由卫健委主责,相应的配合部门包括公安局、交通局、通管局及民政局等。实践表明,该项工作将会有效查漏补缺,优化既有应急机制,弥补体制上的条块分割与碎片化问题。

3. 基于"情景对照"的能力评估

应急能力通常是指由人(队伍)、装备、制度、计划(预案)等要素组成,通过培训、演练或实战而形成的某类特殊能力。应急能力在情景构建理论体系中可以划分为执行能力和核心能力两个概念:①执行能力与应急任务一一对应,表征完成该项具体任务的能力,执行能力与应急任务相伴而生;②核心能力是指一个国家、地区或单位为有效防范、化解和应对重大突发事件而应该具备的若干重要能力，相对笼统，具有独立性、系统性。例如火灾处置能力是一项核心能力，该项核心能力需要若干执行能力给予支撑，如火场评估能力、灭火行动能力、遇险人员搜寻能力、火场清理能力等。

"应急能力"的定量评估在国内外都是一个复杂的课题，目前国内基本采用指标体系与权重赋值评估法，但是认可度有限，很难取得突破。情景构建为能力评估提供了一个新的评估视角——面向情景需求的能力评估（也称为基于"情景对照"的能力评估）。将各项任务分解为逐项能力要素，包括预案、演练、队伍规模、资源装备等，可以逐一对照分析评估。

例如某情景事件：在早高峰期间需要对某地下空间的 500 名伤员展开救助。首先搜寻相关预案，召集任务相关部门开展桌面推演，大家共同研讨以下问题：①救助 500 名伤员需要消防特勤队员多少人次？既有队伍规模是多少人次？②对 500 名伤员展开救助的有效时间是多少？消防特勤队员早高峰期间赶赴事故现场的时间是多少？③大规模的救助装备需求是多少？既有装备储备总量是多少？分布在哪里？如何调集？对上述问题的研讨分析实际就已经开展了针对该项任务的能力评估。

在北京市巨灾情景构建原型案例研发过程中，相关主体曾经就情景应对提出了 51 项任务（包含 165 个能力要素），调研了相关预案体系和相关演练评估报告，开展了对照评估，得出所构建情景的能力现状主要存在以下几类问题：

1）预案体系中的某项功能任务缺失。
2）不同预案中的功能任务（执行主体、执行程序……）冲突。
3）任务不具备操作性——执行主体缺失。
4）任务不具备操作性——执行程序缺失。
5）任务不具备操作性——支撑任务的装备资源缺失。

通过上述评估，可以获取每一项任务的执行能力现状，识别现有应急体系应对情景事件的诸多脆弱性环节，在真实事件发生之前通过预案体系修订、加强针对性演练、购置缺失性装备资源，弥补既有脆弱点，提升针对情景事件的应急处置能力。

4.1.4 北京市巨灾情景构建工作

1. 背景

2012 年北京遭受"7·21"特大暴雨事件之后，中国安全生产科学研究院应急准备课题组向北京市委、市政府提交了关于"北京亟须构建重大突发事件情景"的建议，得到市委、市政府的高度重视。2012 年 12 月至 2013 年 11 月，北京市突发事件应急委员会（简称北京市应急委）以"北京市重要地铁枢纽遭受沙林恐怖袭击"为原型，在国内率先开展了巨灾情景构建的实践研究工作。在情景构建原型案例研发的基础上，北京市应急委于 2013 年 12 月发布了《北京市巨灾情景构建总体工作方案》和《北京市巨灾情景构建实施指南》，在 2014 年—2015 年，由相关委办局牵头，开展了 10 个领域的情景构建工作（见表 4-3），力争通过针对北京市可能主要面临的一系列巨灾开展情景构建工作，制定完善巨灾应急预案，落实改进措施，力争以"点"带面，全面提升北京市巨灾应急准备能力，进一步推动北京市应急管理工作再上新台阶，确保人民生命财产安全、首都城市运行有序。

表 4-3　北京市十大情景构建专题

序号	情景构建专题	牵头单位
1	破坏性地震专题	市地震局
2	特大洪涝灾害专题	市水务局
3	大范围暴雪天气交通中断事件专题	市交通委
4	水源严重污染事件专题	市水务局
5	大面积停电事件专题	市发展改革委
6	燃气多门站停气事件专题	市市政市容委（现市城市管理委）
7	大规模网络信息安全事件专题	市经济信息化委（现市经济信息化局）
8	不明原因重大传染病疫情专题	市卫生局（现市卫健委）
9	大规模群体性事件专题	市维稳办（现已取消）
10	民航空难事故专题	市公安局消防局（现市消防救援总队）

2. 构建过程中考虑的关键因素

巨灾情景构建是按照"底线思维"，对未来可能发生、概率小、后果极为严重的巨灾进行情景假设模拟、梳理应对任务、分析能力差距，并提出应对对策、完善应急预案、开展应急演练、强化应急准备、提升处置能力的一种系统工作方法。

（1）情景筛选

巨灾情景完全不同于传统的"典型案例"，该情景不是一个具体事件的投影，而是无数同类事件和预期风险的集合，是基于"真实事件与预期风险"凝炼、集合成的"虚拟事件"，可以代表性质基本相似的事件和风险，更能体现各类事件的共性与规律。巨灾情景应满足以下条件：

1）巨灾情景应以公共安全风险评估为基础，选取本领域有代表性的巨灾基本情景。

2）所筛选的情景应是导致大规模人员伤亡、巨大财产损失和环境影响，或者巨大而深远社会影响的突发事件。

3）巨灾情景需要调动数量巨大的应急响应资源，影响范围和处置难度大。

4）巨灾情景应是可能发生的，而不是毫无根据的想象。

（2）情景描述要素

在筛选巨灾情景后，需要确定巨灾情景的具体内容，主要描述清晰事件的发生原因、发展过程的关键时间节点以及各节点的事件，按照完成生命周期描述事件发生发展的全过程。该过程应符合巨灾发生发展的一般规律，主要依据对历史案例资料的分析、计算机模拟仿真结果、现场调查与模拟试验、专家经验与推理等。

（3）应急任务与能力分析

与常规突发事件相比，巨灾的生命周期更长，所产生的直接后果、衍生后果和社会影响更加复杂、多样和长期，关键的应急任务可能不是一项而是一批，所涉及的主责部门可能不是一个而是多个。因此，要对巨灾应对阶段和关键时间节点进行划分，并在此基础上列出各阶段、各时间节点所面临的全部应急任务。而应急能力分析包括应急能力需求分析和现有应急能力分析，并在两者基础上评估应急能力差距。

（4）制定与完善应对措施

在情景模拟、应急任务和能力分析的基础上，提出基于现有能力的具体应对措施，并完善专项巨灾应急预案，组织开展相应的应急演练和培训。此外，需要根据能力差距评估结果，提出长期改进措施，进一步提升应对此类巨灾时的应急准备能力。

3. 情景构建的成果运用

（1）评估应急预案体系

情景构建的第一个目的是针对具体的巨灾情景，以现有应急资源状况，提出可行的应对措施，对现有应急预案体系进行评估，查找存在的问题和不足，补充、完善和改进应急预案，并开展必要的培训与演练，从而提高应急预案的针对性和实用性。根据在情景构建过程中针对特定情景梳理出的应急任务清单，在现有应急预案体系中进行比对，评估全部应急任务是否存在预案支撑，找出在预案体系中没有覆盖的应急任务，在相关应急预案中进行补充。查找相应的情景是否有专项应急预案的支撑，应急预案是否可行，是否拥有完成应急任务所需要的资源和能力等。针对各项应急任务，查找应急预案体系中各项任务的主责部门、支持部门及部门间的协同机制是否全面可行。基于以上几点，根据查找的问题开展应急预案的修编。

（2）完善应急机制

根据情景构建的结果来制定修订应急预案的过程可以推进相关部门之间的协调会商，针对各项应急任务，明确各任务的主责部门、支持部门之间的协同机制。而对于针对单个部门需要参与的多项任务，从部门角度出发，可研究情景演化规律背景下的资源（人力）统筹机制，并补充进入部门预案。针对同一类资源需要支撑多项任务时，基于资源评估和情景演化规律研究的结果，建立单项资源调度机制，可将其补充进入资源主管部门的部门预案，或者单独编制资源保障预案。

（3）服务于应急演练规划和脚本设计

开发的巨灾情景可为开展应急演练规划及应急演练的组织与实施提供支撑。情景构建中情景事件的演化及应急响应行动的归纳，就是对演练脚本详细策划的过程，可作为设计演练场景的基础，情景中列出的应对行动可作为设计演练任务和期望行动的依据。在对应急资源与能力、应急预案进行差距分析和评估之后，对采取的对策措施可通过培训进行落实，以及通过演练对其有效性进行检验。

（4）应急能力建设规划

在情景构建的过程中，依据情景列出的应急任务清单梳理出的应急目标能力，为应急能力建设规划提供了支撑。在情景构建中，通过将现有应急能力和目标应急能力的对比，找出差距所在，并提出提升能力的建议，而这些建议也必将成为特大型城市应急能力建设规划中的重要组成部分。

4.1.5 美国《国家应急规划情景》

1. 国家突发事件重要情景组与国家预案制定情景

在经历了"9·11"恐怖袭击事件与卡特里娜飓风灾害之后，美国联邦政府组织多部门共同编制了15个灾害情景（以下简称情景），用于联邦、州的国土安全准备活动。《国家应急规划情景》于 2006 年正式发布。将情景作为规划工具，代表了美国所面临的一系列可能的恐怖袭击与自然灾害及其影响。构建情景的目的是通过开发最少数量的、可靠的情景，以建立应急响应需求范围，促进应急准备规划。为强调对应急预案编制工作的指导性，又进一步把这 15 种重大突发事件情景整合集成为具有共性特点的 8 个重要情景组（见表 4-4），使应急准备的重心更加聚焦。

表 4-4 国家突发事件重要情景组与国家预案制定情景

重要情景组	国家预案制定情景
1. 爆炸物攻击——使用自制爆炸装置进行爆炸	情景 12：爆炸物攻击——使用自制爆炸装置进行爆炸
2. 核攻击	情景 1：核爆炸——自制核装置
3. 辐射攻击——辐射扩散装置	情景 11：辐射学攻击——辐射学扩散装置
4. 生物学攻击——病原体附件	情景 2：生物学攻击——炭疽气溶胶 情景 4：生物学攻击 情景 13：生物学攻击——食品污染 情景 14：生物学攻击——体表损伤皮肤疾病
5. 化学攻击——各种毒剂附件	情景 5：化学攻击 情景 6：化学攻击——有毒工业化学品 情景 7：化学攻击——神经性毒剂 情景 8：化学攻击——装有氯气的容器爆炸
6. 自然灾害——各种灾害附件	情景 9：自然灾害——特大地震 情景 10：自然灾害——飓风
7. 计算机网络攻击	情景 15：计算机网络攻击
8. 传染病流感	情景 3：生物学疾病暴发——传染性流感

《国家应急规划情景》的前言指出，由于上述情景是为开发应急响应能力和资源范围而编制的最少数量的必需情景，因此其他一些灾害不可避免地被忽略了。其他一些可能的高影响事件包括核电站事故、工业和交通事故，以及频繁发生的自然灾害。各级政府相关部门可以使用《国家应急规划情景》作为参考，以帮助他们识别出潜在重大事件的范围、程度和复杂性。相关部门还可以自己编制自己的情景以补充《国家应急规划情景》。上述情景是联邦国土安全专家们通过严格分析获取的，且经过州和地方的国土安全代表的评审。此外，我国将来有必要对其进行完善与修订时，应确保这些情景保持准确，并能够代表不断演化的国家风险场景，以此来对照分析国内防灾救灾能力是否充分。

2. 情景形式

《国家应急规划情景》的 15 个应急规划情景都按照同样的框架进行描述，具体包括以下内容：

（1）情景概要

1）一般描述。

2）详细的袭击情景。

（2）应急规划注意事项

1）地理信息方面的考虑/描述。

2）时间进程/事件动态演化过程。

3）气象条件（如果适用）。

4）假设条件。

5）启动的任务领域。

为了帮助界定情景所产生的应急响应需求，《国家应急规划情景》统一使用了以下任务领域：①预防/威慑，即发现、预防，从而先发制人，阻止恐怖袭击和其他人为事件的能力。②基础设施保护，即保护关键基础设施免受所有威胁和危害的能力。③准备，即计划、组织、装备、训练和演练国土安全人员，以执行其所分配的使命并达到国家标准的能力。这一任务领域包括公众教育。④紧急评估和诊断，即获取并保持对事件行动全景把握的能力，包括发现事件、确定其影响、确定其可能的演化路径、对事件进行分类、通知政府。⑤事件管理/响应，即指挥、控制和协调响应行动的能力，管理资源，提供紧急公共信息。该结果包括通过事件指挥系统、多协调系统和公共信息系统开展的指挥和控制。⑥减轻灾害影响，即收集和控制危害因素的能力，减轻灾害影响，进行环境监测。减轻灾害影响的活动可以在事件发生之前、期间或之后实施。⑦疏散/避难，即向受到威胁的大众提供初始警告的能力，通知人们就地避难或疏散，提供疏散和住所支持，管理交通流及控制事发地出入口。⑧照料受灾者，即在现场治疗伤者、运输伤者；在医疗点治疗伤者，追踪病患；处理、跟踪和保全尸体；跟踪和保护患者财产和证据；管理焦虑的病患家属。⑨调查/逮捕，即调查事件的起因和来源的能力；识别、逮捕和起诉恐怖袭击和其他人为事件的嫌疑人。⑩恢复/补救，即恢复基本服务、企业生产及贸易；清理受灾地区的环境，使受影响区域安全；补偿受害人；为受害者和公众提供长期心理健康辅导和其他服务；恢复社区秩序。

（3）事件后果

1）次生灾害和事件。

2）死亡/受伤情况。

3）财产损失。

4）服务中断。

5）经济影响。

6）长期健康问题。

3. 情景应用

（1）以"点"带面引领国家能力规划

《国家应急规划情景》的编制者认为，在应对恐怖袭击、重大灾难及其他突发事件的应急准备时，不可能针对任何风险都保持最高水准的准备。在不断变化与演化的风险环境下，如何建立灵活的应对能力，使国家作为一个整体，能够对一系列重大事件进行预防、响应和恢复，这非常必要。为应对这一重大挑战，美国国土安全部采用了一种基于能力的规划过程，以在不确定条件下识别适用于大范围挑战和情况的能力，同时必须在一个经济合理的框架中分出轻重缓急并进行选择。作为基于能力规划过程的第一步，即构建上述情景，在设计时考虑了应用的广泛性，它们通常不指定具体的地理位置，其影响后果可以根据不同的人口和地理条件做相应的调整。

(2) 识别全灾种、全过程通用任务

《国家应急规划情景》将被用于实施美国国家应急准备工作，包括编制国家应急准备目标和国家应急演练计划。在帮助编制国家应急准备目标时，这些情景提供了识别所有任务领域能力和需要的能力目标水平的基础，以有效地对重大事件进行预防、响应和恢复。在对这些情景的审查中发现了一些必备的通用功能。例如，要求应急响应组织快速机动并协调行动，要求快速治疗、护理大规模伤亡人员，以及需要帮助被转移的居民等都属于此类。这样的通用性意味着应对多种不同事件和灾害的灵活性、自适应性和鲁棒性强的能力。

(3) 为国家演练计划提供设计依据

《国家应急规划情景》还将被用作国家应急演练计划的设计依据。作为演练计划开发的一种共同基础，这些情景减少了不同机构在演练同一事件时针对全然不同的后果的可能性，这样会导致截然不同的能力要求和预期。虽然不是无所不包，但这些情景提供了一般国土安全事件及其影响的一个基本集合，可被应用在国家层面或者在州和地方各层级。尽管某些地区有特殊的关注点，如华盛顿特区的政府可持续性、纽约金融市场的稳健性、其他大城市的贸易和商业等，但是这些情景在开发研制时就允许它们根据当地条件进行调整。相关机构并不局限于这套情景，它们还能够继续演练那些没有包括在这套情景中的其他情景。然而，当演练包括在这套情景中的基本事件时，这些情景就提供了一个共同的起点。

4.2 基于"情景"的应急预案编制与管理

应急预案是突发事件应急管理的重要基础性工作，是有效应对从自然灾害到恐怖袭击各类事故灾难必不可少的有力武器。应急预案及其编制工作的意义在于：①使国家和地方针对事先预期的风险制定响应策略和行动依据，以影响突发事件的发展过程；②指导并实现各类应急准备活动；③为应急响应活动提供一个共同的行动蓝图，有利于推进各项响应活动统一。

我国各级各类应急预案在近年来发生的重大突发事件的有效处置和恢复重建中发挥了重要作用，且通过应急预案的编制、演练和修订环节，切实提高了各级各类应急管理部门预警、准备、响应和恢复的应急管理水平。但是，在突发事件应急实践中也暴露出我国应急预案体系建设中存在的一些典型问题，主要体现在以下几个方面：①理念上，我国应急预案指导思想未充分体现应急准备；②结构上，预案衔接不畅，且预案体系中存在功能型和技术型模块缺失；③内容上，预案中的概念性内容较多，操作性和针对性不够；④管理上，应急预案的动态管理和持续改进机制缺失。

情景构建技术方法可以有效解决上述四个层面的问题。首先，情景构建本身就是重要的应急预案编制方法，情景构建过程中始终关注"风险"和"能力"两个驱动因素，与"应急准备"的理念（建立并保持与风险相匹配的能力）相统一。其次，情景构建可以提供统一的灾害情景模板，为相关预案的衔接搭建了平台，情景构建中的"情景""任务"和"能力"都是预案衔接的"脉络"。再次，情景构建支撑预案编制的过程中不仅关注灾害机理和演化规律与实地的融合，还关注应急能力的调研和整合，可有效提升预案的操作性和针对性。最后，情景作为应急准备工作的"假想敌"，伴随风险和能力的变化需要适时调整，情景的动态更新可以推动应急预案的持续改进。

4.2.1 应急预案的结构、内容及其分类

1. 应急预案的结构

从结构上看,一份完整的应急预案应包括:

1) 总则。总则涵盖编制目的、依据、适用范围以及工作原则。
2) 应急组织机构与职责。应急组织机构与职责通常明确突发事件发生、报告、响应、结束、善后处置等各环节的主管与协作联动部门以及应急准备、保障机构等参与部门的职责。
3) 预防预警机制。预防预警机制包括信息监测、预警行动、预警支持系统、预警级别发布等环节。
4) 应急响应。应急响应是应急预案的核心内容,涵盖应急响应级别、应急响应行动、信息报送和处理、指挥和协调、应急处置、信息发布、应急结束等具体内容。
5) 善后工作。善后工作包括善后处置、社会救助、责任追究、后果评估等方面。
6) 应急保障。应急保障具体分为人力资源保障、财力保障、通信保障、物资保障、交通运输保障、医疗卫生保障、人员防护、技术装备保障、治安维护等保障环节。
7) 监督管理。监督管理包括预案演练、宣传和培训、奖惩与责任。
8) 附则。附则一般包括预案名词术语解释、预案管理与更新、预案解释部门、预案实施时间等内容。
9) 附件。附件包括各种表单和说明文件,如操作手册、指挥机构组织结构图、预案中专用名词、术语、缩写语和编码的定义、应急部门通信方式、指挥部成员联系方式、人员疏散地图、资源位置图、紧急设备使用说明等。

2. 应急预案的内容

不同类型应急预案的目的和要求不同,具体包含的内容也有相应差异。但一般而言,以下六个要素是必不可少的:

1) 预案基本情况。它是对所指向突发事件应急管理整体工作的必要说明。
2) 应急组织机构与职责。它一般包括应急主体所应承担的责任、工作内容及相互关系。
3) 预防准备情况。它是对所指向的尚未发生(潜在)的突发事件采取的预防准备和控制措施。
4) 基本应急程序。它是针对发生不同级别突发事件的分级响应和应急处置程序。
5) 应急保障。它是应急处置中的人、财、物等资源保障及损失耗费承担主体。
6) 恢复善后程序。它包括应急行动结束后所需的恢复重建、心理救助和问责等方面。

3. 应急预案的分类

应急预案的分类对形成预案体系和指导应急预案编制工作具有重要意义。最近几年,应急预案分类和应用研究发展迅速,归纳起来,当前国内外针对应急预案主要有以下三种分类方法:

(1) 按照预案编制过程与方法分类

在一些国家应急预案编制指南中,综合性应急预案的制定过程分为两类:①审议式应急预案(Deliberative Planning)编制。它是依据构建突发事件情景中各类假设的状态,制定出

战略性和概念性应急预案的过程。这类预案比较格式化，经评审批准后预案文本不易改动，我国已公布的一些预案大多属于此类。②行动预案（Operation Planning）编制。这类预案的制定一般是在突发事件即将发生和事件发生后的处置过程中，针对事件现场发生的各类实际状况（随机情景）对审议式预案进行调整、修改，从而制定具有可执行性的行动方案。

（2）针对实际使用功能分类

这是目前国际上比较常见的一种通用性应急预案分类方法，也是与突发事件情景结合较为紧密的模式。这种系统一般把应急预案分为四类：战略级预案（Stategic-Level Plans）、行动级预案（Operation-Level Plans）、战术级预案（Tactical-Level Plans）和现场行动方案（Incident Action Plan，IAP）。由于这几类预案的功能不同，因此在各类预案的结构内容和目标等方面也有很大区别。

1）战略级预案主要围绕国家公安安全政策方针，提出应急管理愿景目标，明确应急管理的体制与机制，以及处置重大突发事件基本原则。战略级预案一般不对应急管理行为提出具体要求，主要是强调应急战略方针基本框架，不关注具体细节，因此，从内容上"宜粗不宜细"。

2）行动级预案一般分为两类：概念预案（Conplans）和操作预案（Oplans）。概念预案的作用是优化、协调各部门的应急管理活动，以实现应急响应统一指挥；而操作预案是明确每个参加应急活动单位各自职责，使之任务清楚、分工明确，有利于各尽其责、各司其职。

3）战术级预案的使用对象是参与具体救援活动的团队，内容主要是围绕应急响应总体目标所开展的各种应急救援活动。例如人员搜救、工程抢险、安全警戒、医疗救护、通信联络和资源保障等应急活动。其结构主要包括各类任务清单和标准化行动程序等。

4）现场行动方案是在应急救援现场制定，内容包括依据现实情况制定的拟采用的行动方案，例如人员装备、行动时间和任务要求等，现场行动方案要十分细致、具体和清晰，因此"宜细不宜粗"。

（3）按行政管理体制分类

这是一种传统分类方法，它源于早期政府的应急管理模式，与严格意义上的"情景-应对"概念有一定距离，我国现行的应急预案系统基本类似于这种分类。应急预案系统涉及各级政府之间的协调和政府各部门以及社会各界形成的联动，因此应急预案要有广泛的覆盖性和行政权威性。另外，各类应急预案也应实现无缝连接，在突发事件应对过程中确保各项应急活动嵌合为一个整体，保持高度的一致性。因此，这类预案体系结构是强调以政府行政管理体制为基础，通过横向整合和纵向协调，达到应急管理行动和目标统一。行政管理模式预案体系是以各级与各类预案为节点，以每个预案之间的行政关系和合作协议为连线，纵横交叉连接成一个以各级政府为应急管理的核心节点的网格化多维体系结构（图4-2）。

如图4-2所示，从中央到地方1~5级，形成了逐层纵向分布，与我国行政管理架构严密连接，形成一体。一方面，这种预案体系的纵向结构有利于各级政府在应对重大事故灾难时迅速整体动员，有效实现纵向协调，确保目标集中和行动统一；另一方面，同级政府中的各部门A、B、C、D…N多个预案，包括总体预案、专项预案、部门预案、企事业单位综合应急预案、军地互助预案等各类预案，一并纳入国家或地方辖区整体预案系统之中，这种横向整合可确保部门与各单位之间的理解、沟通、配合和共享。网格化结构不但便于同级政府对应急准备工作进行规划、实施与检查，同时也为不同级政府的同类部门之间的纵向连接与协

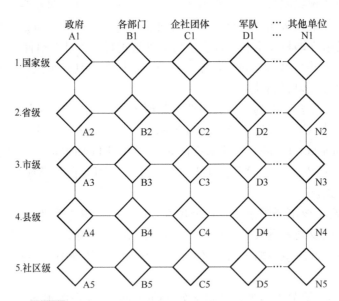

图 4-2　行政管理模式应急预案系统的网格化结构模拟

作提供有效的途径。但这种预案体系也存在一些问题,例如启动速度较慢、响应成本较高、灵活性较差和易形成多头指挥等。如果能在这种网格化应急预案体系结构基础上,参照表 4-1 中列出的重大突发事件情景构建矩阵,在各级各类应急预案中融入情景关键要素,形成一个新的多维应急预案体系结构,既能紧密结合我国现有行政管理体制,又可明确针对重大突发事件应急管理工作中的实际需求。这一思路应作为未来我国应急预案体系建设方案的主要选项之一。

我国《突发事件应急预案管理办法》(以下简称《办法》)第六条规定,应急预案按照制定主体划分,分为政府及其部门应急预案、单位和基层组织应急预案两大类。

(1) 政府及其部门应急预案

政府及其部门应急预案由各级人民政府及其部门制定,包括总体应急预案、专项应急预案、部门应急预案等。此外,《办法》鼓励相邻、相近的地方人民政府及其有关部门联合制定应对区域性、流域性突发事件的联合应急预案。

总体应急预案是应急预案体系的总纲,是政府组织应对突发事件的总体制度安排,由县级以上各级人民政府制定。它主要规定突发事件应对的基本原则、组织体系、运行机制,以及应急保障的总体安排等,明确相关各方的职责和任务。

专项应急预案是政府为应对某一类型或某几种类型突发事件,或者针对重要目标物保护、重大活动保障、应急资源保障等重要专项工作而预先制定的涉及多个部门职责的工作方案,由有关部门牵头制定,报本级人民政府批准后印发实施。

部门应急预案是政府有关部门根据总体应急预案、专项应急预案和部门职责,为应对本部门(行业、领域)突发事件,或者针对重要目标物保护、重大活动保障、应急资源保障等涉及部门工作而预先制定的工作方案,由各级政府有关部门制定。

针对突发事件应对的专项和部门应急预案,不同层级的预案内容各有所侧重。国家层面专项和部门应急预案侧重明确突发事件的应对原则、组织指挥机制、预警分级和事件分级标准、信息报告要求、分级响应及响应行动、应急保障措施等,重点规范国家层面应对行动,同时体现政策性和指导性;省级专项和部门应急预案侧重明确突发事件的组织指挥机制、信息报告要求、分级响应及响应行动、队伍物资保障及调动程序、市县级政府职责等,重点规范省级层面应对行动,同时体现指导性;市县级专项和部门应急预案侧重明确突发事件的组织指挥机制、风险评估、监测预警、信息报告、应急处置措施、队伍物资保障及调动程序等内容,重点规范市(地)级和县级层面应对行动,体现应急处置的主体职能;乡镇街道专项和部门应急预案侧重明确突发事件的预警信息传播、组织先期处置和自救互救、信息收集报告、人员临时安置等内容,重点规范乡镇层面应对行动,体现先期处置特点。

针对重要基础设施、生命线工程等重要目标物保护的专项和部门应急预案,侧重明确风险隐患及防范措施、监测预警、信息报告、应急处置和紧急恢复等内容。

针对重大活动保障制定的专项和部门应急预案,侧重明确活动安全风险隐患及防范措施、监测预警、信息报告、应急处置、人员疏散撤离组织和路线等内容。

针对为突发事件应对工作提供队伍、物资、装备、资金等资源保障的专项和部门应急预案,侧重明确组织指挥机制、资源布局、不同种类和级别突发事件发生后的资源调用程序等内容。

联合应急预案侧重明确相邻、相近地方人民政府及其部门间信息通报、处置措施衔接、应急资源共享等应急联动机制。

(2) 单位和基层组织应急预案

单位和基层组织应急预案由机关、企业、事业单位、社会团体和居委会、村委会等法人和基层组织制定,侧重明确应急响应责任人、风险隐患监测、信息报告、预警响应、应急处置、人员疏散撤离组织和路线、可调用或可请求援助的应急资源情况及如何实施等,体现自救互救、信息报告和先期处置特点。

大型企业集团可根据相关标准规范和实际工作需要,参照国际惯例,建立本集团的应急预案体系。

政府及其部门、有关单位和基层组织可根据应急预案,并针对突发事件现场处置工作灵活制定现场工作方案,侧重明确现场组织指挥机制、应急队伍分工、不同情况下的应对措施、应急装备保障和自我保障等内容。

政府及其部门、有关单位和基层组织可结合本地区、本部门和本单位具体情况,编制应急预案操作手册,内容一般包括风险隐患分析、处置工作程序、响应措施、应急队伍和装备物资情况,以及相关单位联络人和电话等。

对应急预案响应是否分级、如何分级、如何界定分级响应措施等,由预案制定单位根据本地区、本部门和本单位的实际情况确定。

4.2.2 指导应急预案编制

《办法》对应急预案的编制和管理同样也提出了规范性要求,将我国应急预案编制程序归纳为五步法:组建编制小组、开展风险评估、开展应急资源调查、预案编制与发布、演练与修订。具体要求如下:

1) 组建编制小组。应急预案编制部门和单位应组成预案编制工作小组,吸收预案涉及主要部门和单位业务相关人员、有关专家及有现场处置经验的人员参加。编制工作小组组长由应急预案编制部门或单位有关负责人担任。

2）开展风险评估。针对突发事件特点，识别事件的危害因素，分析事件可能产生的直接后果以及次生、衍生后果，评估各种后果的危害程度，提出控制风险、治理隐患的措施。

3）开展应急资源调查。全面调查本地区、本单位第一时间可调用的应急队伍、装备、物资、场所等应急资源状况和合作区域内可请求援助的应急资源状况，必要时对本地居民应急资源情况进行调查，为制定应急响应措施提供依据。

4）演练与修订。应急预案编制单位应当建立应急演练制度，根据实际情况采取实战演练、桌面推演等方式，组织开展人员广泛参与、处置联动性强、形式多样、节约高效的应急演练，并根据实际情况变化对应急预案适时修订完善。各级政府及其部门、企事业单位、社会团体、公民等，都可以向有关预案编制单位提出修订建议。

此外，《办法》要求政府及其部门应急预案编制过程中应当广泛听取有关部门、单位和专家的意见，与相关的预案做好衔接。涉及其他单位职责的，应当书面征求相关单位意见。必要时，向社会公开征求意见。单位和基层组织应急预案编制过程中，应根据法律、行政法规要求或实际需要，征求相关公民、法人或其他组织的意见。

美国在国家应急准备指南 101 文件（即美国州以下政府应急预案编制指南，以下简称 CPG 101）中为预案编制者提供了方法，规范了应急预案编制步骤和应急预案标准化结构。CPG 101 提供的预案编制步骤如下：

第一步：构建应急预案编制团队，尤其注意将利益相关方代表纳入团队。

第二步：辨别风险和威胁，对风险进行评估。

第三步：确定应急响应优先事项，确定应急响应目标。

第四步：确定应急行动程序、评估可利用资源、分析应急响应中需要的信息情报。

第五步：编写预案、审查预案、发布预案、宣传预案。

第六步：演练、修订、保持预案时效性。

通过分析可以发现，无论《办法》提出的五步法，还是 CPG 101 规定的六步法，情景构建均可在其中承担结构性支撑作用。在应急预案编制过程中，《办法》提出的"开展风险评估"和"开展应急资源调查"，以及 CPG 101 中的第二步至第四步都是预案编制的重要工作，而情景构建可以作为贯穿其中的重要支撑策略。

灾害情景被视为预案编制全过程的参照性"底板"文件，主要体现在依靠情景构建开展风险评估和应急资源调查、依靠情景推导应急响应程序这两个环节。

1. 情景构建支持风险评估和应急资源调查

《办法》提出的应急预案编制的基础性工作是风险评估和资源调查。

1）风险评估。针对突发事件特点，识别事件的危害因素，分析事件可能产生的直接后果以及次生、衍生后果，评估各种后果的危害程度，提出控制风险、治理隐患的措施。

2）资源调查。全面调查本地区、本单位第一时间可调用的应急队伍、装备、物资、场所等应急资源状况和合作区域内可请求援助的应急资源状况，必要时对本地居民应急资源情况进行调查，为制定应急响应措施提供证据。

情景构建的全过程实际是开展风险分析的过程，可以获取《办法》中要求的相关要素——直接后果、次生与衍生后果、风险防控措施、隐患治理措施。在情景构建的背景信息调研过程中，主体信息可以获取本区域、合作区域和公众的应急资源状况。此外，在基于情景开展任务梳理和能力评估时，还可以系统地梳理可调度范围的应急资源状况。

2. 情景构建引导应急响应程序设计

对照《办法》和 CPG 101 中的预案编制程序可以发现，我国的应急预案编制程序中缺少一个关键环节——确定应急响应程序。通过调研发现，这也恰巧是我国应急预案编制者最大的困惑之处——如何在预案中设计应急响应程序和明确应急决策要点，使预案具备可操作性和针对性。情景构建可以弥补我国应急预案编制理论与实践中这个结构性缺失。

CPG 101 中给出了应急响应程序的设计方法与策略——基于情景构建的应急响应程序推导，即预案编制团队遵循同一主线——灾害情景，推导分析不同节点的应急行动、决策要点及不同行动之间的关系。应急响应程序的设计流程如下：

（1）确立事件路线图（时间表）

在路线图描述过程中，不同类型事件、同一事件不同阶段的时间单位都不尽相同。例如，飓风的发展速度一般以"天"为计量单位，而危险化学品泄漏事故的发展速度以"分钟"为计量单位；飓风的前期以"天"为计量单位，中后期即将登陆时可能以"小时"为单位进行计量。

（2）结合属地特点，详尽构建情景

预案制定者将前期获取的客观信息资料（城市生命线布局、人口分布、敏感目标等）与上述事件路线图结合，分析演化过程中的具体事件（一般是指负面的破坏性事件，如地震情景中，不同阶段出现的事件可能包括火灾、堰塞湖险情、疫情传播等具体事件）。

（3）识别并描绘决策点

决策点是指在灾害演化过程中的某个时间点，应急响应者需要结合情景真实情况做出决策，例如在台风来临前的 24 小时，需要明确对哪些重要区域的人员进行疏散。决策点一般表征"在哪个时间点做出决策"才能获得实现应急总体目标或分项目标的最好时机。决策点还表征"还有多少时间可用""完成一次行动需要多少时间"。

（4）确定并描述应急反应行动

在具体情景和具体事件引导下，预案编制者基于回答以下问题来明确应急反应行动：
1）应该采取哪些行动。
2）由谁来执行。
3）何时采取行动。
4）采取该项行动需要多少时间，实际还有多少时间。
5）之前发生了哪些情况。
6）之后会发生什么情况。
7）需要哪些资源。

（5）确定资源

预案制定团队在最初不受任何限制的情况下列出完成应急反应任务需要的资源，然后对现有资源进行评估，最终得出短缺的资源，并编制供应商或邻近地区可能提供的资源清单。需要考虑灾害对现有资源的破坏情况，需要对那些不可解决的资源短缺进行说明。

（6）确认个体需求

在上述基于情景引导的应急行动推演过程中，各相关方都要"浸入"情景，分析自身开展应急行动的需求（信息、物资、时间）。

（7）过程评估

在推导应急方案过程中，要定期将进程"中断"，开展"断点"评估。

1）确定取得的总体进展。

2）确定总体目标和分项目标的进展。

3）确定是否存在"单点失败"（即如果没有完成该项任务，将导致整个应急反应工作崩溃），将结合上述第（5）步中不可解决的资源短缺进行分析，明确不可或缺的资源。

4）检查是否存在遗漏或空白。

5）检查不同组织之间的矛盾。

6）检查本地预案与其他相关地区预案的协调情况。

应急预案的编写，是在上述工作基础上开展的文档编写，编写过程中需要遵循以下几个原则：行文简单朴素、避免使用专业术语、提供细节描述进行诠释、格式化展示。

3. 基于经典预案文本的情景要素分析

如上所述，情景构建可以支持预案编制之前的风险评估和资源调查，情景构建可以引导应急响应程序的规划设计。除此之外，情景作为"假想敌"还可以表征应急预案运行的基本环境，确定应急响应的基本任务和基本目标。情景构建可以弥补我国应急预案编制中的结构性问题。

下面以美国旧金山市（县）地震应急预案为例，基于预案中的情景要素剖析，说明和验证情景构建对预案编制的结构性支撑作用。

美国旧金山市（县）应急预案地震灾种附件（2008）

第1章 引言

 1.1 目的

 1.2 范围和适用性

 1.3 预案目标

 1.4 预案的结构

 1.5 法律依据

 1.6 灾后总结

 1.7 预案的测试、培训和演习

 1.8 预案修订

 1.9 预案分发

第2章 应急反应概念

 2.1 组织概况

 2.2 应急反应中心的运作

 2.3 应急反应工作业务连续性

 2.4 紧急状态宣布

 2.5 指挥和控制

 2.6 应急反应的总体目标

 2.7 协调州和联邦政府

 2.8 向恢复重建过渡

第 3 章　制定预案的假设情景
　3.1　预案的一般假设
　3.2　地震影响
　3.3　应急反应情况假设
　3.4　可能的资源需求
第 4 章　态势评估
　4.1　态势评估概述
　4.2　确定地震灾情
　4.3　应急响应中心的行动
　4.4　灾情初步评估
　4.5　重要信息补充
第 5 章　应急反应工作重点
　5.1　概述
　5.2　初期应急反应的目标和任务（震后 72 小时内）
　5.3　持续救灾行动
第 6 章　各应急支持功能（ESF）模块的应对措施
　6.1　回顾
　6.2　消防搜救功能
　6.3　卫生医疗功能
　6.4　照管与避难功能
　6.5　执法功能
　6.6　交通运输功能
　6.7　基础设施功能
　6.8　通信和预警功能
　6.9　尸体处置功能
　6.10　紧急公共信息功能
　6.11　后勤保障功能
附录 A：地震灾害分析（基于三个假设情景）
附录 B：应急反应中心（EOC）各岗位任务清单

上述预案的第 2 章至第 5 章介绍应急反应概念、预案的假设情景、灾情评估的方法，并提出初期目标。第 6 章简要介绍大地震发生后各应急反应职能部门的应对措施。附录 A 为依据旧金山湾区现有地震研究成果开展的情景构建，描述了地震的危险性，并确定可能的破坏影响。附录 B 为旧金山市（县）应急反应中心各岗位的任务清单。这些任务清单取自旧金山市（县）总体应急预案，并针对地震的特点做了修改。

在上述预案中，附录 A 为支撑预案的情景构建，描述了旧金山市（县）可能遭受的地震影响，为解决地震不确定性带来的矛盾，该预案基于历史案例分析，提出以下三种典型的假设地震情景：

情景1：海沃德断层北段发生里氏6.9~7.1级地震。

情景2：圣·安德烈斯断层半岛——金门段发生里氏7.1~7.2级地震。

情景3：圣·安德烈斯断层北加州段发生里氏7.8~7.9级地震（该情景是1906年该地区地震的再现）。

在基于对上述三个情景开展构建的基础上，明确了地震发生后该地区面临的任务和需求、该地区需要采取的优先行动。情景构建成果在预案文本中的体现形式是一般性假设（背景分析）、灾难影响假设（后果分析）、应急情况假设（任务、能力及困境分析）和可能的资源请求。

（1）一般性假设（背景分析）

1）旧金山市是美国一个人口稠密的城市，城市内居住人口80多万。人口规模和密度加重了地震可能的破坏结果，也加大了应急反应需求。

2）旧金山市有相当数量人口的母语不是英语，大约45%的城市居民在家中不说英语。

3）相当多的城市居民是老年人或身体虚弱者，大约25%的城市家庭有65岁以上老人。

4）旧金山市（县）将根据应急反应预案和标准应急管理体系实施应急反应行动。旧金山市（县）的应急反应行动将遵循应急反应总体预案规定的组织结构、方法和程序。

5）旧金山湾地区发生任何有重大影响的地震，都将实施区域应急协调预案。

6）旧金山市（县）政府人员将作为灾害服务工作人员，提供应急反应支持功能。邻里应急反应队、非政府组织（如美国红十字会）和自发的志愿者也将纳入应急反应功能。

7）地震发生24小时内，市长将宣布当地进入紧急状态；州长将宣布加州进入紧急状态，并请求总统宣布；总统将宣布发生一场灾难，联邦政府将实施相关援助计划。

（2）灾难影响假设（后果分析）

基于上述三类地震情景的分析，地震影响的一般性假设描述如下：

1）震动造成严重破坏。①软土或未固结的填土地区，建筑物破坏可能最严重；②数以千计的建筑物会遭受整体结构失效；③非结构性破坏广泛存在，导致许多建筑物（甚至认为完好的结构）不可使用；④数以百计的人可能被困在倒塌的建筑物内，具体人数可能会随震级而有所不同。

2）地震会造成多地同时起火。数十起大火点燃了整座城市，随着电力恢复，火势将持续蔓延，这一过程可能会持续数周时间。

3）数千人伤亡。如果地震发生在中午，因大部分人处于上班状态，可能会导致更大的伤亡。

4）大多数死亡发生在震后48小时之内，而从废墟下挖出尸体可能需要持续数周时间。

5）地震造成交通设施破坏，连接灾区与外界的通道被毁，导致数以千计的居民、游客和上下班人群被困在受灾城市中。由于住房遭到破坏，他们将需要避难所的庇护。

6）供水、供电、供气都将中断。①自来水短缺可能成为医院、监狱、24小时护理机构以及一般市民的重要制约因素；②由于燃油泄漏、发电机缺少燃油或发生故障，所有服务可能逐渐停止；③电力系统恢复可能需要几天的时间，水和燃气的恢复供应则需要数周时间。

7）公共电话系统（包括无线电话系统）将遭受破坏或过载，可能需要数周才能恢复。

8）主要交通设施和运输系统将被破坏或中断，需要数周或数月时间才能修复。这些设施包括：①主要桥梁和高速公路；②轨道交通系统；③机场；④城市街道和道路。

9）地震将产生数百万吨的固体垃圾。最初倒塌的建筑物和其他构筑物将阻断道路，妨碍人员的撤离，限制应急反应人员和车辆的行动。

10）经常发生的余震（其震级有时与主震震级接近）可能造成进一步的损害。余震频度和强度将随时间逐渐减少：①大余震的累计影响将造成建筑物的进一步破坏，如果发生五级以上余震，则需要增加建筑物安全评估检查的次数；②余震的发生也将加重居民和应急反应人员对安全的担忧。

（3）应急情况假设（任务、能力及困境分析）

1）大地震会导致区域资源的激烈竞争。当其他地区面临类似情况时，区域内互助资源将非常有限。

2）州政府和联邦政府将立即开始调动各种资源。然而，资源到达可能需要一段时间。例如，联邦城市搜救队可能需要24~48小时才能抵达灾区。

3）破坏的通信系统，筋疲力尽的急救先遣队和整个糟糕的情况将严重影响初步情况的评估。

4）旧金山市（县）应急设施被破坏，可能需要启动应急管理服务的备用设施。

5）供水和通信系统的破坏将使灭火行动面临重重困难。

6）困在建筑物内的人数最初可能超出营救能力。

7）高楼区的破坏可能需要对以下情况做出应急反应：①高层大火；②数百人被困在电梯内；③不能使用楼梯撤离的人面临的困境；④高楼内因玻璃和其他倒塌物受伤的人。

8）建筑物损毁需要部署执法人员，维持公共秩序，保护危险场所安全。

9）当地的医疗机构遭受破坏。尚存的医院能力可能不足以处理目前的伤亡人员和其他医疗紧急情况，需要向旧金山湾以外的地区转移一些严重的伤员，而交通系统遭受破坏，转移可能受到很大限制。

10）紧急避难所的需求可能超过最初的建筑物安全检查能力，也超出了开放功能齐全的庇护所需要的物资与工作人员的提供能力。

11）需要庇护所的数量和需要照顾的流离失所人口数量过大，必须向旧金山市（县）以外或旧金山湾以外地区转移灾民。

12）交通系统遭受破坏，需要启动备用方案，撤离居民、伤员和身体虚弱人员，并向旧金山市（县）运送应急反应人员和资源。

13）必须评估数以千计的公共和私人建筑物，确定它们是否安全，评估是否需要修复。

14）废墟的拆除最初只能动员旧金山市（县）自己的力量和市内现有的工程队。

15）死亡人数可能超过旧金山市（县）处理死亡和尸体的能力。

16）公众紧急信息需求大量出现，并迅速增加。

17）大量的志愿者、设备、物资和钱款汇集，并源源不断地流向旧金山湾地区，以提供急需的资源。这给协调工作和后勤支持工作带来了巨大的挑战。

18）恢复重建规划迫在眉睫。必须组建恢复重建机构，协调社区恢复、商业恢复、政府服务重建，临时安置房搭建，以及向永久性住房建设过渡等问题。

（4）可能的资源请求

尽管有准备，旧金山市（县）也会遇到应对地震所必需的关键资源不足问题。下面介绍假设的必要资源，它们可以通过互助制度从州和联邦政府或私营机构获得。

1）消防队和搜救队。
2）治安执法队。
3）运送先遣急救队、撤离人员和流离失所居民的车辆。
4）医疗卫生专家、灾难医疗救援队和国家灾害医疗系统资源。
5）运送伤员和身体虚弱者的车辆。
6）进行空中侦察和医疗运输的飞机。
7）寝具、食品、饮用水、发电机、医疗用品、卫生用品，合格的工作人员和安全的避难场所。
8）城外搭建避难所的场地。
9）心理卫生专业人员和咨询人员。
10）建筑安全检查员。
11）用于起紧急支撑作用和废墟移除、清理、运输及处理作用的重型装备和相应的设备操作者。
12）处理尸体的设备、人员和用品，如灾难医疗救援队和便携式的尸体存放装置。
13）支持应急行动和支持居民生活的水、食物、用品、卫生设施及发电机。
14）燃料。
15）支持应急反应中心和部门操作中心运转的合格应急人员和其他工作人员。
16）新闻发言人。
17）口译人员和笔译人员。

4.2.3 开展应急预案评估

我国的应急预案现在已经有数百万个，形成了"横向到边、纵向到底"的应急预案体系，"从无到有"的预案建设阶段已经结束。任何变革都不可能动摇应急预案在我国应急管理体系中的基础性地位，因此，如何进一步推进对应急预案的评估和优化，使其"从有到优"将是当前时期的重要任务。情景构建为应急预案的评估和优化提供了一种重要策略和方法。

情景构建的过程会辐射大量相关预案，情景作为形象化的"假想敌"，可以从"敌人的视角"来检查评估预案的有效性。这在国外的预案评估中被称为"Red-team"评审，也可以称为"压力测试"。此外，情景构建的大量参与者都可以在情景引导下，从自己的视角分析预案的可操作性，评判预案是否可以"落地"。基于情景构建的预案评估一般从以下几个维度开展：基于情景对照的预案评估、基于任务完整性的预案评估、基于能力分析的预案评估。

1. 生产经营单位生产安全事故应急预案评估

应急预案编制单位应当建立应急预案定期评估制度，对预案内容的针对性和实用性进行分析，并对应急预案是否需要修订做出结论。

矿山、金属冶炼、建筑施工企业，易燃易爆物品、危险化学品等危险物品的生产、经营（带储存设施的，下同）、储存、运输企业，使用危险化学品达到国家规定数量的化工企业，烟花爆竹生产、批发经营企业和中等规模以上的其他生产经营单位，应当每三年进行一次应急预案评估。

(1) 评估依据

主要依据以下内容：

1) 相关法律法规、标准及规范性文件。
2) 生产经营单位风险评估结果。
3) 生产经营单位应急组织机构设置情况。
4) 应急演练评估报告。
5) 应急处置评估报告。
6) 应急资源调查及评估结果。
7) 其他材料。

(2) 评估程序

1) 成立评估组。结合本单位部门职能和分工，成立以单位相关负责人为组长，单位相关部门人员参加的应急预案评估组，明确工作职责和任务分工，制定工作方案。评估组成员人数一般为单数，必要时可以增加。生产经营单位可以邀请相关专业机构或者有关专家、有实际经验的人员参加应急预案评估，必要时可以委托安全生产技术服务机构实施。

2) 资料收集分析。评估组应确定需评估的应急预案，收集相关资料，明确以下情况：①法律、法规、规范性文件、标准及上位预案中的有关规定变化情况；②应急指挥机构和成员单位（部门）及其职责调整情况；③面临的事故风险变化情况；④重要应急资源变化情况；⑤预案中的其他重要信息变化情况；⑥应急演练和事故应急处置中发现的问题；⑦应急救援力量变化情况；⑧其他情况。

3) 评估实施。采用资料分析、现场审核、推演论证、人员访谈等方式方法，对应急预案进行综合分析评估：

① 资料分析。针对评估目的和评估内容，查阅法律法规、标准规范、应急预案、风险评估等相关的文件资料，梳理有关规定、要求及证据材料，初步分析应急预案存在的问题。

② 现场审核。依据资料分析的情况，通过现场实地查看、设备操作检验等方式，准确掌握并验证生产运行、应急资源、工艺设备等方面的问题情况。

③ 推演论证。根据需要，采取桌面推演、实战演练等形式，对机构设置、职责分工、响应机制、信息报告等方面的问题进行推演验证。

④ 人员访谈。采取抽样访谈或座谈研讨等方式，向有关人员收集信息、了解情况、考核能力、验证问题、沟通交流、听取建议，进一步论证有关问题情况。

4) 编写评估报告。应急预案评估结束后，评估组成员沟通交流各自评估情况，对照有关规定及相关标准，汇总评估中发现的问题，并形成一致的、公正客观的评估组意见，在此基础上组织撰写评估报告。

(3) 评估内容

1) 应急预案的管理要求。法律、法规、规章、标准及上位预案是否对应急预案做出新规定和要求，主要包括应急组织机构及其职责、应急预案体系、事故风险描述、应急响应、保障措施等方面。

2) 组织机构与职责。生产经营单位组织体系是否发生变化；总指挥、副总指挥等应急处置关键岗位应急职责是否调整；重点部门应急职责与分工是否重新划分；应急组织机构或人员对应急职责是否存在疑义；应急机构设置与职责能否满足实际需要等。

3）主要事故风险。生产经营单位事故风险分析是否全面客观；风险等级确定是否合理；是否有新增事故风险；事故风险防范和控制措施能否满足实际需要；依据事故风险评估提出的应急资源需求是否科学。

4）应急资源。生产经营单位对于本单位应急资源和合作区域内可请求援助的应急资源调查是否全面、与事故风险评估得出的实际需求是否匹配；现有的应急资源的数量、种类、功能、用途是否发生重大变化。

5）应急预案的衔接。应急预案是否与政府、企业不同层级、救援队伍、周边单位与社区应急预案衔接，对信息报告、响应分级、指挥权移交、警戒疏散等内容做出合理规定。

6）实施反馈。应急演练、事故应急处置、监督检查、体系审核、投诉举报等方面反馈应急预案是否存在问题，主要涉及组织机构、应急响应程序、先期处置及后期处置等方面。

7）其他。其他可能对应急预案内容的适用性产生影响的因素：合法性、完整性、针对性、实用性、科学性、操作性、衔接性、可读性。

（4）报告主要内容

报告主要内容通常包括：

1）评估人员情况。评估人员基本信息及分工情况，包括姓名、性别、专业、职务、职称等。

2）预案评估组织。预案评估工作的组织实施过程和主要工作安排。

3）预案基本情况。应急预案编制单位、编制及实施时间、批准人等基本情况。

4）预案评估内容。评估应急预案管理要求、组织机构与职责、主要事故风险、应急资源、应急预案衔接等方面的变化情况，以及实施反馈中发现的问题。

5）预案适用性分析。依据评估出的变化情况和问题，对应急预案各个要素内容的适用性进行分析，指出存在的不符合项。

6）改进意见和建议。针对评估出的不符合项，提出改进意见和建议。

7）评估结论。对应急预案做出综合评价及修订结论。

2. 应急预案的修订

有下列情形之一的，应急预案应当及时修订并归档：

1）依据的法律、法规、规章、标准及上位预案中的有关规定发生重大变化的。

2）应急指挥机构及其职责发生调整的。

3）安全生产面临的事故风险发生重大变化的。

4）重要应急资源发生重大变化的。

5）在应急演练和事故应急救援中发现需要修订预案的重大问题的。

6）编制单位认为应当修订的其他情况。

应急预案修订涉及组织指挥体系与职责、应急处置程序、主要处置措施、应急响应分级等内容变更的，修订工作应当参照《办法》规定的应急预案编制程序进行，并按照有关应急预案报备程序重新备案。

3. 应急预案的评审、公布和备案

（1）应急预案的评审

地方各级人民政府应急管理部门应当组织有关专家对本部门编制的应急预案进行审定：

必要时，可以召开听证会，听取社会有关方面的意见。

矿山、金属冶炼、建筑施工企业，易燃易爆物品、危险化学品的生产、经营（带储存设施的，下同）、储存、运输企业，使用危险化学品达到国家规定数量的化工企业，以及烟花爆竹生产、批发经营企业和中等规模以上的其他生产经营单位，应当对本单位编制的应急预案进行评审，并形成书面评审纪要。

其他生产经营单位可以根据自身需要对本单位编制的应急预案进行论证。

参加应急预案评审的人员应当包括有关安全生产及应急管理方面的专家。评审人员与所评审应急预案的生产经营单位有利害关系的，应当回避。

应急预案的评审或者论证应当注重基本要素的完整性、组织体系的合理性、应急处置程序和措施的针对性、应急保障措施的可行性、应急预案的衔接性等内容。

（2）应急预案的公布

生产经营单位的应急预案经评审或者论证后，由本单位主要负责人签署公布，向本单位从业人员公布，并及时发放到本单位有关部门、岗位和相关应急救援队。

事故风险可能影响周边其他单位、人员的，生产经营单位应当将有关事故风险的性质、影响范围和应急防范措施告知周边的其他单位和人员。

（3）应急预案的备案

地方各级人民政府应急管理部门的应急预案，应当报同级人民政府备案，同时抄送上一级人民政府应急管理部门。地方各级人民政府的其他负有安全生产监督管理职责的部门的应急预案，应当抄送同级人民政府应急管理部门。

易燃易爆物品、危险化学品等危险物品的生产、经营、储存、运输单位，矿山、金属冶炼、城市轨道交通运营、建筑施工单位，以及宾馆、商场、娱乐场所、旅游景区等人员密集场所经营单位，应当在应急预案公布之日起20个工作日内，按照分级属地原则，向县级以上人民政府应急管理部门和其他负有安全生产监督管理职责的部门进行备案，并依法向社会公布。

以上所列单位属于中央企业的，其总部（上市公司）的应急预案报国务院主管的负有安全生产监督管理职责的部门备案，并抄送应急管理部；其所属单位的应急预案报所在地的省、自治区、直辖市或者设区的市级人民政府主管的负有安全生产监督管理职责的部门备案，并抄送同级人民政府应急管理部门。

以上所列单位不属于中央企业的，其中，非煤矿山、金属冶炼和危险化学品生产、经营、储存、运输企业，使用危险化学品达到国家规定数量的化工企业，以及烟花爆竹生产、批发经营企业的应急预案，按照隶属关系报所在地县级以上地方人民政府应急管理部门备案；前述单位以外的其他生产经营单位应急预案的备案，由省、自治区、直辖市人民政府负有安全生产监督管理职责的部门确定。

油气输送管道运营单位的应急预案，除按照以上的规定备案外，还应当抄送所经行政区域的县级人民政府应急管理部门。

海洋石油开采企业的应急预案，除按照以上的规定备案外，还应当抄送所经行政区域的县级人民政府应急管理部门和海洋石油安全监管机构。

煤矿企业的应急预案除按照以上的规定备案外，还应当抄送所在地的煤矿安全监察机构。

生产经营单位申报应急预案备案，应当提交下列材料：
1）应急预案备案申报表。
2）本节应急预案评审中所列单位，应当提供应急预案评审意见。
3）应急预案文本及电子文档。
4）风险评估结果和应急资源调查清单。

受理备案登记的负有安全生产监督管理职责的部门应当在5个工作日内对应急预案材料进行核对，材料齐全的，应当予以备案并出具应急预案备案登记表；材料不齐全的，不予备案并一次性告知需要补齐的材料。逾期不予备案又不说明理由的，视为已经备案。

对于实行安全生产许可的生产经营单位，已经进行应急预案备案的，在申请安全生产许可证时，可以不提供相应的应急预案，仅提供应急预案备案登记表。

各级人民政府应急管理部门应当建立应急预案备案登记建档制度，指导、督促生产经营单位做好应急预案的备案登记工作。

4. 应急预案实施

生产经营单位应当按照应急预案的规定，落实应急指挥体系、应急救援队伍、应急物资及装备，建立应急物资、装备配备及其使用档案，并对应急物资、装备进行定期检测和维护，使其处于适用状态。

生产经营单位发生事故时，应当第一时间启动应急响应，组织有关力量进行救援，并按照规定将事故信息及应急响应启动情况报告事故发生地县级以上人民政府应急管理部门和其他负有安全生产监督管理职责的部门。

生产安全事故应急处置和应急救援结束后，事故发生单位应当对应急预案实施情况进行总结评估。

4.2.4 支撑应急预案衔接

应急预案体系的优化工作主要体现在相关预案的衔接、相关预案目标和优先级的统一等具体工作上。很多国家在应急准备体系中就预案的衔接做出战略性安排和部署，例如，美国CPG 101中关于联邦、州及地方政府的预案衔接机制做出了具体安排；美国应急准备体系中的标准和模块化工具，形成预案衔接的技术基础，如突发事件指挥系统（ICS）、多部门协调系统（MACS）、标准化的资源管理机制、通信与信息管理框架、应急支持功能（ESF）模块等。

此外，相关法律就预案衔接提出了具体的要求，如美国国家环境保护局于1996年发布了《风险管理程序规则》，要求组织为每一个用于制造或存储危险物质的设备编制事故情景文档，其中包括该设备可预见的最严重事故的基本情况、为避免发生事故已采取的措施或正在采取的措施以及事故发生后的应急预案。以上资料需要向美国联邦政府进行定期报告。这种机制在某种形式上促进了政府和企业的预案衔接。

我国的《安全生产法》《突发事件应急预案管理办法》等法律法规也对预案衔接提出了具体要求，但依然停留在概念层面，没有自上而下给出预案衔接的工作方法。

情景构建在一定程度上可以成为支撑应急预案衔接的载体，具体通过以下几种策略：基于情景推导的预案衔接、基于任务协同的预案衔接、基于能力约束的预案衔接。

1. 基于情景推导的预案衔接

在灾害情景演化的链条中，应急任务在不同阶段有不同的侧重点。例如，事发之前的防范、事件发生阶段的预警、事件响应过程中的处置、事件处置完毕后的恢复。伴随事件的推进,上述应急任务的主导部门在不断变换,如机构改革之后,森林草原火灾、防汛抗旱和地质灾害等灾种的"防"和"救"的职责由不同部门承担,森林火灾的防范职责由森林草原局承担,救援职责由应急管理部门承担,防汛抗旱的防范职责由水利部门承担,救援职责由应急管理部门承担;地质灾害的防范职责由自然资源部门承担,救援职责由应急管理部门承担。因此,需要上述部门之间的预案开展无缝衔接。

完整连贯的灾害情景链条,可以作为不同部门应急预案衔接的重要参照,尤其基于转段情景(转段情景即突发事件不同阶段的结合部,如从响应阶段到恢复阶段)的特点分析,开展衔接机制或协同机制(信息传递、资源共享、队伍协同等)建设,最终将达成一致的协同机制反映到各自的应急预案,实现应急预案的衔接。

2. 基于任务协同的预案衔接

情景构建中的一项核心工作就是任务梳理,就是梳理情景背景下的应急任务清单,可以包括预防、准备、减灾、监测预警、应急响应、恢复重建等各个领域的任务。在梳理完应急任务清单的基础上,围绕每一项任务开展分析,分析明确该项任务的主责部门、配合部门,以及各部门之间的协同配合机制。这样一个分析过程,实际是对各部门保障预案的一次系统性的整合,即各部门的预案中是否清晰地介绍了本部门在各项任务中的作用,是主责还是配合,预案中是否清晰地介绍了针对某项任务的部门间协作机制和协作程序。

以卫生救援任务为例,其中主责部门为卫健委,配合部门为公安局、交通局、通管局和民政局,那么,在灾害现场卫健委如何主导?其他部门如何配合?是否有达成共识的联络程序和协作计划?这些共识是否在各自的部门预案中有所体现?解决上述问题的过程,就是对相关预案的一次审视和整合。每一项应急任务都是衔接相关预案的一个链条,可以高效地推进预案的衔接和整合,这是基于任务协同的预案衔接策略。

3. 基于能力约束的预案衔接

从横向的维度分析,是应急任务的多部门协作;从纵向的维度分析,是有效资源的布局与分配。以交通管理局的任务为例,在同样一个灾害中,通管局要保障卫生救援、现场救助、民众安置等诸多任务,但是其应急资源是有限的(如通信保障车),这时如何将有限的资源在时间和空间上进行分配和布局,就显得非常重要。

为解决上述问题,需要资源提供方和资源受用方共同开展情景分析,基于情景分析研究不同保障任务(卫生救援中的通信保障、现场救助中的通信保障、民众安置中的通信保障),在达成共识的情况下明确保障的优先序列,最终形成资源保障机制。这种机制需要贯穿资源提供方和资源受用方各自的应急预案,这是基于资源约束的预案衔接策略。

4.3 基于情景构建的应急演练规划与设计

4.3.1 应急演练概述

1. 应急演练的概念

演练就是集体性练习活动。在不同的语境里,演练有着不同的称谓。例如:在军队中称之为演习或军事演习;在教育培训机构中称之为角色扮演或情景模拟;在政府机构中称之为应急演练或预案演练。在英语中，通常用"Exercise"或者"Drill"表示演练。

应急演练属于应急管理中的应急准备范畴。根据《突发事件应急演练指南》的规定，应急演练是指各级人民政府及其部门、企事业单位、社会团体等组织相关单位及人员，依据有关应急预案，模拟应对突发事件的活动。应急演练是应急管理的重要组成部分，是对应急管理机制、应急能力建设的综合性检验手段。

2. 应急演练的目的

应急演练的目的包括以下五个方面：

1) 检验预案。通过开展应急演练，直观检验应急预案和应急处置方案的科学性、合理性、有效性及预案之间的协调性，查找应急预案中存在的问题，进而完善应急预案，提高应急预案的实用性和可操作性。

2) 完善准备。通过开展应急演练，检查应对突发事件所需应急救援队伍、物资、装备、技术等方面的准备情况，发现不足及时予以调整补充，做好应急准备工作。

3) 锻炼队伍。通过开展应急演练，增强演练组织单位、参与单位和人员等对应急预案的熟悉程度，提高其应急处置能力。

4) 磨合机制。通过开展应急演练，进一步明确各应急部门、机构、人员的岗位、职责和任务，理顺工作关系，提高各级应急管理机构、应急救援机构和应急救援队伍协同应对突发事件的处理能力，完善应急管理机制。

5) 科普宣教。通过开展应急演练，普及应急知识，提高公众风险防范意识和自救互救能力，提高社会整体应急反应能力。

3. 应急演练的原理

（1）应急演练的"场"原理

为了实现演练的功能，设计和实施好演练，需要对演练的本质属性进行深入挖掘。而对于演练的"场"属性的揭示则有助于认识演练的本质。演练是创造一个人工环境让参演者在其中练习、体验、提高。为此，演练就是创造一个让人们尝试进行突发事件应对的"试验场"。这个场与自然界中的场一样，具有以下特征：

1) 占有空间。场是一种物质存在的方式，任何场都首先是一个空间的概念。演练场必须占有一定的空间。这个空间就是演练场地。在现代技术条件下，这个空间还可能包含虚拟空间。

2) 有机化合性。由演练场中的各种角色、信息与规则以及软硬件构成的演练系统具备了单个要素所没有的特点，构成了一个综合的场景与环境，这个场景就如同重力场、电磁场等一样，使得其中的各种"角色"不得不受场的左右，不得不参与其中。

3) 拥有能量。场是能量存在的一种方式。演练场也具有驱动参演者按照既定目的行动的能量。

4) 变化性。场不是静态的。演练场由于场中的各个要素的变化，场的形态、能量也在变化过程中。作为场的能量的接受者，即参演者，就在这种变化中不断改变其行动，以适应场的要求。

（2）演练场的三重形态

从不同的视角看，演练场具有三重形态：

1) 演练场是一个特殊的工作场。从工作角度看，演练要为参演者提供一个受控的、理想的工作场，让参演者在其中完成有限的、既定的任务。演练场的运行可遵循戴明环原理，即 PDCA 循环原理。PDCA 循环是一个能使任何一项活动有效进行的、合乎逻辑的工作程序。P、D、C、A 四个英文字母所代表的含义如下：

P（Plan）——计划。它包括方针和目标的确定以及活动计划的制订。在演练中，计划就是制订演练计划和进行各种演练准备。

D（Do）——执行。执行就是具体运作，实现计划中的内容。在演练中，执行就是演练的实施。

C（Check）——检查。检查就是要总结执行计划的结果，分清对错、明确效果，找出问题。在演练中，检查就是对演练做出评估总结。

A（Action）——行动。行动就是对检查的结果进行处理，即认可或否定。成功的经验要加以肯定，或者使其模式化，或者使其标准化，以便进行推广；失败的教训要加以总结，以便改进。在演练中，行动就是演练后的改进阶段。

PDCA 循环就像爬楼梯，一个循环运转结束，工作的质量就会提高一步，然后再制定下一个循环，再运转、再提高，不断前进，不断提高。演练场的运行就是通过多次演练，不断改进应急准备工作系统的过程。

2）演练场是一个特殊的学习场。从学习角度看，演练场是演练的设计者为参演者提供的一个学习提高的场所。这里的学习不是灌输式、讲授式学习，而是发挥参演者主动性的参与式、行动式学习。

学习场原理又称 ARD 原理。ARD 原理是指在一定的投入支持下，从行动（Action）到反思（Reflection），再到发展（Development），最终实现产出的逻辑过程。其中：①投入，即基础性课程和相关人力、物力、财力投入；②行动，即组织实施演练的过程；③反思，即演练后的系统回顾、评判、评估的过程；④发展，即演练后个人与组织各方面能力提高的过程；⑤产出，即实现应急管理工作业绩的提升。

这里，ARD 原理三个环节是核心，缺一不可。没有行动，就没有反思的素材；没有反思，就不能巩固显性知识，不能获得隐性知识，也就不能实现发展，无法达到学习的目的。

反思环节容易被忽略，尤其需要强调。反思包括参演者的自我反思和组织者引导的反思。其目的是通过反思找出演练过程中存在的问题与不足，提出改进工作的意见和建议，从而不断改进工作。反思必须是深刻的，不仅要反思现象，而且要反思现象背后的原因。

将 ARD 基本原理加以拓展，可以得到演练式培训的系统作用机理。ARD 原理的这一层意思是：在基础性课程和相关人力、财力、物力投入的基础上，每一次 ARD 循环都可以作为下一次 ARD 循环的投入；经过多次 ARD 循环，实现提高应急管理工作业绩的产出。

这里揭示的是：参演者能力的提升不是一蹴而就的，而是要经过循序渐进地多次不断演练，持续得到提升。具体来说，演练是一个行动、反思和发展不断循环上升的过程。通过多次"行动-反思-发展"的循环过程，参演者可以积累突发事件应对的经验，提高自身对突发事件的应对能力。

3）演练场是一个特殊的心理场。心理学家勒温提出了心理场理论。他认为，心理场包括物质环境中的某些事件（即被知觉到的物质环境），以及个人的信念、感情和目的等。从参演者个人角度看，演练对于每一个参演者而言，都是一个特殊的心理场。这个心理场是个体心理和其所在环境在其内心中的反映。演练就是通过创造一个有压力、有挑战的外部环境，构建一个群体心理场，并影响参演者个人的心理场。通过"刺激-反应-适应"这样一次次的心理循环推动参演者提高心理素质。

(3) 演练侧重点的选择

因演练的目的不同，不同的演练，其演练场的风格与特点也会有所不同。

在以改进应急管理系统为重点的演练中，强调的是工作的合规性。其演练工作场的色彩更加浓厚。对于各级政府组织的演练，尤其是在具体工作环境中组织的演练，其工作场的特点更为突出。

在以促进参演者能力提高为重点的演练中，强调的是有效地学习和能力的提升，其演练学习场的色彩则更为明显。在应急管理教育培训机构中，往往更加强调演练的学习场性质。

在以促进参演者心理素质提高为重点的演练中，强调参演者对心理挑战的适应性。这类演练，其演练心理场的色彩更重。在特别需要面对心理挑战对象的训练中，如需要面对复杂局面的巨灾管理、尸体管理，都需要特别强调演练场的心理场特征。

4. 应急演练的原则

根据《突发事件应急演练指南》，应急演练的原则包括以下四点：

1) 结合实际，合理定位。紧密结合应急管理工作实际，明确演练目的，根据资源条件确定演练方式和规模。

2) 着眼实战，讲求实效。以提高应急指挥人员的指挥协调能力、应急队伍的实战能力为着眼点。重视对演练效果及组织工作的评估、考核，总结推广好经验，及时整改存在的问题。

3) 精心组织，确保安全。围绕演练目的，精心策划演练内容，科学设计演练方案，周密组织演练活动，制定并严格遵守有关安全措施，确保演练参与人员及演练装备设施的安全。

4) 统筹规划，厉行节约。统筹规划应急演练活动，适当开展跨地区、跨部门、跨行业的综合性演练，充分利用现有资源，努力提高应急演练效益。

4.3.2 应急演练的类型与形式创新

1. 应急演练的类型

应急演练的类型按组织形式划分，可分为桌面演练、模拟演练和实战演练；按内容划分，可分为单项演练和综合演练；按目的和作用划分，可分为检验性演练、示范性演练和研究性演练。

(1) 按组织形式划分

1) 桌面演练。桌面演练是指参演人员利用地图、沙盘、流程图、计算机模拟视频会议等辅助手段，针对事先假定的演练情景，讨论和推演应急决策及现场处置的过程，从而促进相关人员掌握应急预案中所规定的职责和程序，提高指挥决策和协同配合能力。桌面演练的主要特点是对演练情景进行口头演练，通常在室内完成，参演人员主要来自应急组织的代表和关键人员，事后一般采取口头评论的形式收集参演人员的建议，并形成书面报告，总结并评估演练活动。桌面演练的方法成本较低，操作和实施较为方便，缺点是不涉及具体应急行动，体验感不强。实战演练之前，一般都需要先通过桌面演练进行前期准备。

2) 模拟演练。模拟演练是随着信息科技，尤其是计算机技术和虚拟现实技术的发展而出现的新型演练方式,其演练环境设置、参演组织、演练内容、演练进程可以与实战演练基本一致,所不同的是,在模拟演练中,突发事件的情景事件态势的发展、各种应急响应行动和应对策略都是通过模拟仿真技术实现的。相对于桌面演练,模拟演练中的声、光、多媒体效果能够为参演人员提供更为真实和紧张的演练场景,使得参演人员在心理上更为接近实战,获得更好的演练效果。相对于实战演练,模拟演练依托计算机网络开展多角色、大范围演练,能大大降低对应急装备和演练空间的要求,能更方便地组织跨省、跨部门的联合演练,尤其是针对重大或特别重大突发事件的应急演练。

3）实战演练。实战演练是指参演人员利用应急处置涉及的设备和物资,针对事先设置的突发事件情景及其后续的发展情景,通过实际决策行动和操作,完成真实应急响应的过程,从而检验和提高相关人员的临场组织指挥、队伍调动、应急处置技能和后勤保障等应急能力。实战演练需要调动真实的应急人员和应急装备、资源等,以应急指挥中心为中心节点,延伸至各下级应急指挥机构、救援队伍、应急保障机构、公众等参演单位/人员开展现场演练,这个过程涉及应急管理的决策层、管理层、执行层、实施层,演练规模一般较大,成本较高,组织协调工作难度也较大。但实战演练体验感最强,最能检验应急人员以及应急体系的策划和响应能力,以及应急技术、应急装备的协调性、有效性和合理性。

(2) 按内容划分

1）单项演练。单项演练是指涉及应急预案或现场处置方案中一项或几项特定应急响应功能的演练活动。注重针对一个或少数几个参与单位(岗位)的特定环节和功能进行检验,例如对新的流程程序的测试,对新型装备或特定技能的训练等。单项演练是综合演练的基础,通过验证每个功能和系统都能良好运转,为综合演练做好准备工作。

2）综合演练。综合演练是指涉及应急预案中多项或全部应急响应功能的演练活动。注重对多个环节和功能进行检验,特别是对不同单位之间应急机制和联合应对能力的检验。综合演练一般要尽可能地模拟真实事件情景,形成一种"压力环境",并激活预案中涉及的大部分应急行动部门和应急资源。

(3) 按目的和作用划分

1）检验性演练。检验性演练是指为检验应急预案的可行性、应急准备的充分性、应急机制的协调性及相关人员的应急处置能力而组织的演练。检验性演练注重对应急能力的评估,无论桌面演练形式还是实战演练形式,都需要制定相应的检验细则,形成评估表单,以确保检验的可操作性。总结评估,并对评分值较低的项目进行整改跟踪,是检验性演练的重要步骤。

2）示范性演练。示范性演练是检验和展示综合应急救援能力,按照应急预案开展的具有较强指导宣教意义的规范性演练。这种演练多为实战性演练,突出应急响应流程示范、应急队伍力量展示、应急装备技术检验、现场应急作业处置等。示范性演练一般会对整个演练场景开展集中观摩展示,观摩展示时间大多在两小时左右,将多个灾害情景集中到某一特定场所,在有限的时间与空间内展示应急处置的全过程。

3）研究性演练。研究性演练是指为研究和解决突发事件应急处置的重点、难点问题,试验新方案、新技术、新装备而组织的演练。研究性演练往往会基于一定的假设条件,设置特殊突发事件情景,将难点问题充分暴露,并在此基础上对新的方案进行试验和验证。

不同类型的演练相互组合,可以形成单项桌面演练、综合桌面演练、单项实战演练、综合实战演练、单项示范性演练、综合示范性演练等。其他国家也有其他的应急演练分类方法，如美国国土安全部将应急演练分为讨论型演练（Discussion-Based Exercises）和实操型演练（Operations-Based Exercises）两大类，其中，讨论型演练又分为小型研讨会（Seminar）、专题研讨会（Workshop）、桌面演练（Tabletop Exercise）、情景模拟游戏（Game）四类；实操型演练又分为操练（Drill）、功能性演练（Functional Exercise，FES）、全面演练（Full-Scale Exercise，FSE）三类。

2. 应急演练的形式创新

（1）"双盲"应急演练

"双盲"应急演练即事前不让参演人员知道演练时间、地点及内容等情况的应急演练，目的是通过演练暴露问题，锻炼队伍，进而提升应急救援队伍的应急实战能力。因此，"双盲"应急演练具有以下特点：

1）无演练脚本。"双盲"应急演练事前不编写演练脚本，只设计突发事件情形及次生、衍生事件的情形，可避免参演人员照本宣科的情况，能够充分检测参演人员的临场处置能力，同时能够发挥参演人员处置突发事件时的主观能动性，打破演练脚本给参演人员带来的束缚。

2）突击性。"双盲"应急演练事前不告知演练时间、地点，所有参演人员都不知道突发事件类型及演练内容，由专门的"双盲"应急演练策划小组严密策划，能够很好地起到突击检查参演者应急水平的作用，能够较真实地反映参演者的应急能力。

3）实战性。由于参演人员事先对所模拟的突发事件情形一无所知，"双盲"应急演练能够很好地模拟突发事件发生时紧张迫切的氛围，起到实战的作用，从而提高参演人员的应急实战能力。

4）针对性。针对本企业或本地区所面临风险较高的突发事件以及应急处置能力中存在的不足，"双盲"应急演练可以有针对性地设计相关情形，并在暴露不足的同时临时增加相关指令以加强对薄弱环节的训练，从而有效地查漏补缺，提升训练能力。

5）简节性。"简"是指形式简单，避免了传统应急演练事前编写脚本、进行预演等烦琐的环节，大大节省了组织应急演练的时间。"节"是指节省成本，由于"双盲"应急演练形式简单，能够大大减少投入的成本。

形式上，"双盲"应急演练有两种：一种是参演人员事先不知道要进行"双盲"应急演练，更不知道演练的时间、地点、内容、场景，"双盲"应急演练由相关领导和策划人员突然发起。这种形式不给相关参演人员事先模拟锻炼的机会，可以展示参演人员现场处置的真实水平，更好地发现参演人员应急处置过程中存在的问题。另一种是参演人员知道未来某个时间点要进行"双盲"应急演练，但不知道具体演练时间、地点、内容、场景。这种形式会促使参演人员像"备考"一样事先对各种突发事件的应对方法进行全面"复习"，一定程度上让参演人员在事先更加明白自己在面对突发事件时的职责，有利于"双盲"应急演练更顺利地开展。

（2）兵棋推演

兵棋推演（Wargaming）强调"以推演人员为中心"，通过对战争进程的推演，研究战争的动态演化过程以及不确定性和偶然性对战争结果的影响。兵棋推演往往借助软件对突发事件的应对过程进行模拟演练。兵棋推演常常涉及两个或者多个相互竞争/对抗的小组，依据真实或假设情况的规则、数据和程序来演练。兵棋推演着重揭示参演者的决策与执行后果之间的关系，因此，对于验证应急预案和程序、评估资源的需求十分有用。

（3）虚拟现实应急演练。

1）构建思路。首先，通常来说，一次完整的应急演练主要包括计划、准备、实施、评估总结和改进五个阶段。简单来说，计划阶段的主要任务是明确演练需求，提出演练的基本构想和初步安排。准备阶段的主要任务是完成演练策划，编制演练总体方案及其附件，进行必要的培训和预演，做好各项保障工作安排。实施阶段的主要任务是按照演练总体方案完成各项演练活动，为演练评估总结收集信息。评估总结阶段的主要任务是评估总结演练参与单位在应急准备方面的问题和不足，明确改进的重点，提出改进计划。改进阶段的主要任务是按照改进计划，由相关单位实施落实，并对改进效果进行监督检查。因此，相关单位需要构建的虚拟现实应急演练平台必须涵盖以上完整过程。

其次，虚拟现实应急演练平台应以三维模拟场景替代传统场景，以开放式演练方式替代传统演练方式，并通过对各类灾害数值模拟、重大事故模拟和人员行为数值模拟的仿真，在虚拟空间中最大限度模拟真实情况的发生、发展过程，同时借助虚拟现实技术将实训人员完全置身于虚拟场景中，并以其交互性强化应急演练过程中人与人之间的协作、互动，进而实现以类似桌面演练中达到与实战演练相似效果的目的。

2）系统构成。虚拟现实应急演练平台相关系统应由数据管理、三维场景生成、多人协同系统、角色训练、演练控制、记录与回放、演练评估等部分构成。

① 数据管理。数据管理主要包括人员管理、预案管理、课程管理3个模块，其主要承载应急演练流程中的计划功能，分别对应演练人员、演练目标以及演练内容。

② 三维场景生成。三维场景生成主要是指系统需要根据不同的训练目标和任务，为训练提供一个虚拟的训练场景，并在场景内设置相应的灾害或突发事故现象，形成一个逼真的虚拟仿真演练环境。

③ 多人协同系统。多人协同系统是指虚拟现实应急演练平台能够实现多个岗位人员在虚拟场景内协同演练，能够采用人机交互的方式参与演练，并达到实时显示和响应的效果。

④ 角色训练。角色训练是指针对不同角色进行训练。系统需要根据不同角色具有的不同能力，赋予相应角色不同权限。例如，根据在应对灾害时角色的职责和所需能力的不同，角色主要包括社会救援力量、现场专业救援力量、指挥中心等。

⑤ 演练控制。演练控制是指为了提高对突发事件处理能力的训练效果，在演练过程中，系统可以提供人为添加和改变初始演练环境的功能。例如虚拟环境中天气（外部环境）状况调整、灾情状况调整、救援力量调整、新任务下达以及其他突发事件等。

⑥ 记录与回放。记录与回放，顾名思义就是系统需要能够记录并回放整个演练过程，包括所有的事件细节、处理过程、通信语音录音等。它主要为训练总结、处置预案生成等提供依据。

⑦ 演练评估。演练评估分为预案演练考核和突发事件演练考核。预案演练考核是指系统可根据预案演练的结果，对比已有预案，产生考核结果，且考评结果与演练记录均可进行保存、分发和查询。突发事件演练考核是指在训练过程中或结束后，系统可实现由参加演练的评审专家进行实时或事后点评，并提供相应点评和记录工具。同时，其考评结果与演练记录也均可进行保存、分发和查询。

4.3.3 应急演练的总体规划与计划

1. 制定演练规划的意义

演练规划指的是一段时期内演练工作的总体计划安排。它由各级政府应急管理机构及相关部门、企事业单位和社会团体,根据本行政区、本行业和本单位的管理权限与实际情况,组织有关人员制定。它是该行政区、行业及组织开展演练工作的长远计划安排。

演练的总体规划和管理对于最大限度地提高演练效果,以及有效利用相关资金、时间与其他资源是非常重要的。制定一个中长期的演练规划,能够确保演练成为构建及维持应急能力体系的重要环节。应该由专门的部门和人员负责演练的总体事务,在对现状客观评估的基础上,制订一定时期的演练计划,如果可能,应制定以3~5年为周期的演练安排。这种事先的演练规划对于下一级相关部门和人员进一步做出具体安排是非常必要的。

随着各级政府和相关单位对应急演练工作的重视,在一些地方政府、行业,演练已经成为年度工作考核的一项内容。这些规定和要求客观上促进了演练工作的开展,但由于没有宏观的计划及指导性文件,一定程度上造成了演练开展的无序化,演练内容的随意性也较大。一些演练流于形式,没有达到预期的效果,而一些耗费大量物资、人力和时间准备的大型综合演练,也与预期效果有一定差距,甚至开展得过于频繁,造成了资源浪费。因此,制定一定时期的演练规划,确定各年度演练的主要内容与形式、预期目标等,是十分必要和迫切的。

2. 明确应急演练管理机构与组织机构

(1) 应急演练管理机构

由专门的机构来负责演练工作是非常必要的。各级政府应当在其应急管理协调部门中设置负责演练工作的业务单元,负有应对处置职责的其他部门、企事业单位也要设置相应的二级机构来负责演练工作,可以与预案制定或培训管理的机构合署办公。负责演练事务的官员或负责人应具备一定的应对处置经验,能够领导其所在部门制定具有长远考虑的演练规划和计划。可以利用专门的年度应急工作会议,对演练计划进行研讨,并确定当年或下一年度的演练安排。应急管理部成立以后,在有关司局职责设定方面,教育训练司、救援协调和预案管理局都涉及演练方面的工作,尤其是在救援协调和预案管理局的职责中明确了要承担预案演练的组织实施及指导监督工作。各省市应急管理部门也会参照这一方案,确定具体的演练组织实施和指导监督部门。未来各有关部门、企事业单位应急演练工作开展的具体管理指导主体也将更加明确。

(2) 应急演练组织机构

综合演练通常会成立演练领导小组,负责演练活动筹备和实施过程中的组织领导工作,审定演练工作方案、演练工作经费、演练评估总结以及其他需要决定的重要事项。演练领导小组下设策划与导调组、宣传组、保障组、评估组。根据演练规模大小,其组织机构可进行调整。

1) 策划与导调组。策划与导调组负责编制演练工作方案、演练脚本、演练安全保障方案,负责演练活动筹备、事故场景布置、演练进程控制和参演人员调度以及与相关单位、工作组的联络和协调。

2) 宣传组。宣传组负责编制演练宣传方案,整理演练信息、组织新闻媒体和开展新闻发布。

3）保障组。保障组负责演练的物资装备、场地、经费、安全保卫及后勤保障。

4）评估组。评估组负责对演练准备、组织与实施进行全过程、全方位的跟踪评估；演练结束后，及时向演练单位或演练领导小组及其他相关专业组提出评估意见、建议，并撰写演练评估报告。

3. 演练规划具体内容的建议

应急工作相关部门、企事业单位和基层社区、学校等，可以根据应急演练的总体要求，制定自身的演练规划。规划的制定可以采取专题研讨会的形式来完成。一些前期的准备工作是非常必要的，包括对所在地区或所属领域的主要风险及隐患的识别与评估，即明确面临的主要突发事件的类型或内容，结合风险评估对自身应急处置能力方面需改进提升的领域予以评价和确定，分析预案对应急处置工作与能力建设的要求，了解国家、上级部门或主管机构对于演练规划方面的具体要求，确定国家法规和标准中对应急演练的具体规定。

由于不同类型的演练的作用、复杂程度和组织难度有很大差异，演练的规划应该是渐进式的，从简单到复杂，从单项到综合，逐渐增加演练的内容与提高复杂程度。例如一次演练规划周期内，初期可以先开展桌面演练、功能演练，并逐步形成综合性的实战演练方案，在完成前期充分准备的情况下再开展。建议一个演练周期内安排1~2次综合性的实战演练，而桌面演练和功能性演练可以按年度或实际工作需要开展。

演练规划的内容应根据实际情况灵活掌握，但建议至少包括以下内容：规划年限、背景与需求分析、规划目标、具体的演练内容、演练的类型与频次、演练进度安排、参演人员的组成、演练的预算安排、场所及相关设备的准备等。

1）演练内容。要针对本地区、本单位突发灾害和事故灾难的发生特点、应急管理工作的重点与应急能力的薄弱环节，确定规划周期内的主要演练内容。根据实际需要和现实条件，设计演练的灾害与灾难场景、主要应急任务等，同时注意避开某些社会敏感问题，以免造成社会过度反应。

2）演练形式。按照先易后难、循序渐进的原则，分阶段安排桌面演练、功能演练和综合演练，大规模的综合演练应从严掌握，慎重安排，避免资源及人力的浪费。

3）演练间隔。法律法规要求的演练必须首先安排。除此之外，同一地区或单位的演练不宜太频繁，同一灾害类型的综合演练间隔应在2年以上，功能演练的间隔应在6个月以上，桌面演练间隔应在3个月以上。

4）演练时间。应根据突发事件的发生规律，在某类事件易发、高发期到来之前安排该类事件的演练活动，同时应有一定的机动余地，以便结合实际情况进行适当调整。除特殊情况，一般应尽可能避开社会敏感期。

5）演练场地。规划中应初步确定每次演练的场地范围。确定大规模综合演练的地域，还要考虑周边环境及交通状况，减少或防止扰民，尽量采用距离居民区较远的空旷场地开展。

4. 制订应急演练计划

要在系统开展演练准备之前做好应急演练计划，通过计划过程明确演练需求与演练目的、目标、范围，落实演练的组织保障、资源保障，并在此基础上正式全面启动下一个环节，即演练准备环节的工作。制订一个完整的应急演练计划需进行三项工作：需求分析、明确任务和形成计划书。

(1) 需求分析

全面分析和评估应急预案、应急职责、应急处置工作流程和指挥调度程序、应急技能和应急装备、物资的实际情况，提出需通过应急演练解决的内容，有针对性地确定应急演练目标，提出应急演练的初步内容和主要科目。此外，为掌握参演者对应急演练的期望和要求，需要通过召开座谈会、个别谈话、查看档案等方式对参演者个体需求进行分析。例如，个人可能希望通过参加应急演练，提高自己的形势研判能力、决策指挥能力和危机沟通能力等。了解参演者水平能使所计划的演练更具实践价值。参演者水平主要是指参演者在参加应急演练之前是否参加过相应的应急培训和演练、是否具有实际应急处置经验等，具体包括年龄特点、实践基础、学习能力以及其他一些因素。

(2) 明确任务

确定应急演练的事故情景类型、等级、发生地域，演练方式，参演单位，应急演练各阶段的主要任务，应急演练实施的拟定日期。演练任务可基于所构建情景的应急任务清单来设置。

(3) 形成计划书

根据需求分析及任务安排，组织人员编制演练计划文本。形成计划书是应急演练计划完成的标志。计划书是对应急演练活动的需求、范围、目的、目标、工作进度、安全等情况的全面描述。计划书应在应急演练计划阶段后期开始着手撰写，经过多次修改完善后，上报有关领导审核确定。

制订应急演练计划工作要扎实，要为全部演练工作奠定基础。

1) 要落实好演练的责任主体。特别是实战应急演练，要落实好演练领导机构、执行机构。演练领导机构要由政府部门分管领导或应急管理部门的主要领导来领衔。演练执行机构要选配有能力的工作班子、工作人员，必要时可采取政府购买服务的方式引入外部科研咨询机构参与演练的设计与实施。

2) 要设计好演练的基本框架。演练执行机构要对演练的目的、目标、演练范围与框架等重要问题展开深入讨论，达成共识，形成计划文本。必要时，对于大型实战应急演练工作要多次组织会议反复酝酿。

3) 要对应急演练计划进行正式审批。为体现实战应急演练的严肃性，实战应急演练计划要报领导机构或演练领导小组或上级组织进行审批后再具体执行。

5. 演练活动的相关保障

演练的开展依赖于资金、人员、装备、场所等相关资源的支持，不论长期的演练规划，还是具体的演练活动，都要依赖于所拥有资源的有效利用。富有成效的演练离不开充足的预算、专业的组织团队和演练场所、相关装备及附属设施的支持等。

1) 经费。演练规划中必须对经费预算予以考虑，并与单位或部门的总体预算安排相衔接。演练活动作为一种特殊的活动，其经费包括人员费、物资损耗、技术支持、专家咨询、演练活动记录、对外宣传等，要根据演练活动的次数、规模，对经费进行充裕匡算，以保证演练活动的正常开展。

2) 人员。演练规划中对具体的参演人员、每次演练的负责人、演练专家团队等予以充分考虑，可以建立演练专家库，为具体演练活动的设计、演练过程管理、演练评估等提供支撑。

3) 设施。它包括演练的场所及配套设施,演练过程中涉及的专业装备、设备,场景布置所需的器材,演练的灾害场景搭建等。

4) 技术。它包括①演练场所,如指挥中心或会议中心;②演练支持软件或平台;③已有的演练参考文档;④演练的通信联络保障;⑤演练过程的辅助设备、道具等。

5) 安全。要为参演人员提供符合要求的安全防护装备,并采取必要的防护措施。如果演练存在对参演人员或演练现场群众生命财产等构成损害的风险,则要考虑购买保险。

4.3.4 基于情景构建设计应急演练内容

1. 主题与目标设计

应急演练的目标是应急体系的评估和应急能力的建设,具体可以分解为应急预案(体系)的检验、应急响应能力(灾情研判能力、决策分析能力、指挥协调能力、应急联动能力)的评估、协同机制的检验等。演练主体在演练规划设计前,需要明确本次演练的有限目标。

在确定演练目标的基础上,确定演练主题。演练主题一般围绕演练主体(地方政府部门或者企事业单位)主要风险开展设计,大致可以分为两类风险:一类是演练主体的业务风险,如中石油的油气长输管线风险、中石化的原油炼制风险、中海油的海上平台作业风险;另一类是演练主体的背景风险,如位于东部沿海的石油炼制企业开展的强台风冲击应急处置模拟演练、某海外中资企业开展的社会动荡冲击应急处置模拟演练。风险分析是确定演练目标的基础工作,如德国从2012年开始设计组织跨州演练,大约两年一次,每次演练之前有风险分析团队预测德国未来的战略级风险,进而明确演练主题。

在确定演练主题之后,需要开展系统性的情景构建工作——构建演练情景、演练任务梳理和目标能力规划。

2. 构建演练情景

依据风险主题,遵循"底线思维"原则构建情景,是演练设计中最核心的环节。构建情景开发的支撑素材包括以下两类:

(1) 行业典型案例

例如,我国东部地区某化工园区情景构建项目,参考了国内南京"7·28"丙烯管线爆燃事件、兰州石化"1·7"罐区爆炸事件、大连"7·16"储油罐区起火爆炸事件等典型行业事件的规律与特点;在某特大城市大面积停电情景构建中,参考了美国和加拿大大停电、意大利大停电、海南"威马逊"台风大停电等典型事件的规律与特点。

(2) 主体未遂事件

情景开发的另一类支撑素材是演练主体本身与设定风险相关的未遂事件。以生产安全事件为例,未遂事件是指未发生或接近发生严重后果的事件,是了解系统缺陷的重要窗口,基于"底线思维"对未遂事件开展因果分析,可以刻画与勾勒事件的最坏走向。

在分析典型案例和未遂事件的基础上,情景的构建要遵循以下三个目标:①情景要凸显演练主体的自身背景特点,将典型案例中的共性规律与演练主体的个性特点相融合。②情景尽量表征突发事件的完整生命周期:潜伏期、爆发期、持续期和消退期。③分析情景对演练主体的冲击模式,如重要业务的连续性管理和重要岗位的脆弱性分析。

美国国土安全演习与评价计划对演练情景的规范性要求如下：

演练情景是演练活动的概要背景或模拟背景，一般按照演习活动的时序进行叙述或描绘。

演练设计者应该构建并选择合适的情景，能够达到检验能力、完成任务和目标的要求。在构建演练情景时，有许多因素需要考虑，包括真实性、灾害或威胁的类型、场地选择、天气条件和演练的最佳日期及时间。所有的假设情景应当具有真实性、可信性和挑战性，但是演练设计者必须确保假设情景不至于复杂到使演练参演人员不知所措。假设情景的构想也应该考虑演练希望检验的能力和任务。假设情景包括两个基本要素：总的背景或完整的故事；允许演练参与人员展示其能力并展示完成任务和目标的水平。

3. 演练任务梳理

在构建演练情景的基础上，可以梳理演练主体的应急任务清单，也可以梳理预防准备、监测预警、应急响应和恢复重建四个领域的应急任务清单。

演练任务与演练目标紧密相关，依据有限的演练目标确定有限的应急演练任务。演练任务设置过程中，可以依据任务责任主体（企业、地方部门、社会组织）筛选应急演练任务。

应急演练任务可以分为单一主体决策任务和多主体协同决策任务（即需要多方主体协同配合才能完成的任务）。从实践角度看，多主体协同任务是我国应急处置过程中的薄弱环节，也是应急决策模拟演练中最有价值的演练任务，可以在演练过程中实现相关方的风险沟通，应对我国当前阶段"风险沟通缺位、战时危机沟通失灵"的问题。应急信息报送、联合研判、危险源周边公众保护（疏散或避难）和生产生活恢复等任务都属于协同任务。

4. 目标能力规划

应急演练可以实现两类能力的提升：参演人员的个体能力、演练主体的系统能力。

（1）参演人员的个体能力

基于应急演练可以实现参演人员"点""线""面"三类能力的提升。首先，"点"是指决策能力。在应急处置过程中，会遭遇若干决策困境（左右为难）任务，如地震背景下，有限的消防力量是用于"危险化学品事故"还是用于"建筑坍塌事故"，需要参演人员研判、分析、取舍，基于演练和反思，使参演人员掌握决策逻辑。其次，"线"是指处置流程，如预警信息发布流程、应急信息报送流程、应急响应终止流程。通过演练使参演人员掌握和了解法定程序。最后，"面"是指应急部署，如响应初期的工作部署、恢复重建的工作部署。参演人员通过演练能够了解不同阶段应急处置工作的系统性与全局性，从而得到应急部署能力的提高。

（2）演练主体的系统能力

首先，应急演练可以对应急预案中规定的原则、体系、职责、程序和机制进行评估，可以对相关预案（如企业应急预案与地方政府部门应急预案）的衔接性、整体性进行评估，实现预案和预案体系的优化。其次，应急演练使相关方围绕"具体风险"开展沟通，可以推动相关方的协作机制与联动机制建设。最后，应急演练可以实现对既有应急资源的摸底与排查。

应急演练设计需要明确此次演练的能力建设方向，有的放矢，规划设计"点""线""面"相关任务；提前梳理相关应急预案，调研既有体系的物资和队伍布局情况，为开展演练做好资料准备。

4.3.5 德国围绕"重大突发事件情景"跨州演练

2002年,易北河和多瑙河发生洪灾后,德国联邦政府和各州政府都认识到,在异常的、重大的危险和灾害面前,只有采取全国性措施,才能有效应对新型的风险和危害,因此着手开展跨州演练(LÜKEX)。演练以全国性危机防御为目标,以"为重大突发事件有针对性地进行准备"为原则,以标准化、规范化为基本要求,开展针对不同灾害和突发事件的大规模应急演练。自2004年开始,德国已开展了多次国家层面应急演练,即跨州演练,例如,2004年为大规模停电跨州演练,2005年为世界杯国际赛事跨州演练,2007年为传染病跨州演练,2010年为恐怖袭击跨州演练,2011年为IT安全跨州演练,2013年为食源性流行病跨州演练,2015年为风暴潮跨州演练,2018年为燃气管道事故跨州演练。每次演练都涉及联邦层面、州层面和关键基础设施运营方、国际相关方等诸多参与方。事实证明,跨州演练成为提高跨部门、跨行业、跨地区危机防御能力的重要手段。

1. LÜKEX 跨州演练的背景

德国灾害管理有一个基本理念,即应该保证救灾过程中所需配套的资源都能最快速、最高效地投入使用。德国作为一个联邦制国家,灾害管理主要依据"属地负责"原则。在地方层面上,地方政府的首长主抓灾害应急救援工作,负责指挥抗灾救灾的主要过程。当灾害或突发事件过大而超出地方政府的单独响应能力时,当地政府可以向联邦州请求支援。联邦州可以协调本州内的各种资源,支持事发地的应急救援工作,但并不能代行当地政府的主导权和决策权。而且,只有在地方政府发出请求时,联邦州才能给予支援,而不能在无请求条件下主动支援。当发生的灾害超出联邦州的能力或超出一州范围时,当事的联邦州可以请求联邦政府力量支援或请求联邦政府协调跨州事务。只有在一个具体的灾害涉及多个联邦州的时候,联邦政府才会负责协调全国范围内的资源进行救灾。

为加强现有的跨层级、跨部委协调机制,提升对不断变化的风险状况的认识,加强围绕场景的知识获取,以过程为中心的跨州演练(即LÜKEX)是不可或缺的。LÜKEX跨州演练是全国性的战术管理演练,涉及德国各个层级的行政单位,从联邦政府到联邦州再到地方,通过对不同场景、不同主题的演练,来实现政府预案的实践和决策能力的优化。

2. LÜKEX 跨州演练过程

LÜKEX跨州演练的主题必须针对在全国范围具有影响力的危机或灾害,而非范围较小的普通危机或灾害,一般应具有比较大的辐射性,其内容将不仅仅涉及公共管理部门,也涉及私人部门,如企业、非政府(NGO)组织等。

LÜKEX跨州演练主题的确定,首先要与各联邦州以及联邦政府各部委进行协调,并考虑现实中可能存在的风险。演练内容的最终确定一般都基于对现实情况的分析和对未来风险的评估。例如,2004年LÜKEX跨州演练的主题与"大面积停电"相关。当时,德国通过数据分析得出在接下来的一段时间内德国境内存在大面积断电风险的结论,而在2005年,德国部分地区确实出现了停电的状况。又如,2007年德国开展了针对"流行病疫情"的演练,2009年德国确实发生了流行病疫情。因此,这也从另一个方面说明了LÜKEX跨州演练主题的确定是建立在一定风险分析预测基础上的,并非是毫无针对性的随机选择结果。

一旦确定主题后,德国会用三个月的时间与所有的参与方协商,然后确定一个"演练方案",这是每次LÜKEX跨州演练的基础方案。

基于这个基础方案，德国将会花十个月的时间来制定一个更为具体的方案，并设定出具体的场景和一些细节内容。这些场景和细节的设定，是为最终"演练脚本"所做的重要准备工作。这个准备阶段非常关键，在这十个月准备期内，德国会召开不同的专题研讨会，对下一步的工作进行非常详细的设定。大部分的演练参与方都会被邀请参加共同讨论，以便确认演练内容的设计对所有的参与方都能够适用。

接下来是两个月的执行期。在这个时期内，所有的参演机构和组织会与指挥部开展一次为期一天的排练。参与演练的各危机管理组织机构就场景设定进行协调统一，但不会涉及具体的主题和导调信息，整个演练如何发展运行也还不明确。这并非预演，更多的是指挥部层面的一种优化，以及对相关人员的培训。各参演机构可以利用这个机会优化各自工作机制和工作流程。这种优化工作会在不同州、不同部门的演练指挥部同期进行。同时，德国联邦公民保护与灾难救助局（BBK）下属的危机管理学院及一些其他专业机构，如消防学校，会为其提供专业性指导。

在执行期的最后 2~3 天进行正式演练，虽然以脚本作为指导，但演练的过程是随机发展的。正式演练之后，会针对本次 LÜKEX 跨州演练进行评估，评估阶段为期 4 个月。

3. 参演人员构成及协调方式

BBK 是 LÜKEX 跨州演练的主要负责部门，并在联邦政府、联邦州和地方三个层级分别设立项目组，每个项目组负责本层级的协调工作。LÜKEX 跨州演练是一个战略层级的演练，更多地着眼于决策性的演练内容。此外，还会邀请企业和部分救援组织参与，而这些私人部门参与演练的人员几乎是本机构或团体的主要负责人和决策者。因此，在演练执行时并不会看到演练人员在街上跑来跑去的场景。

2004 年的 LÜKEX 跨州演练共有 6000 人参与，涉及 4 个联邦州、36 个县、100 家企业、10 个联邦部委，但都是指挥人员，其中没有一个参演人员是从事具体救援工作（如救援志愿者）的。

在准备阶段，会有不同项目组负责协调参演方，项目组会定期召开专门的研讨会。研讨会一般为期数日，由多达 100 名的来自公私部门不同层级的实际参演人员开展共同讨论。通过这种方式可以保证每个参演人员都能得到所需要的信息。

在演练过程中，德国已经形成了非常系统和清晰的指挥协调机制，在每一个层级会有一个部门负责主导协调其他部门，每一个主导部门都会有统一的指挥部。在 LÜKEX 跨州演练中，最高层级的指挥中心里有超过 250 人同时进行工作，而每个层级都有相应的指挥部来负责自身工作的调度协调。各层级的指挥部通过计算机软件系统进行联系。指挥中心承担的任务主要是指挥调度工作，同时要对具体发生的事情进行快速反应。比如，在指挥中心里会有一个记者组和一个群众组对实际可能发生的情况进行模拟，演练时会模拟召开记者会和其他一些信息发布及反馈的环节。

4. 后续评估

LÜKEX 跨州演练后，会有一个为期四个月的评估阶段，对演练进行科学细致的总结与分析。在评估阶段，德国已经有了一个非常完善的评估流程。首先，各方负责自己职责范围内的演练评估，并将评估结果反馈给 BBK。其次，BBK 会综合全部的评估结果，召开评估专题研讨会，邀请所有演练参与方共同进行总评估，并形成最终评估报告。

LÜKEX 跨州演练有三种方式采集信息：①有专门的计算机软件系统，参演方可以在第一时间反馈意见和评估结果；②设立观察员，观察员会撰写演练观察报告；③对每个参演机构及时分发统一设定的调查问卷，第一时间收集统计反馈信息。

LÜKEX 跨州演练后的评估内容包括：①评估危机管理结构是否适用于各方合作机制；②评估不同部门间协调合作的方法是否适应固有的信息报送传达流程；③评估各个部门在灾害应对中各项资源的储备是否充足，确定是否存在短缺的情况；④评估已制定的预案的执行情况，确定是否需要更多的优化；⑤评估政府部门和私人机构的合作方式是否合理，确定还需要哪些改良优化；⑥评估政府与媒体、群众等的沟通方式、方法、策略，确定还需要哪些改善提高。

最终形成的评估报告会有两份：第一份报告内容会涉及一些具体工作内容和机密信息，因此只对参演方发布；第二份报告会相对简单，不包含机密信息和具体细节，这份报告将会提供给媒体，并向社会公开发布。最终的演练评估报告中会包含一些改进建议，一般包括两个方面：①针对具体场景专业化操作的改进建议；②针对整个危机管理协调机制的改进建议。这些建议的采纳和实施会由不同层级和机构分别进行。

LÜKEX 跨州演练的设计程序和主要环节已经比较稳定，不会受到前次演练评估结果的影响，但是在一些细节的设定和专业的设计上会借鉴之前演练的经验。

5. LÜKEX 跨州演练的重点和关键

从结构上来说，LÜKEX 跨州演练的参演部委都是在灾害及危机应急上具体负责执行操作管理的部门。因此，这些部门通过体验真实的危机管理实践也能了解到存在的改进优化空间。从内容上来说，很多演练主题有较强的针对性。例如，2007 年"流行病疫情"演练前，德国政府曾经通过一个相关的预案，而那次的演练就是对该预案的一个实际测试，其结果就是对整个预案的反馈。通过对实际演练的评估，可以很好地为增加预案实用性和可操作性，进而影响具体的灾害应急工作。LÜKEX 跨州演练更加关注各参与方的能力提升，特别是各方之间的相互沟通与协作。由于德国是体制相对分散的联邦制国家，通过 LÜKEX 跨州演练可实现涉灾管理部门间最大限度的优化协调，以共同应对重大灾害和危机。

4.4 基于情景构建的应急物资储备与管理

4.4.1 应急物资概述

1. 应急物资的概念

应急资源是指突发事件应对过程中所需要的各类资源，广义的应急资源不仅包括应急物资和设备设施，也包括人力资源、资金资源、科技资源、信息资源等。而应急物资就是狭义上的应急资源，即为应对严重自然灾害、事故灾难、公共卫生事件和社会安全事件等突发公共事件应急全过程中所必需的物资保障。

突发事件应急管理的本质就是对应急资源的充分占有、合理配置和快速展开的过程，所以做好应急物资储备工作是保障突发事件物资供应、提高突发事件应对效率、减少人员伤亡和经济损失的重要基础，也是决定突发事件应急处置成败的关键因素。近年来，我国重特大突发事件的应对表明，应急物资储备不足是影响应急处置效果的根本原因。2008 年年初的雨雪冰冻灾害席卷我国南方大部分地区，给交通、通信和电力设施造成了严重的破坏，使许多地方出现了大面积停电以及交通通信中断，由于应急物资准备不足，给电力及通信设施抢修以及道路除雪带来了极大的困难；2008年汶川地震再一次暴露了我国应急物资储备不足的问题，截至2008年5月22日，仅帐篷的缺口就达80万顶。因此，加强应急物资储备，提高应急物资的保障能力迫在眉睫。然而，我国突发事件种类繁多，如地震、洪水、台风、危险化学品泄漏、爆炸、非典疫情、禽流感、暴力恐怖袭击事件、群体性事件等，不同类型的突发事件对应急物资需求的种类和数量差异巨大，而且不同的处置阶段对应急物资的需求也有明显差别，再加上各类资源自然属性的巨大差异以及应急物资救灾功能的不同，如何做好应急物资的储备与管理，进而提高我国的突发事件应对能力，依然是需要解决的重要问题。

2. 应急物资的特征

应急物资的特征主要包括以下几个方面：

（1）时效性

对大多数突发事件来说，灾害发生后的72小时内为最佳救援时间，被称为救援的"黄金时间"。过了这一时间，受害者的生存概率就会急剧下降。这期间应急物资保障是否充分、结构是否合理，都直接影响救援能否顺利开展，例如专业救援装备是否完备并能否在第一时间运抵灾区、灾民需求的基本消费物资能否及时发放到灾民手中，都决定着救援行动成功与否以及灾害救助效果。民政部规定在灾害发生后的24小时内将应急物资发放到灾民手中，这充分说明应急物资的时效性非常强。

（2）不确定性

突发事件对应急物资需求存在很大的不确定性。这种不确定性主要表现在：①需求时间的不确定性。突发事件发生的不确定性决定了应急物资需求的不确定性，对于什么时间需求无法做出准确的预测。②需求种类和数量的不确定性。突发事件的类型差别巨大，决定了应急物资需求的种类和数量存在巨大差异。另外，突发事件的级别、发生地点和季节不同，对物资的需求也不完全相同。

（3）弱经济性

应急物资的重要作用是"应急"，要求在规定的时间内满足灾民对物资的基本需求，所以对应急物资的筹措、调度和分发均以"时间"为核心，以社会效益最大化为目标，而不是以经济效益最大化为目标。许多学者在研究应急物资时虽然也考虑费用问题，但都是在时间约束的条件下进行的。

（4）非常规性

应急物资的非常规性是指应急物资的筹措、调度和分发等都是在非常规状态下进行的。另外，应急物资还有不可替代性和滞后性等特点。

3. 应急物资的用途

应急物资的用途主要包括以下几个方面：

（1）用于事态控制

对突发事件的事态控制是应急物资的重要用途。这类物资包括对突发事件的监测预警、事态的紧急控制以及后期处置所需要的物资，如对洪水监测预警、江河溃坝的堵口、洪水的疏导等所需要的物资。

（2）用于搜寻救援

在突发事件应急响应过程中，用于人员的紧急疏散撤离以及对受灾民众的紧急搜寻救援是应急物资的重要用途。这类物资主要包括人员疏散撤离所需的指挥工具、交通工具以及救援所需要的生命探测器材等。

（3）用于生活安置

对疏散人员进行生活安置也是应急物资的重要用途。这类物资主要包括生活必需品、临时住所、临时供水供电等物资。

（4）用于医疗救助。用于受伤、患病人员的医疗救助以及防疫也是应急物资的重要用途。这类物资包括药品、医疗器材、医疗设备设施以及防疫药品、用具等。

（5）用于抢修

突发事件往往造成大量的基础设施破坏，在应急响应过程中需要对道路、供电、通信等设施进行抢修，这也是应急物资的重要用途。这类物资包括工程所用的各类耗材以及大型工程车辆、推土机、挖掘机、运输车辆等。

4.4.2 应急物资的分类与储备方式

1. 应急物资的分类

应急物资涉及面广、品种繁多，对应急物资进行科学分类是应急物资储备的基础。不同的学者或者机构根据需要采取不同的分类标准将应急物资分为不同的类别。例如：按应急过程中物资使用的优先级别，可将应急物资分为生命救助物资、工程保障物资、工程建设物资、灾后重建物资；按突发事件的应急管理阶段和主要应对环节，可将应急物资分为应急处置物资、基础保障物资和恢复重建类物资；按应急需求，可将应急物资分为灾民生活需求物资、抢救物资和灾后初期重建物资；为了方便管理，美国国家突发事件管理系统（National Incident Management System，NIMS）将应急物资分为八类，即应急医疗服务物资、事件管理物资、公共卫生物资、执法与安全物资、公共工程物资、搜寻救援物资、火灾和危险品物资、动物健康物资，并对每种物资单独编制指导手册。

2015年4月，为服务于突发事件应对处置需要，便于开展应急保障重点物资组织协调、资源调查、储备管理等基础性工作，推进应急保障工作的规范化、标准化和信息化，国家发改委组织编制了《应急保障重点物资分类目录（2015年）》（以下简称《目录》）。《目录》构建了以"目标—任务—作业分工—保障物资"为主线分层次的物资分类方法，将应急保障重点物资分为四个层级。第一层级主要基于应急保障工作重点，分为现场管理与保障、生命救援与生活救助、工程抢险与专业处置3个大类；第二层级将保障重点按照应急任务进一步分解为16个中类；第三层级将为完成特定任务涉及的主要作业方式或物资功能细分为65个小类；第四层级针对每一个小类提出了若干种重点应急物资名称，涵盖了各类作业所需的400余种工具、材料、装备、用品等物资。

（1）现场管理与保障

现场管理与保障主要涵盖突发事件发生后为维持应急处置现场正常运行所需的物资。按应急任务，现场管理与保障又分为现场监测、现场安全、应急通信和指挥、紧急运输保障、能源动力保障5个中类。

1）现场监测。这类物资包括进行气象监测、地震监测、地质灾害监测、水文监测、环境监测、疫病监测和观察测量所需物资。

2）现场安全。这类物资包括保障现场照明和现场警戒所需物资。

3）应急通信和指挥。这类物资包括使用有线通信、无线通信、网络通信和广播电视所需物资。

4）紧急运输保障。这类物资包括陆地运输、铁路运输、水上运输和空中运输所需物资。

5）能源动力保障。这类物资包括提供应急动力、燃料供应和气液压动力所需物资。

（2）生命救援与生活救助

生命救援与生活救助以"人"为核心，主要涵盖突发事件处置中各类人员安全、搜救、救助、医疗等有关的物资。按应急任务，生命救援与生活救助又分为人员安全防护、生命搜索与营救、紧急医疗救护、人员庇护、饮食保障五个中类。

1）人员安全防护。这类物资包括卫生防疫、消防防疫、化学与放射、防高处坠落和通用防护所需物资。

2）生命搜索与营救。这类物资包括进行生命搜索、攀登营救、起重破拆、水下营救所需物资和通用工具。

3）紧急医疗救护。这类物资包括伤员固定与转运、院前急救所需物资和药品疫苗。

4）人员庇护。这类物资包括临时住宿、保暖衣物和卫生保障物资。

5）饮食保障。这类物资包括食品加工、饮用水净化过程所需物资，粮油及其他食品和生活用水的供应。

（3）工程抢险与专业处置

工程抢险与专业处置紧紧围绕"物"，主要涵盖突发事件处置中交通、电力、通信等基础设施恢复，以及污染清理、防汛抗旱和其他专业处置等所需的各类物资。按应急任务，工程抢险与专业处置又分为交通与岩土工程抢修、电力工程抢修、通信工程抢修、污染清理、防汛抗旱、其他专业处置6个中类。

1）交通与岩土工程抢修。这类物资包括岩土工程施工、抗雪除冻作业、公路桥梁抢修以及应急桥梁搭建所需物资。

2）电力工程抢修。这类物资包括电网抢修作业、配电设备抢修、融冰抢险作业所需物资。

3）通信工程抢修。这类物资包括通信抢修恢复和通信设施抢修所需物资。通信抢修恢复所需应急物资有应急通信车、应急通信抢修工器具等；通信设施抢修所需物资如通信基站设备和通信杆（塔）等。

4）污染清理。这类物资包括堵漏作业装备与材料、污染物收集、污染物处理、防疫消杀作业所需物资。

5）防汛抗旱。这类物资包括防水防雨作业、防洪排涝作业、抗旱打井浇灌、水工工程作业所需物资。

6）其他专业处置。这类物资包括火灾处置、溢油应急处置、核应急响应、生物灾害应对、矿山救援、危险化学品处置以及水（海）上救捞所需物资。

《目录》在具体物资品种的选择上基于以下原则：①可短时间内调用。突发事件应对的时效性很强，《目录》涉及的应急物资可以通过实物储备、能力储备、紧急采购、紧急征用等形式在短时间内获得，或者通过异地调用来满足事发（受灾）区域需求，不包含各类不可移动的应急基础设施等。②尽可能不重复。《目录》涉及的许多应急物资可以用于完成多种应急任务,为了减少重复,只在其主要用途的任务中列出。③差别化选择。《目录》从综合协调的工作实践出发,不完全拘泥于层次的统一。对常用的通用物资(如搜救工具、工程设备等),选取的较为具体;对专业性较强的物资,按功能做概括性描述;对日常物资(如食品、药品等)不做过细罗列。另外,《目录》中的物资名称均为通用名称,在具体应用中,可根据实际需要对物资的功能和型号做进一步细化。

2. 应急物资的储备方式

我国政府应急物资储备方式主要包括4种,即实物储备、企业代储、合同储备和生产能力储备。

(1) 实物储备

实物储备就是将应急物资以实物形式储存在仓库中,当突发事件发生后可以随时调用的应急物资储备方式。政府进行的实物储备主要是由政府出资购置应急物资、修建仓库,并成立专门的管理机构以及配备专门管理人员进行管理的一种应急物资储备形式。实物储备对于应对突发事件具有重要作用,它可以在事件发生后的第一时间保障应急物资的供应。实物储备对于拯救生命、控制灾情具有重要意义。政府实物储备由其动员迅速、反应快捷的特点,可以缩短资源的供应时间,可以在救灾初期满足部分灾区对物资的急迫需求。

(2) 企业代储

为了有效地处置突发事件,《突发事件应对法》规定,县级以上地方各级人民政府应当根据本地区的实际情况,与有关企业签订协议,保障应急救援物资、生活必需品和应急处置装备的生产、供给。因此,政府部门不仅要重视实物储备,还要与企业签订合同,加强企业对应急物资的储备。

企业代储又称委托储备,它是由政府出资,委托国有大型企业或相关直属企业进行应急储备的一种储备形式。政府定期将资金和物资储备计划下达给这些企业,企业负责物资的储备和管理工作。目前,国家医药储备主要采取企业代储的方式进行储备。企业代储对于提高应急物资资金的利用率、减小政府的仓储压力、提高储备效率具有重要作用。企业代储也是政府应急物资实物储备的一种形式,其特点是这部分应急物资交由企业进行储备管理。

(3) 合同储备

合同储备指的是政府部门与那些拥有物资可作为应急物资的企业签订协议,当突发事件发生后调用企业的物资作为应急物资,以保证应急物资供应的方式。

企业由于日常生产经营需要,会储备一定量的半成品或成品,采用合同储备可以有效利用企业的产品优势,进行应急物资储备,降低应急物资储备的成本。例如与建筑企业签订合同,当地震等灾害发生后,优先调用建筑企业的各类工程机械设备进行救灾。

民政部救灾救济司编制了《自然灾害应急救助物资生产商参考名录》,将具有良好资信的应急救灾生活物资供应商编入名录,为各级民政等救灾部门应急物资采购提供依据和参考。但是,编制目录只是列出一个生产厂家的名单,方便地方部门应急时联系,并不是将其实际列入中央储备物资名单。地方政府一般都会与辖区内的几家大型生产企业和商贸流通企业签订储备协议,进行食品类、生活用品类物资及部分救生器材的储备,以满足突发事件的应急物资需求。

(4) 生产能力储备

生产能力储备就是通过和那些能够扩大生产、转产或研制救灾物资的企业或其他单位签订有关协议,确保突发事件发生后这些企业能够按照协议要求或者根据政府下达的生产任务,迅速生产、转产或研制救灾物资的一种储备方式。生产能力储备也是一种协议储备,只不过它储备的不是实物,而是生产能力和研发能力。在实践中,生产能力储备的实现方式也是多种多样的,一般是通过签订紧急供货协议、紧急征用合同或者采用期权的方式。由于生产能力储备对于巨灾应急物资的持续供给具有十分重要的作用,因此生产能力储备也受到了政府部门的重视。

生产能力储备主要适用于不易长期储存或者储存需要太多空间,并且转产时间短、生产周期不需要很长的物资。它主要有以下3个种类:①医药、食品等保质期相对较短,不易做实物储备的物资;②物资需求量小、资源相对丰富,获取容易的物资;③物资生产周期短、扩大生产容易的物资。但是由于物资生产需要一定的时间,不适用于时效性强且生产周期较长的应急物资。

3. 应急物资储备地点的选择

(1) 应急物资储备库

根据民政部2009年发布的《救灾物资储备库建设标准》,应急物资储备库分为中央级(区域性)、省级、市级和县级四类,其储备物资规模应根据辐射区域内突发事件应急预案中三级应急响应启动条件规定的紧急转移安置人口数量确定。为建立和完善应急物资储备体系,截至2015年,我国民政部已在北京、天津、沈阳、哈尔滨、合肥、福州、郑州、武汉、长沙、南宁、重庆、成都、昆明、拉萨、渭南、兰州、格尔木、乌鲁木齐、喀什等城市设立了19个中央救灾物资储备库,全国31个省(自治区、直辖市)和新疆生产建设兵团也分别建立了省级应急物资储备库,多灾易灾的地市和县(区)相应建立了本级救灾物资储备库和储备点。

应急物资储备库建设内容包括房屋建筑、场地、建筑设备和其他必要装备,选址应符合当地城市规划,遵循储存安全、调运方便的原则,并满足以下要求:

1) 地势较高,工程地质和水文地质条件好。

2) 市政条件较好。

3) 远离火源、易燃易爆厂房和库房等。

4) 交通运输便利,市级及市级以上应急物资储备库宜临近铁路货站或高速公路入口。

5) 地势较为平坦,视野相对开阔,市级及市级以上应急物资储备库的库址应便于紧急情况下直升机起降。

为确保物资出入库规范、存储安全和发运快捷,应急物资应纳入库房内储存,存储条件和要求不同的应急物资必须根据情况分库、分类储存;应急物资的仓储管理应程序规范,制度健全。

(2) 应急物资代储企业

政府在选择应急物资的代储企业时,不仅需要考虑企业的生产经营状况对应急物资代储的影响,如企业的效益、产品质量与价格、仓储空间等;还要考虑企业的地理位置、企业的信誉、企业对应急物资代储的合作态度等,具体包括以下几个方面:

1) 产品质量。代储企业必须能够为政府代储有质量保障的产品,即代储产品的合格率比较高,能够满足政府的救灾需求,否则不仅会影响救灾效果,还可能降低政府的公信力。此外,产品的持续改善能力也是影响代储产品质量的重要因素,代储企业产品的持续改善意愿和能力越强，企业代储的应急物资越有质量保障。

2）产品价格。在产品质量得到有效保证的前提下，产品价格低廉有利于减少政府公共财政支出。

3）仓储能力。拥有一定的仓储能力是企业能为政府代储应急物资的必备条件，企业仓储能力越大，越有利于应急物资的集中储备、管理和调度。如果企业仓储能力比较小，政府就需要选择更多的企业进行代储，不利于代储物资的管理和调度。

4）企业的经济效益。企业的经济效益好表明企业能够生产出更多适合市场需要的产品。

5）企业的增长模式。企业不同的增长方式决定着企业的发展趋势，如企业通过采用先进技术和工艺、改进机器设备、提高产品科技含量的集约式的增长方式，有利于提高企业的生产效率和产品质量，能够为应急物资代储提供高质量的产品和高效的仓储管理。

6）企业信誉。企业信誉是代储企业参与委托储备竞争时的软实力。如果企业信誉较好、社会认可度高，这类企业可以优先作为应急物资的代储企业；如果企业信誉较差，存在套取政府应急物资储备资金或者不能给政府提供优质代储产品的风险，更容易使应急物资储备落空。

7）市场影响力。市场影响力体现为企业在行业中的市场地位与发展潜力。企业的市场影响力越高，市场竞争力就越大，应对不可预测的突发状况的能力就越强，为政府代储的应急物资才能不受影响。

8）企业周围的交通条件与区位。代储企业的交通条件直接影响应急物资的配送绩效，代储企业所在区域的交通条件越优越，其辐射区域越强，越能保证应急物资运送的四通八达。另外，企业的区位（即企业所在位置与各主要人口密集区的平均距离）对应急物资的送达时间也有重要影响。

9）企业配送能力。为了将应急物资及时准确地送达事发地，这就要求代储企业具备强大的配送能力，企业配送能力越强，越有利于代储物资的调运。

10）企业的社会责任感。社会责任感是政府选择企业代储的信用评价指标。企业生产经营过程是否符合社会道德规范、是否存在偷税漏税及逃避债务情况、是否热心于慈善事业和福利投资等都是政府判断应急物资代储企业社会责任感的关键变量。

11）企业的合作态度。政府在考察备选企业能否作为应急物资的代储企业时，要看其积极响应程度、企业领导层的重视程度以及具体合作方案的设计等。企业领导层越重视、合作方案设计得越详细和完备，表明企业合作态度越好。同时，还要关注企业的预期收益。企业是追求经济利润最大化的理性经济人，能否有效实现履行社会责任和增加企业盈利的统一，也影响着企业的合作态度。预期收益越高，企业渴望合作的意愿就越强，企业进行应急物资代储的合作动力就越大。

4.4.3 应急物资的管理策略

1. 应急物资管理的主要内容

（1）应急物资的储备

为了有效应对突发事件，首先需要做好应急物资的储备工作，确保突发事件发生后应急物资准备充足、及时到位。《突发事件应对法》第三十二条规定，国家建立健全应急物资储备保障制度，完善重要应急物资的监管、生产、储备、调拨和紧急配送体系。设区的市级以上人民政府和突发事件易发、多发地区的县级人民政府应当建立应急救援物资、生活必需品和应急处置装备的储备制度。

（2）应急物资的筹措

应急物资的筹措是应急物资供给的前提。当突发事件发生后，根据突发事件的需求信息，筹措汇集各类物资，包括动用应急物资储备、应急采购、征用、组织捐赠、应急生产、应急物资的社会动员等。

（3）应急物资的供给

应急物资的供给包括三个部分：①将应急物资从供应地运送到接受地；②将应急物资从接受地配送到各个救灾点；③将每个救灾点的应急物资分发到灾民手中。因此，应急物资的供给包括运输、接受、存储、配送、分发等环节。

（4）应急物资的处置

救灾结束后，对于一些可重复利用的应急物资要进行回收，对于征用的应急物资要进行补偿。

（5）应急物资的更新与补充

当储备的应急物资长时间不用时，要进行定期的处置与更新；对于已经在突发事件应急过程中消耗的物资，要进行补充。

2. 应急物资管理机制建设现状

（1）我国应急物资储备机制

我国是世界上遭受自然灾害影响最严重的国家之一。进入 21 世纪以来，在全球气候变化背景下，我国极端天气气候事件显著增加，中强地震呈活跃态势，灾害风险不断增加，尤其是近十年来重特大自然灾害多发频发、突发连发，防灾减灾救灾工作日益繁重，任务艰巨。面对日益复杂严峻的灾害形势，做好救灾物资储备工作显得尤为重要和紧迫。

目前，从中央到地方，各级政府不断健全完善救灾物资储备制度，救灾物资储备网络不断完善，救灾物资品种不断丰富，调运能力明显增强，对有效应对汶川地震、玉树地震、芦山地震、鲁甸地震、舟曲山洪泥石流、"威马逊"超强台风等一系列重特大自然灾害，以及切实保障受灾群众基本生活发挥了重要支撑作用。在储备布局上，按照"自然灾害发生后 12 小时之内，受灾群众基本生活得到初步救助"的基本要求，截至 2015 年，民政部在北京、天津、沈阳、哈尔滨、合肥、福州、郑州、武汉、长沙、南宁、重庆、成都、昆明、拉萨、渭南、兰州、格尔木、乌鲁木齐、喀什设立了 19 个中央救灾物资储备库，各省（自治区、直辖市）、新疆生产建设兵团和多灾易灾的地市和县（区）设立了本级救灾物资储备库，"中央-省-市-县"四级储备体系基本建立。在储备品种上，按照党中央、国务院"保障受灾群众有安全住所、有饭吃、有衣穿、有洁净水喝"的总体要求，中央救灾物资从最初的帐篷单类扩充到帐篷类、被服类、装具类三大类 14 个品种，涵盖受灾群众急需的帐篷、棉衣被、睡袋、折叠床等。对于需求量较大、价值较高、需定制定招、生产周期较长的救灾物资，主要由中央负责储备。地方以实物储备和协议储备的方式存储保质期短、符合当地灾害特点的物资，如内蒙古自治区储备了一定量的蒙古包，南方多个省市储备了毛巾被、秋衣等救灾物资。

近年来，民政部多措并举，在提高综合协调效能上狠下功夫：与财政部建立了救灾物资应急采购机制,确保了特别重大自然灾害救灾物资的筹集;与铁路、交通运输等部门及军队建立了应急联动机制,确保救灾物资快速发运。2012年,为加强对救灾物资管理使用,民政部会同财政部出台了《中央救灾物资储备管理办法》(2014年重新修订);为规范救灾物资储备库建设和管理,民政部制定出台《救灾物资储备库建设标准》和《中央救灾物资储备库管理暂行办法》。自2013年起,民政部每年修订印发《自然灾害应急救助物资生产商参考名录》,为地方民政部门采购救灾物资提供参考。2014年,民政部组织实施了"民政救灾物资发放全过程管理系统"建设,并在部分储备库进行试点,探索提升救灾物资储备网络化、信息化、智能化管理水平。目前,各级民政、财政、交通运输、铁路等部门及军队建立了救灾物资采购和紧急调运应急联动机制,地方民政部门与有关企业签订了应急供货协议,救灾物资供给和应急调运能力显著增强。

2015年9月,民政部、国家发改委、财政部、国土资源部、住房城乡建设部、交通运输部、商务部、国家质检总局、国家食品药品监管总局九部委(局)联合印发《关于加强自然灾害救助物资储备体系建设的指导意见》,对未来一段时间内全国救灾物资储备体系建设的指导思想、主要目标和任务以及保障措施做出了明确规定,首次提出要着力构建"中央-省-市-县-乡"纵向衔接、横向支撑的五级救灾物资储备体系,将储备体系建设延伸到乡镇(街道)一级。

2018年新一轮机构改革以来,国家粮食和物资储备局成为我国粮食和物资储备的行政主管部门,以贯彻落实党中央关于粮食和物资储备工作的方针政策和决策部署,在履行职责过程中坚持和加强党对粮食和物资储备工作的集中统一领导。除了"起草全国粮食流通和物资储备管理的法律法规草案、部门规章;研究提出粮食流通和物资储备体制改革方案并组织实施;研究提出国家战略物资储备规划、国家储备品种目录的建议;根据国家储备总体发展规划和品种目录,组织实施国家战略和应急储备物资的收储、轮换和日常管理,落实有关动用计划和指令;负责粮食流通、加工行业安全生产工作的监督管理,承担国家物资储备承储单位安全生产的监管责任"等三定方案中的主要职责外,一些新的职能转变趋势也值得关注:

1) 充分发挥市场在资源配置中的决定性作用,进一步精简行政审批,减少环节、简化程序、提高效率,大幅降低制度性交易成本。

2) 改革完善储备体系和运营方式,加强中央储备,完善地方储备,进一步发挥政府储备引导作用,鼓励企业商业储备,推动形成中央储备与地方储备、政府储备与企业储备互为补充的协同发展格局。

3) 加强市场分析预测和监测预警,充分运用大数据等科技手段,强化动态监控,提高储备防风险能力,增强储备在保障国家安全、稳定社会预期、引导市场方面的作用。

4) 加强监督管理,创新监管方式,全面推进"双随机、一公开"和"互联网+监管",着力加强安全生产,根据国家储备总体发展规划和品种目录及动用指令,监督储备主体做好收储、轮换,确保国家储备物资收得进、储得好、调得动、用得上。

在突发事件应对过程中,应急物资主要来源于中央及各级地方政府应急物资储备、应急采购或社会捐赠等,其中供应最稳定、最重要的就是政府储备物资。由于政府在我国应急物资储备中担负着主要责任,因此要加强政府部门应急物资储备、优化政府应急物资储备体系,提高政府应急物资的保障能力,这样对于减少突发事件造成的人员伤亡和经济损失、保障区域和社会经济可持续发展具有重大意义。我国应急物资储备框架如图4-3所示。

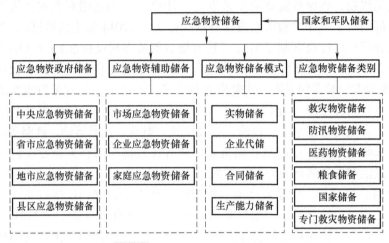

图4-3 我国应急物资储备框架

政府储备具有高度组织性、纪律性的特点，同时，政府应急物资储备仓库遍布全国各地，形成了点面结合的仓储网络，所以它是应急物资筹措的首选，是应急物资最重要的来源。当突发事件发生后，首先从当地政府应急物资储备库调运应急物资，当地应急物资储备不能满足需求时，需要从临近区域地方应急物资储备库或者中央级救灾物资储备库调拨，甚至从全国范围的各个应急物资储备库调运。例如，"5·12"汶川地震发生后，民政部立即向灾区紧急调运救灾物资。2008年5月12日16时，国家减灾委启动Ⅱ级响应后，民政部立即从西安中央救灾物资储备库紧急调拨5000顶救灾帐篷支援四川灾区；2008年5月12日21时，民政部从合肥、郑州、武汉、南宁4个物资储备库紧急向四川灾区调拨救灾帐篷45650顶；2008年5月13日凌晨，民政部又从沈阳、西安、天津3个物资储备库调运帐篷10600顶、棉被5万床支援地震灾区。

(2) 美国应急资源管理

美国应急资源管理在很大程度上实现了规范化、标准化和流程化。美国的应急资源模式解决了应急资源管理和现实救急情况之间的矛盾，其最突出的特点在于应急资源管理的常态资源管理和非常态资源管理。

常态资源管理是针对可能发生的突发事件所需资源而提前进行的一种规划。常态资源管理包括辨识风险后果、资源需求分析、潜在资源分析、资源动用和采购程序、应急资源管理的立法保障、制定与维护资源目录6个环节。

1) 辨识风险后果。美国应急资源管理者认为，提前规划应急资源对研究灾害引发的次生灾害、关键控制因素及衍生性关系具有重要指导意义。首先，利用风险/脆弱性分析方法，对本地区潜在发生的灾害类型进行分析。其次，评估发生该事件的可能性以及可能造成的人员、财产损失。最后，通过以上分析数据画出相关风险标志区域，形成风险区划图，为应急资源储备类型、选址等提供参考。

2) 资源需求分析。通过风险辨识环节，解决了应急资源储备的类型、选址等问题，同时要根据本地区的风险评估结果开展应急资源的定量化需求分析。资源需求分析需要考虑诸多因素，如突发事件类型、致灾后果、地域特点、季节特点、人文特点等方面，同时还要考虑不同突发事件对应急资源的时效需求、结构需求、质量需求等因素，还要考虑其他多种因素的修正。由于资源需求分析涉及具体的量化指标，因此需要建立分析模型。目前美国在应急需求分析中多建立应急资源需求量和资源需求实体之间的关系，常用的概念模型表述为 $R = C_X F_X$。其中，R 是根据模型公式计算出的某种应急资源需求值；C_X 是考虑多种因素如地域、人文、时效等以后的修正项；F_X 是根据一定的风险值如伤亡人数、受灾人数、房屋倒塌数等计算出的某种应急资源的理论需求值。

3）潜在资源分析。美国把潜在资源分为可用资源、互助协议资源、上级援助资源、志愿者组织的资源、商业资源和社会捐助6类。其中，本地区的可用资源是应对突发事件时的最直接资源，因此，对于可用资源，资源管理者需要详细掌握其种类和类型、适用性、储备方式等内容；互助协议资源就是预先签订地区协议，以保障应对突发事件时毗邻应急物资的及时支援到位；上级援助资源包括上级政府协调的资源和军队资源等；美国的志愿者组织非常完善，在突发事件应对时发挥着重要作用，通过该组织可以提供许多应急资源；商业资源则为预先和商家签订商业合同，以保障紧急情况下从商家获取应急资源，商业资源可以避免政府专门对应急资源进行维护和管理带来的额外人力和物力，这种方式目前在我国应急储备中也较为常见；社会捐助管理也非常明确，首先需要定义哪些物品和服务接受捐助，其次严格规定捐赠物资的包装和运输方式。

4）资源动用和采购程序。由于应急资源需求的时效性很强，为了避免紧急情况下临时筹集资源带来的问题，美国通过明确资源动用的相关程序和权限，解决资源调拨的问题。

5）应急资源管理的立法保障。在应急资源管理的立法保障方面，美国有各种便于实施的规定和详尽的计划，明确规定各减灾管理机构和各突发公共事件管理部门的职能、责任和合作事项，同时注意及时修正有关法规使其逐步完善。美国通过明确的法律来保障应急资源管理工作的开展，例如灾后商品价格容易出现波动现象，通过立法可以保证应急物资采购价格的稳定；通过规定特殊人员（如应急指挥官、部门负责人、后勤部长、采购官等）优先采购权，保障应急资源采购的成功率；通过财产征用方面的立法，保障应急处置时私人财产的顺利征用。

6）制定与维护资源目录。应急资源需求确定后，需要通过制定资源目录来进行应急资源的管理，包括资源类型、地点、物主、获取流程等内容。应急资源目录的维护要求资源信息详细、具体，并且信息能够及时更新，通过信息化管理来保证资源信息的实时性和准确性。

"9·11"事件以后美国发现应急体系存在明显不足，主要表现在资源储备、信息收集、行动方面。同时，突发事件应对过程的复杂性对应急资源调度的时效性、准确性等也提出了较高的要求。在做好常态资源管理的同时，还要兼顾非常态资源管理。非常态资源管理可以通过可靠的资源管理过程来保证，包括资源高效获取、资源信息管理、应急资源的需求分析、优先级定义、资源调配与遣返。

1）资源高效获取。为保证应急资源能在短时间内从多种途径获取，美国制定了标准化流程，对采购、合同签订以及库存提取等方面进行了严格规定，提高了资源的获取率。

2）资源信息管理。通过信息管理系统，实时准确地对资源进行管理，包括收集、更新和处理资源。在美国，许多州建立了应急资源信息管理系统。该系统能够实时获取相关资源的信息数据，通过跟踪资源、显示资源库存情况和资源状态来对资源进行管理。应急资源信息管理系统一般包括地理信息系统、资源跟踪系统、运输跟踪系统、资源储备管理系统、信息报送系统等子系统。

3）应急资源的需求分析。非常态下，根据灾害造成的影响，需要对事发地的应急资源需求进行分析，以便于有计划、有针对性地调度资源。

4）优先级定义。通常情况下，应急资源优先级遵循"先到先得"原则，特殊情况下（如同时发生两起或两起以上突发事件）需要定义资源调度的优先级来满足突发事件应急处置需要。

5）资源调配与遣返。确认资源调配计划后，需要制定资源调度与分配程序，将资源及时送到灾民手中。应急资源的遣返机制是在应急处置结束后，通过规定相应的遣返程序将大部分非消耗性资源遣散归还，避免资源浪费。

（3）日本应急资源管理

日本是一个地震灾害频繁发生的国家，素有"地震国"之称。日本在应急管理方面投入巨大，居发达国家首位。日本采取"行政首脑指挥，综合机构协调联络，中央会议制定对策，地方政府具体实施"的应急管理模式。日本拥有完备的应急资源管理机制，主要表现在专职的应急救援队伍和强大的物资储备方面。

1）应急资源灾害对策本部。日本分为中央和地方两个专门负责应急管理的板块，中央由首相负责政府建立的"紧急灾害处理对策部门"，地方县级下设防灾救急部门及开设相关课程，协调综合管理工作并且制定防灾规划。日本建立由消防安全部门组织的专门部队化管理，主要力量来源于军事部队和消防部门。在应急资源管理方面，日本与其他国家的不同之处还在于救援队伍的组建方面相当部门化，救援队伍由普通公民自发组织并且经过严格的专业化培训，最后由政府审核通过。这类普通公民多为兼职消防团成员，一般是本地紧急救灾的中流砥柱，更是随时待命的社会志愿者。日本的救灾队伍非常强大，主要表现为消防队伍的庞大，不仅设有政府部门相关消防队，而且有些企业单位也有自己的消防队，所有的消防队均由政府统一调遣。以普通的一个县为例，一般设有23个消防部门，1000多名专业消防工作人员，消防队员达到7000多人。资源管理风险承担方面，日本应急资源管理者认为，让民间部门和社会团体以及各类社区积极参与救灾应急活动是非常必要的，这不仅减轻了突发事件应对中政府的负担，还有效地分散了政府应急资源管理的风险。日本地方政府采取与民间组织和社会团体在灾前签订合作协议的方式，确保突发事件发生时迅速调配整合应急物资和避难场所。

2）应急资源储备定期轮换制度。日本应急资源管理的显著特点在于建立了完善的《灾害救助法》，另外制定了专门的应急资源储备"定期轮换制度"。根据《灾害救助法》，东京都每年必须将前3年地方普通税收额平均值的5‰作为灾害救助基金进行累积，2002年累计有110多亿日元。除了东京都政府之外，各区和市町村政府也进行了大量的物资储备。截至2002年年底，市区建有1500立方米的地下应急供水池47座、100立方米的地下应急供水池17座；截至2020年，东京都已公布的17个区的储备仓库建设情况资料显示，共有储备仓库349个，平均每平方公里约0.8个。储备仓库的布局主要有三种类型：①少数单独划定空间；②利用各避难所的空间；③充分利用公园、学校、车站、各类场馆等空间。政府储备与企业储备以及每家每户自备的避难急救袋，足够维持灾后72小时的应对。食物和饮用水根据保质期限实行定期轮换制度，换下来的物品用于防灾演练。应急资源储备装备、设施和生活必需品主要在相关县支部、县设有消防课程的学校、防灾害空运部队等地方储备。

由于日本是岛国，地震灾害频发，政府大力开发防震减灾所需物资，现在日本的紧急救灾物品多与抗震相关，而且性能需求各有不同。例如，一般防火防震紧急避难用的装置，里面有各种物品20多件，包括饮用水、食品、医疗用品等。为了提高企业投身应急管理事业的积极性，防护训练时，政府积极向公众大力推广防灾用品。在日本，储备有防灾应急用品和自救用具是每个家庭的责任，由此可见，日本公众防灾意识极强。

(4) 俄罗斯应急资源管理机制

俄罗斯也是世界上灾害最为频繁的国家之一，突发事件应急管理政策因此成为俄罗斯国家安全的首要政策。俄罗斯应急管理体系是以总统为核心主体、以负责国家安全战略的联邦安全会议为决策中枢、以紧急事务部等相应部门为主力的危机管理权力结构，是协调配合的垂直型应急管理体制。

1) 应急资源"紧急状态部"。为了保障应急资源的时效性和当突发事件发生后能将应急物资准确调配投放，俄罗斯设立了应急资源紧急状态部，该部拥有多领域武装援助力量，包括民防部队、搜救队、船只事故救援队和水下设施事故救援队等。联邦一级救援队具有专业的救援设备和技术，包括运输机、潜水服、呼吸装置、纤维光学设备、航空器材特种汽车、液压气压装置等。另外，俄罗斯注重专业应急管理及援助人员的综合素质培养，建立了领导培训体系、专业救援人员培训和考核体系。同时，俄罗斯紧急状态部设置了由其下属的教育机构，包括圣彼得堡国立消防大学、民防学院、伊万诺夫国立大学、国家消防学院等8所机构。其中，成立于1906年的圣彼得堡国立消防大学是大批培养输送应急管理人才的基地，截至2010年，拥有教授、副教授160多人，并开设有多门类专业的应急管理课程。

2) 垂直型应急资源管理模式。垂直型应急资源管理模式使俄罗斯拥有全国性的庞大应急资源体系，该模式直辖40万人的应急救援部队及装备。该部队作为独立警种，按部队建制，统一制服，统一警衔。该模式在纵向上分为俄罗斯联邦、联邦主体（州、直辖市、共和国、边疆区等），又兼顾城市和基层村镇四级政府垂直领导。俄罗斯联邦总统在不同的情况下下达不同的命令，比如命令主体机关的权力，全部或者部分中止紧急状态地区的职权，也可以限制随意迁徙以及特别的制度，在确保生活必备品的情况下也可以对财政劳务各个方面进行限制。

3. 应急物资储备的区域合作

突发事件的区域联动已成为当前关注的焦点，一方面是因为突发事件可能跨越多个行政区域，需要灾害影响区域内政府联合应对；另一方面是因为突发事件比较重大，超出该行政区域的应对能力，也需要周边地区予以人力、物资、技术上的必要支援。所以需要建立突发事件的区域应急联动机制，综合利用区域内的各类应急物资，提高区域突发事件的整体应急能力。

应急物资的区域合作模式并不是单一的，需要根据各行政区（城市）之间联系的紧密程度、灾害风险特征、自然条件等因素确定合理的应急物资联动模式，并不是一定要建立统一的应急平台、整合区域应急物资等模式，而是根据实际情况建立多样化的区域应急物资联动模式。应急物资区域联合储备模式主要包括一体化模式、协作模式和共享模式3种类型。

（1）一体化模式

应急物资区域一体化是区域全方位应急合作的基础，是区域应急联动的高级形式。根据区域突发事件应急管理的实际需求，构建区域应急物资联动体系，建立区域应急联动指挥中心，建立趋于统一的应急指挥平台，在对区域重特大风险评估的基础上，确定联合应对各类突发事件需要储备的应急物资的种类、数量和储备地点的布局，将政府现有应急物资（如公安、武警、消防、急救、卫生、环保等部门的专业救援）和有关物资（如救生设备、消防器材、应急交通和通信设备等）纳入统一的调度系统，建立统一的重特大事故的应急预案，保障区域在重特大突发事件发生后能够快速响应，第一时间能将所需应急物资等调运到灾害现场进行应急救援。目前区域应急物资一体化的储备模式更加适用于以省会城市为中心的都市圈，如长沙-株洲-湘潭都市圈和广州-佛山都市圈等。

（2）协作模式

区域内的各行政区根据应急需求，分别有侧重地储备一些应急物资，并共同使用这些物资。例如，对于以水利枢纽、基础设施为核心的覆盖区域，可以采用以一个地区或城市储备为主、周围地区分别储备的应急物资合作模式。对于大型水利工程，如三峡水库、小浪底水库等，可能会因自然灾害（如地震等）、人为破坏（如恐怖袭击等）发生溃坝，溃坝洪水可能波及周围多个县、市，因此需要采用以大型水利工程管理部门储备应急物资为主，周围县、市联合储备应急物资的协作模式。对于重大基础设施如核设施以及大型化工基地等，也需要采取协作模式：以这类危险源所在地区为主储备应急物资，周边地区则联合储备相应的应急物资，包括应对突发事件所需的应急物资以及紧急疏散撤离所需的应急设备设施等。

应急物资的区域协作模式不仅局限于上述情况，任何相邻的行政区都可以采用应急物资的区域协作模式进行储备。通过采取签订合作协议、建立行政首长或者其他联席会议制度、成立工作小组等方式，推进区域应急联动，并协作储备相应的应急物资，每个行政区可根据自己的灾害特征，有侧重地储备一些应急物资，并共同使用。

（3）共享模式

区域内的各个行政区分别储备自己的应急物资，在突发事件应对中互相援助。区域内的各个行政区可以通过建立区域应急联动的方式实现应急物资的共享，也可以通过签署协议的方式实现应急资源共享。为了更好地实现区域应急物资的共享，需要对接应急平台，实现资源信息共享，并建立良好的沟通机制，完善应急物资互助的补偿协议，将应急物资的共享协作落到实处，共同提高突发事件的应对能力。

对于一些特定的产业，如煤矿，企业也需要采用应急物资共享模式，每个矿区与周边矿区签订合同，实现区域应急物资共享，当突发事件发生后能够迅速从周边地区调集专门的应急物资乃至煤矿应急专家、矿山救援队等以有效开展救援工作。

4.4.4 基于情景构建的应急物资需求评估

1. 应急物资需求概述

应急物资需求是指为了有效应对突发事件对受灾群众的侵害而产生的最低资源要求。"有效"是指应对突发事件的总效益要高，也是指物资的使用效率高；"最低"是指成功应对突发事件的条件下需求的数量最小，即在给定突发事件情景条件下，成功应对突发事件的最少物资需求量。由于突发事件的多样性、突发性、破坏性和难预测性，使得应急物资需求具有多样性、时效性、差异性和层次性的特点。

（1）需求的多样性

非常规突发事件的多样性和破坏性决定了应急物资需求的多样性，包括各种抢险救灾设备、基础生活保障物资等。

（2）需求的时效性

应急物资具有非常强的时效性，必须在一定的时间内送达需求者手中，才能发挥其本身的使用价值。对于大多数突发事件来说，发生后的 72 小时称为救援的"黄金时间"，此段时间对降低灾害损失起着至关重要的作用。

（3）需求的差异性

需求的差异性表现在以下几个方面：①不同类型的突发事件对应急物资的需求具有一定的差异性；②突发事件的级别不同造成应急物资需求上的差异性；③突发事件的发生区域不同造成应急物资需求上的差异性；④应急阶段与应急环节不同，应急物资的需求具有差异性；⑤不同民族对应急物资需求具有差异性。

（4）需求的层次性

马斯洛的需求层次理论的基本观点是人的需求是由低级向高级不断发展的。同样，在应急过程中，灾区对应急物资的需求也具有层次性，并且在应急处置的不同环节，灾区对应急物资的需求层次是动态变化的。

2. 应急物资需求情景构建原则与构建程序

（1）构建原则

1）全面性原则。在构建应急物资需求情景时应覆盖非常规突发事件的所有需求情景。因此，要对所有的非常规突发事件进行分析，分析其特点及其物资需求的类型与特点，以使构建出的应急物资需求情景能将所有的情形都包含在内。

2）差异性原则。为了使应急物资保障工作的重心聚焦，物资需求情景要体现出代表性和差异性。因此要对突发事件进行聚类分析，既要充分考虑各种突发事件对应急物资需求的共性，还要考虑各种突发事件对应急物资的特殊需求，构建的应急物资需求情景应体现各种突发事件对物资需求共性和个性的结合。

3）目标导向原则。应急物资需求情景构建的最终目的是在紧急状态下能够提供有足够种类和数量的物资以保障突发事件应对。因此，物资需求情景构建要以资源任务为导向，在构建物资需求情景时要充分考虑各种应急物资在资源任务中的作用。

（2）构建程序

应急物资需求情景的构建是建立在突发事件的基础上的，因此应当首先明确突发事件的类型，然后对这些突发事件的物资需求特点进行分析，并从多个角度对物资需求情景进行探讨，最终筛选出具有代表性的应急物资需求情景。应急物资需求情景构建程序如图 4-4 所示。

3. 应急物资需求情景的构建

（1）应急物资需求情景构建的依据

1）灾害发生的区域。我国自然地理环境、人文环境比较复杂，灾害发生在不同的区域，其造成的破坏和影响不同，物资保障的难易程度也有差别，这就引发了对应急物资的需求也带有一定的区域性。

2）应急物资的使用范围。灾害对物资的需求既有共性也有个性，一些基本生活保障物

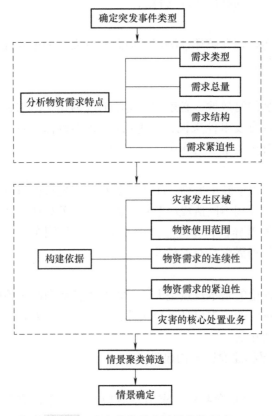

图 4-4　应急物资需求情景构建程序

资、医疗物资等通用性比较强，而另一些物资则专用性比较强，例如森林大火时的消防物资、网络攻击时的计算机专业处置人员等。应针对不同使用范围的物资来构建应急物资需求情景，以便采取相应的物资储备和供应策略。

3) 物资需求的连续性。连续性是针对应急处置这一过程来说的，有些物资属于消耗性物资且在整个处置过程中都有需求，例如电力、饮用水等，这时就需要连续供应；有些物资在某一阶段具有需求，随着灾害的处置进程可能又会产生需求，这时就需要间歇供应；而对于一些非消耗性的物资如帐篷等，一次供应便可。因此，从物资需求的连续性角度可将物资需求情景划分为连续需求型、间歇需求型和一次需求型。

4) 物资需求的紧迫性。在灾害应急处置的不同环节，不仅物资的需求结构不同，而且各类物资需求的紧迫性程度也有轻重缓急之分，特别是当应急物资有限，应急运输能力受约束时，尤其需要确定应急物资需求的紧迫性程度，对应急物资的需求紧迫性进行分级，以便合理安排应急物资调度。因此，根据需求的紧迫性可将物资需求情景分为紧急需求型、严重需求型和缓和需求型。

5) 灾害应对时的核心处置业务。根据灾害处置核心业务的数量可以将物资需求情景分为综合需求型和单一需求型。例如地震、洪水等灾害本身的复杂性造成了应急处置业务的复杂性，不仅包括前期的抢险救援、中期的灾民安置，还包括后期的恢复重建，其对物资的需求是复杂的，因此属于综合需求型。单一需求型又可以分为应急疏散型、抢险救灾型、医疗供给型和恢复重建型。例如，核泄漏事故对人员的影响表现在核辐射上，其核心处置业务为人员的紧急撤离和核设施的紧急处置，以免人体吸收过多辐射而危及生命，因此它属于应急疏散型；特大交通事故需要在第一时间赶赴现场进行抢险救援，以免事态扩大，因此它属于抢险救灾型；公共卫生事件如瘟疫等属于医疗供给型；海啸带来的灾难具有毁灭性，滑坡、泥石流往往造成基础设施的毁坏，其核心处置业务为关键基础设施的快速恢复，因此这三者属于恢复重建型。

（2）应急物资需求情景的分类构建

根据突发事件应急物资的需求特征和分类依据，需要进一步将突发事件需求情景筛选归纳为若干类型，构建出具有代表性的应急物资需求情景。张永领在其应急保障能力评估的研究中，构建了以下几种应急物资需求情景：

1）综合持续需求型。该需求情景对物资需求的种类多，持续时间长，需求量大，物资结构复杂。物资需求种类包括救援类物资、基础生活保障物资、医疗物资和恢复重建物资；物资需求的连续性状况和紧迫度复杂性较高；物资需求的总量高，物资内部需求比例结构在不同的时间段差异性显著。代表性突发事件为特大地震灾害、特大洪水灾害。

2）卫生防疫需求型。该需求情景以卫生防疫物资需求为主，需求种类比较单一，需求的紧迫性较高，专业化处置比较强，整个突发事件的应对是以医疗物资的供应为导向的。代表性突发事件为瘟疫等公共卫生事件。

3）物资缓增需求型。该需求情景是针对缓发型突发事件，其对物资的需求是随着事件的发展逐渐增大的，在灾害初期，对物资的需求是缓和的，到了灾害后期，对物资的需求量增大，紧迫性程度升级。代表性突发事件为局部或大面积持续干旱。

4）控制疏散需求型。此情景的核心处置业务是事态的控制和灾民的紧急疏散，因此以大量应急处置物资和应急疏散装备的需求为主，包括处置物资、疏散工具等，物资需求的种类较单一，需求的紧迫性非常高。代表性突发事件为核泄漏。

5）紧急处置需求型。此情景对物资需求的紧迫性要求非常高，需要在第一时间进行紧急处置来缓和事态，否则过了救援的黄金阶段，其造成的损失将会大幅增加。代表性突发事件为特大交通事故、网络攻击等。

6）快速恢复需求型。此情景需要基础设施的快速恢复，包括一些生命线设施如电力、道路等的抢修，以恢复人民正常的生产生活。代表性突发事件为滑坡、泥石流等。

以上几种需求情景是从宏观上的分类，每一种情景还可以加以细分，以便更好地指导应急物资准备工作。

4. 应急物资需求情景结构与内容

构建应急物资需求情景的目的是使灾前的应急准备更好地服务于灾后的有效应对。具体来说，就是让决策者事先对灾害事件有清晰的认识，对物资的准备、调度等工作有宏观的把握，以便在事中应对时准确快速地生成应急策略方案。因此，所构建的物资需求情景应当遵循共同的逻辑框架结构，即用相同的逻辑顺序对物资需求情景进行描述。根据"情景-任务-能力"这一规划流程，可以从情景描述、物资任务、物资保障3个维度对物资需求情景进行详细刻画。

1）情景描述。情景描述主要是对物资需求情景的简介，包括物资需求地点的地理环境、人文环境，需求的时间、种类、数量、紧迫性等内容，可以根据所描述的情景来确定应急物资任务和应急物资保障工作。

2）物资任务。根据突发事件的应急管理流程，其每一个环节都需要应急物资。以上述的物资需求情景描述为依托，提出紧急疏散、应急救援、医疗救治和恢复重建4项物资任务。

3）物资保障。根据物资需求情景和物资任务需做出相应的物资保障，结合实际的物资需求情景，物资保障应包括以下内容：①物资筹备（物资来源渠道：物资储备库、采购、征用、捐赠）；②运输保障（包括运输方式、运输路线的选择等）；③物资分配（包括分配原则等）；④恢复物资（包括对物资的复原、补充和处理）。

根据应急物资需求情景结构与内容，可对每一种应急物资需求情景进行较为细致的描述，在突发事件应急处置时，就可以根据所需物资情景确定调度和配置方案，从而保障突发事件的快速高效处置。

5. 应急物资需求与能力差距

通过开展情景构建与应急任务梳理，评估情景中应急物资需求与应急保障能力之间的差距，对完善我国应急物资储备制度，建立健全应急物资储备体系，提升应急保障能力作用重大。

例如，王永明在其《重大突发事件情景构建理论与实践》一书中所附的《北京市巨灾情景构建实施指南》中，以"针对在应急能力分析中发现的资源差距，采取不同对策进行弥补，并编制能力差距与对策表"的方式来提出长期改进措施，弥补应急物资差距，提升应急准备能力。

1）所需资源总量基本足够，但分散在城市不同部门和地区的，应建立有效的资源统筹和调配机制。

2）本地资源不足，但上级部门或周边省（区、市）拥有相应的资源，或可在较短时间内通过采购、生产等方式加以补充的，应建立和完善跨地区、跨部门的应急联动机制，签订互助、采购、代储、征用等协议，设立应急基金、补偿基金，实现资源的共享互助与快速调用。

3）资源数量差距较大，短期内无法解决的，应列入中长期应急能力建设规划并推动落实，或修订完善相关法律法规，明确紧急情况下的社会征用办法。

4.5 案例：井喷（失控）事故所致有毒气体扩散事件情景构建概要

井喷（失控）事故所致有毒气体扩散事件情景参考重庆开县"12·23"井喷事件等典型案例，以川渝东部地区为真实背景，深入研究高含硫气井井喷（失控）事故所致有毒气体扩散事件的演化规律和影响后果，基于"底线思维"而构建。该项情景构建主持单位是中国石油天然气集团公司，技术支撑单位是中国石油集团安全环保技术研究院。

1. 情景概要

该天然气井位于川渝东部地区山区丘陵低洼地带，四周为山，沟壑相间。发生井喷事故后，喷出的硫化氢不易扩散，浓度迅速增高，可导致人员严重伤亡。

该井预计天然气流量400万 m^3/天，硫化氢含量225000mg/m^3。事发前正在进行起钻作业，起钻过程没有按照规定及时灌注钻井液，为井喷的发生埋下了隐患。发现溢流实施关井后压井过程中，套压持续上升，因硫化氢腐蚀作用造成钻具氢脆断落，位于上部的钻具上顶造成钻杆箍在了剪切闸板处，关闭剪切闸板失败，井口压力急剧上升，四通部位发生刺漏，导致井喷失控。失控后没有及时实施点火，造成大量含硫化氢的天然气喷出，顺着低洼地带扩散，对周围居民造成巨大伤害。井喷失控后 7~12 天，事故处置进入善后恢复阶段。

2. 情景简表

井喷（失控）事故所致有毒气体扩散情景见表 4-5。

表 4-5　井喷（失控）事故所致有毒气体扩散情景

情景要素	要素内容
发生地点	川渝东部地区高陡构造的某天然气探井
伤亡情况	200 多人死亡，3000 多人住院治疗及观察
疏散人口	上万人被迫紧急疏散
基础设施损坏	硫化氢腐蚀造成钻具发生氢脆断落
环境污染	事故期间大气中硫化氢和二氧化硫严重超标，形成酸云、酸雾或酸雨对环境造成污染
经济损失	直接经济损失达上亿元，加上用于应急救援、疏散转移等方面的费用，经济损失总计数亿元
同时发生多起事件的可能性	有可能发生天然气着火爆炸、人员踩踏和摔伤、交通事故
恢复期限	压井成功需要 1 周，灾民返乡需要 2 周

3. 情景构建成果简介

1) 对国内外井喷事件案例进行系统分析，归纳了导致井喷（失控）有毒气体扩散事故发生扩大的关键因素和逻辑关系，总结了井喷（失控）后影响有毒气体扩散的重要因素，包括气象、地表、地形等。

2) 采用 3D 仿真技术，建立复杂地形三维模型，对井喷（失控）有毒气体扩散过程进行了模拟研究。在模拟研究的基础上，依据 SY/T 5087—2017 标准对井喷（失控）有毒气体扩散伤害后果进行了定量分析研究。

3) 基于案例分析，结合 3D 模拟仿真，研究了气象、地表、地形等因素对井喷（失控）后有毒气体扩散过程的影响规律（如风速 2m/s 时，有毒气体扩散主要受风的影响，伤害范围最大；天然气流量的变化对撤离区范围影响较小，对应急区和报警区影响较大等）。

4) 在案例分析、3D 仿真、现场调研、专家讨论成果的基础上，通过"气侵""溢流""井喷""井喷失控""现场应急处置"和"事故善后和处理"六个关键环节、22 个时间节点，对井喷（失控）有毒气体扩散过程、事故后果、现场处置及善后工作等给予了展现。

5) 对"井喷（失控）有毒气体扩散"演化过程进行 3D 开发，直观展现情景演化过程，使政府和企业各级部门对此类事件认知达到统一，为相关的政府和企业部门针对此类事故的应急处置提供辅助决策工具。

6) 基于情景分析，从"预防与应急准备""监测与预警""应急处置与救援""事后恢复与重建"4 个方面全面分析了井喷（失控）有毒气体扩散事故面临的应急任务，并从 21

个角度对四大应急任务实施了细化分析，形成井喷有毒气体扩散预案制定的指导性工具。

7）基于应急任务分析，深入调研国内天然气钻探企业应急能力现状，从21个方面分析了目前应急能力分布状况，梳理了6个需要完善加强的应急环节（包括应急培训和演练、安全意识和安全责任的强化、信息监测等）。

8）通过天然气钻探行业专家和现场有关人员多次推演、现场考察，从8个方面对企业层面和政府层面应急工作提出了若干具体的建议，如建议对高含硫气井周边居民的疏散预案进行实战演练；建议对高含硫气井附近村镇的交通状况实施调研，继续完善道路公共设施建设等。

相关知识阅读

- 《突发事件应急预案管理办法》
- 《生产安全事故应急预案管理办法》（2019年修订，中华人民共和国应急管理部令第2号）
- GB/T 29639—2020《生产经营单位生产安全事故应急预案编制导则》
- AQ/T 9011—2019《生产经营单位生产安全事故应急预案评估指南》
- AQ/T 9007—2019《生产安全事故应急演练基本规范》
- 《重大突发事件情景构建理论与实践》，王永明，国家行政管理出版社出版，2019

第 5 章
业务连续性管理

■ 本章概要

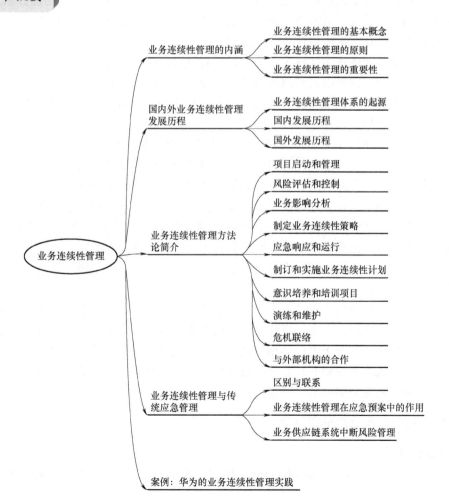

■ 学习要点

- 了解业务连续性管理的基本概念、原则和重要性
- 了解国内外业务连续性管理的发展历程
- 熟悉和掌握业务连续性管理的具体方法
- 了解业务连续性管理与传统应急管理之间的关系，掌握如何运用业务连续性管理进行应急预案编制，以及如何对业务供应链系统中断进行风险管理

5.1 业务连续性管理的内涵

随着经济全球化进程的不断加快，各国、各地区、各组织之间的业务联系越加密切，一旦发生突发事件使其中一个业务中断，就有可能导致局部业务停摆，甚至是整个业务陷入瘫痪，造成的后果是不可估量的。业务中断的时间越长，影响范围越大，造成的损失也就越大，如果企业或组织不具备突发事件下的快速恢复能力，将会影响组织的运营全局，甚至会对国家安全和社会稳定造成不良影响。越来越多深受突发事件影响的组织已经开始意识到，只有通过更加切实的手段，借助更加便捷的信息技术，构建真正有效应对危机事件的管理体系，才能使管理科学化、手段现代化，才能保证业务的连续运行。在此背景下，业务连续性管理应运而生。如今业务连续性管理作为一种应对风险的全新管理理念，已经成为应对突发事件的国际通用规则。它可以识别出可能带给企业的潜在威胁以及这些威胁发生时对业务运营带来的负面影响，同时提供一套有效的反馈和恢复体制，从而对组织利益、声誉和价值创造活动进行有效的保护。

业务连续性管理侧重于通过持续的、常态化的管理机制，实现业务的持续运作而不中断，对于中断要及时恢复，主要是对事前进行风险管理。业务连续性管理采取了一种立足于影响和时间的途径，其关注的问题在于：如果重大活动出现中断，会对组织造成何种影响，即更关注效果而非原因，业务连续性管理主要是集中在应急管理中的应急准备阶段。应急管理中的风险管理集中在评估、预防阶段，传统的风险管理考虑哪些威胁（风险）会造成哪些支持重要产品或服务的重大活动的中断，以及如何阻止这些中断的发生，重点关注风险的原因。因此，将业务连续性管理的方法引入应急管理，可以有效地把风险管理与应急响应和恢复紧密地联系在一起。

由于突发事件对社会的影响是一个个组织的业务中断所造成的影响的总和，如果这些组织采纳了业务连续性管理，在突发事件中能保持业务连续性，则突发事件对社会的总影响将会得到缓解，政府应急管理压力也会相应减轻。除此之外，我国目前的应急管理是一种非常态管理，从常态的风险管理到非常态的应急响应缺乏连接纽带，而业务连续性管理的引入可以实现从风险管理到应急响应的平稳过渡。

5.1.1 业务连续性管理的基本概念

1. 恢复点目标

恢复点目标（Recovery Point Objective，RPO）指的是为使活动能够恢复进行，而必须

将该活动所用的信息恢复到某时间点。

2. 恢复时间

恢复时间（Recovery Time Objective，RTO）指的是事件发生后到下列活动完成之间的时间段：

1）产品或服务必须恢复。
2）活动必须恢复。
3）资源必须复原。

对于产品、服务和活动，恢复时间目标必须小于组织不能接受的导致产品/服务停止供应、活动无法执行等负面影响所需的时间。

3. 业务连续性

业务连续性（Business Continuity，BC）是指在中断事件发生后，组织在预先确定的可接受的水平上连续交付产品或提供服务的能力。

4. 业务连续性计划

业务连续性计划（Business Continuity Plan，BCP）是指用于指导组织在业务中断时进行响应、恢复、重新开始和还原到预先确定的业务运行水平的形成文件的程序。业务连续性计划通常包括确保关键业务功能的连续性所需的资源、服务和活动。

5. 业务连续性方案

业务连续性方案（Business Continuity Programme）是由最高管理者和适当的资源所支撑的，为实施和保持业务连续性管理所进行的持续不断的管理和治理过程。

6. 业务影响分析

业务影响分析（Business Impact Analysis，BIA）指的是分析活动和业务中断可能带来的影响的过程。

7. 业务连续性管理

业务连续性管理（Business Continuity Management，BCM）在 GB/T 30146—2013《公共安全 业务连续性管理体系 要求》标准中的定义为："识别对组织的潜在威胁以及这些威胁一旦发生可能对业务带来的影响的一整套管理过程。该过程为组织建立有效应对威胁的自我恢复能力提供了框架，以保护关键相关方的利益、声誉、品牌和创造价值的活动。"

业务连续性管理是一种战略管理，在突发事件发生时，使组织能更好地预防、应对、响应、恢复、重建，保障组织业务和活动的正常进展。同时，业务连续性管理也是一种组织文化，需要组织内部全体人员共同提高理念来完成且不断循环向前。它主要包括：①清楚组织的关键产品和服务，以及交付这些产品和服务的活动；②了解恢复活动的优先级以及所需的资源；③清晰地了解活动所受到的威胁，包括这些活动之间的依赖关系，还要知道如果没有恢复这些活动将会带来的影响；④当中断事件发生时，有准备好的经过测试并可靠的计划来重启活动；⑤确保这些计划得到定期评审和更新，从而使其在各种情况下都有效。

8. 业务连续性管理体系

业务连续性管理体系（Business Continuity Management System，BCMS）是用于建立、实

施、运行、监测、评审、保持和改进业务连续性,是组织整个管理体系中的一部分。其中,管理体系包括组织结构、方针、规划活动、职责、程序、过程和资源。

5.1.2 业务连续性管理的原则

1) 确保当事机构的主要业务操作在任何时候都能持续运转。简单来说,组织建立业务连续性管理体系的目的在于通过实施和运行控制措施来管理组织应对中断事件的整体能力,从而保障当组织的核心业务发生中断后,能够在规定的时间内将核心业务恢复到正常状态。业务连续性管理支持组织业务连续性管理活动,也支持技术灾难恢复活动。这些可以包括项目规划和管理、人员配备、计划、预测、预算编制、研究和开发、资源管理、通信、会议、教育活动、宣传和促销活动、活动网站、绩效评估活动、按天进行处理查询和许多其他活动。

2) 无论大小经营活动,都需要提前做相应规划。充分准备活动前的各项细节,保障活动顺利无误地进行。

3) 坚持以人为本、预防为主、联动协作。坚持以人为本,就要做到重点保障人员安全,实施差异化管理,保障重要的业务有序恢复,兼顾业务连续性管理成本与效益;坚持预防为主,就要做到建立预防、预警机制,将日常管理与应急处置有效结合;坚持联动协作,就要做到加强沟通协调,形成应对运营中断事件的整体有效机制。

5.1.3 业务连续性管理的重要性

当前世界面临的风险有恐怖袭击、黑客、网络侵袭、计算机病毒、自然灾害、大规模停电、罢工、环保、市场恶性竞争、企业倒闭等。这些风险一旦发生,则会给组织和国家带来巨大的损失。没有实施灾难备份系统措施的组织在遇到灾难后,不仅会遭受重创,而且会面临倒闭破产的风险。传统的业务管理方法及流程,在遭遇灾难事件时常常不堪一击,还有可能随时崩溃。从国际成功经验来看,那些及时引入业务连续性管理的组织,之所以能够在灾难事件面前处乱不惊、化险为夷,主要在于它们能够借助先进的业务持续管理解决方案,有效地保护其核心业务的持续运行。

业务连续性管理的出发点在于对潜在的灾难危险加以辨别并进行分析,以确定其对企业运作造成的威胁,并建立一个完善的持续管理计划来防止或减少灾难事件给组织带来的损失。业务连续性在处理突发中断事件(如爆炸)和渐进中断事件(如流感大暴发)时都是有效的。能够造成活动中断的事件非常多,其中许多是难以预测和分析的。由于业务连续性关注中断事件带来的影响而不是其产生的原因,因此业务连续性识别出哪些是组织赖以生存的活动,并使组织确定为履行其责任需确保哪些活动的连续性。通过业务连续性,组织能够认识到在中断事件发生前需要做什么准备来保护其资源(如人、房屋、技术和信息)、供应链、相关方以及声誉。基于该认识,组织能在中断事件发生时务实地采取可能需要的响应,而能够自信地管理结果并避免造成不可接受的影响。业务连续性管理过程作用于突发中断事件和渐进中断事件的方式如图5-1、图5-2所示。

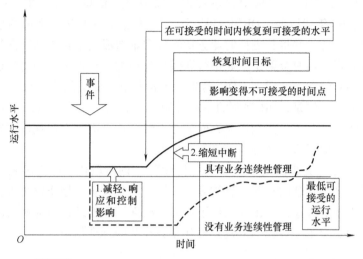

图 5-1 业务连续性管理过程作用于突发中断事件的方式

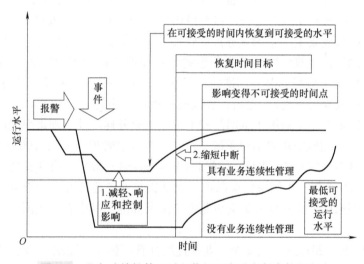

图 5-2 业务连续性管理过程作用于渐进中断事件的方式

5.2 国内外业务连续性管理发展历程

5.2.1 业务连续性管理体系的起源

"业务连续"的概念最早源于美国的"灾难恢复"（Disaster Recovery，DR）一词。20世纪初期，美国"9·11"恐怖袭击事件影响了众多企业，许多企业由于受到灾难的冲击一蹶不振，一部分企业采用了预留的灾难备份系统，在灾备系统的恢复下正常运转；一部分企业没有灾难备份恢复系统，因此在灾难面前面临倒闭。某些先进的大企业，如摩根士丹利，因为有备份的核心管理系统，灾难过后的短短几天，公司就恢复了正常运营。世界格局的不稳定性使得企业不得不预留一套管理方案，以备不时之需。

20 世纪 70 年代,美国为了应对自然灾害、保护企业信息系统,在实践中逐渐产生了 DR 理念。20 世纪 90 年代以前,DR 主要是指为了将信息系统从灾难造成的故障或瘫痪状态恢复到可正常运行状态,并将其支持的业务功能从灾难造成的不正常状态恢复到可接受状态而设计的活动和流程。当时金融组织如银行和保险公司大都建设了另外的备份站点,备份磁带存储在远离主中心的地点。后来,DR 逐渐发展成为企业全面的应急计划,以应对企业面临的突发破坏性事件。但是,DR 强调的是灾后如何全面恢复生产,从而达到灾前的业务水平,对于灾前预防风险、灾中控制风险方面关注不够,不能满足企业规避损失的需求,于是在实践应用过程中逐渐引入了"业务持续"的思想。

进入 21 世纪后,"灾难恢复"被"业务持续"一词所取代。欧美国家根据经济全球化风险管理的判断,基于互联网犯罪、恐怖袭击、极端气象灾害、地质灾害以及恶性传染病流行等非传统安全因素的考虑,提出并加快了业务连续性管理的理论研究和实践活动,并投入大量的人力、物力制定了一系列的危机管理和业务连续的标准指南。

5.2.2 国内发展历程

国内业务连续性管理体系的标准起步较晚,从"9·11"事件之后,国内才开始这方面的工作,经历了从探索到实践的过程,目前虽仍处于初级阶段,但发展势头迅猛。2004 年,中国信息化推进联盟成立了"中国业务持续管理专业委员会",该组织先后举办了多届业务连续性管理高峰论坛,有效地推动了业务连续性管理理念在我国的传播。2005 年,国务院新闻办针对八大行业(银行、电力、铁路、民航、证券、保险、海关、税务)发布了《重要信息系统灾难恢复规划指南》。之后,我国的一些行业主管部门从关心国计民生、社会稳定方面出发,也制定了一些适用于本部门或本行业的业务连续性管理指引规范。例如,2005 年,民航业制定《民用航空重要信息系统空难备份与恢复管理规范》;2007 年,全国信息安全标准化技术委员会(SAC/TC 260)发布了 GB/T 20988—2007《信息安全技术 信息系统灾难恢复规范》;2011 年,中国银监会制定《商业银行业务连续性监管指引》等。

除此之外,国家标准化管理委员会也制定了国家标准,其中有三项国家标准等同采用国际标准:

1)GB/T 30146—2013《公共安全 业务连续性管理体系 要求》,该标准等同采用 ISO 22301:2012,为策划、建立、实施、运行、见识、评审、保持和持续改进一个文件化的业务连续性管理体系规定了要求,适用于各种类型、规模和特性的组织或组织的一部分。这个标准没有规定统一的业务连续性管理体系结构,而是为组织设计一个适合其自身需要且同时符合相关要求的业务连续性管理体系。

2)GB/T 31595—2015《公共安全 业务连续性管理体系 指南》,该标准等同采用 ISO 22313:2012,为业务连续性管理体系的策划、建立、实施、运行、监视、评审、保持和持续改进文件化的管理体系提供指南,以使组织能够在中断事件发生时,准备、响应并进行恢复。

3)GB/T 35625—2017《公共安全 业务连续性管理体系 业务影响分析指南(BIA)》,该标准等同采用 ISO/TS 22317:2015,为组织理解、开发、实施、检查、保持、提升有效的业务影响分析过程提供依据,也为业务影响分析的策划、实施改进提供指导,以更好地协助组织开展业务影响分析。

随着国家标准的发布、我国认证认可行业的蓬勃发展以及日益增长的认证需求，业务连续性管理体系认证将成为一个崭新的认证领域；与之相关的咨询、培训服务也正在形成一个不断成长的技术服务市场，在为组织带来价值的同时，对降低组织风险、保障组织业务的连续性有着积极的影响和深远的意义。

5.2.3 国外发展历程

早在 ISO 正式发布其国际标准前，已有多个国家发布了本国的业务连续性管理体系国家标准。2004 年，澳大利亚标准化组织发布了 HB 221：2004《业务连续性管理手册》，该标准为全面的业务连续性管理过程提供了一个完整框架和关键流程，之后该组织于 2006 年又发布了 HB 292：2006《业务连续性管理从业者指南》和 HB 293：2006《业务连续性管理高级管理层指南》，分别为从业者和高级管理层在业务连续性管理中提供了指导要求。

2006 年，英国标准协会（BSI）颁布了用于指导组织实施业务连续性管理体系的国家标准 BS 25999-1：2006《业务连续性管理第一部分：实施规程》。2007 年，BSI 又颁布了可用于认证的 BS 25999-2：2007《业务连续性管理第二部分：规范》。

2007 年，美国消防协会（NFPA）发布了 NFPA 1600：2007《关于灾难/应急管理与业务连续性规划的标准》，并将其作为本国的业务连续性管理标准。

在亚洲地区，新加坡于 2008 年颁布了本国的业务连续性管理体系标准 SS 540：2008《新加坡业务连续性管理标准》。日本、以色列等国也在 ISO 发布前，发布了适用于本国的业务连续性管理标准。

国际标准化组织中，开发业务连续性管理体系的机构为 ISO/TC 223（公共安全(Societal Security)技术委员会）和 ISO/TC 292（安全和恢复力（Security and Resilience）技术委员会）。国际标准化组织在美国 NFPA 1600、英国 BS 25999、新加坡 SS 540 及日本等国家标准的基础上，结合各国的最佳实践经验，于 2012 年 5 月发布了业务连续管理体系的认证标准 ISO 22301：2012，取代了国际公认的由英国 BSI 发布的 BS 25999-2：2007，并于同年 12 月发布了 ISO 22313：2012《业务连续性管理体系实施指南》。此后，ISO/TC 292 又发布了业务连续性管理体系方面的标准，具体如下：

1) ISO 22300：2018《安全和恢复力 词汇》，该标准定义了安全和恢复力标准中使用的术语。

2) ISO/TS 22317：2015《公共安全 业务连续性管理体系 业务影响分析指南》，该标准为组织、建立和维护符合 ISO 22301 要求的业务影响分析过程提供了详细的指导。

3) ISO/TS 22318：2015《公共安全 业务连续性管理体系 供应链连续性指南》，该标准为评估和管理货物和服务的外部供应链以及公司内部服务安排提供了良好的实践。

4) ISO/TS 22330：2018《安全和恢复力 业务连续性管理体系 业务连续性人员方面指南》，该标准强调可能参与或受破坏性事件影响的人员的需求。它为在破坏性事情发生的情况下负责与业务操作相关的人力资源的任何人提供指导。它不是管理事件的明确指南，而是对需要考虑的人员问题和改进总体反应等方面的可能战略的审查。

5) ISO/TS 22331：2018《安全和恢复力 业务连续性管理体系 业务连续性战略指南》，该标准为业务连续性战略的确定和选择提供了详细的指南，符合 ISO 22301 的要求。它适用于任何业务连续性战略的确定和选择工作的执行，无论业务连续性管理体系的一部分还是业务连续性计划。

5.3 业务连续性管理方法论简介

业务连续性管理依照时程可划分为四个阶段：①意外事故或危机发生前的危机预防/风险控制/损失预防阶段；②意外事故发生第一时间的应急反应处理阶段；③意外事故层级达到危机触发点后的危机管理；④业务复原计划阶段。不同的业务连续性管理建立过程指导文件与标准虽然有所差异，但基本遵循"策划（Plan）—实施（Do）—检查（Check）—改进（Action）"（PDCA）持续改进闭循环模型，用以策划、建立、实施、运行、监视、评审、保持和改进组织业务连续性管理体系的有效性。应用于业务连续性管理体系过程的 PDCA 模型如图 5-3 所示。

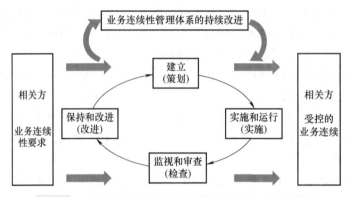

图 5-3 应用于业务连续性管理体系过程的 PDCA 模型

PDCA 模型对应的业务连续性管理体系建立步骤如下：

1) 策划 P：建立与改进业务连续性管理相关的方针、目标、指标、控制措施、过程和程序，以提供与组织的总方针和总目标相一致的结果。

2) 实施 D：实施和运行业务连续性的方针、控制措施、过程和程序。

3) 检查 C：对照业务连续性方针和目标，监视和评审业务连续性的绩效，并将结果报告给管理者以供评审，确定和授权纠正与预防措施。

4) 改进 A：基于管理评审以及重新评审的业务连续性管理体系的范围、方针和目标的结果，采取纠正措施，以持续改进业务连续性管理体系。

业务连续性管理中常见的十个国际优秀专业惯例操作步骤为：项目启动和管理、风险评估和控制、业务影响分析、制定业务连续性战略、应急响应和运行、制定和实施业务连续性计划、意识培养和培训项目、演练和维护、危机联络、与外部机构的合作。

5.3.1 项目启动和管理

项目启动和管理主要是确定业务连续性计划实施过程的相关需求，包括获得管理支持以及组织和管理项目使其符合时间和预算的限制要求，以便使用结构化的工作方法，帮助恢复策略的开发与选择。具体实施步骤如下：

1) 确定业务连续性计划编制的需求。在制定业务连续性计划之前，应与相关方进行适当的沟通，确保考虑相关方的需求和要求，明确业务连续性管理体系的目的。

2）获得高级管理层的支持。高级管理层要认可业务连续性管理对组织的价值，了解并接受业务连续性管理的相关成本，同时要高度重视并参与，这是确保项目成功的关键要素。高级管理层对业务连续性管理的支持可通过激励、鼓励和授权来实现。

3）建立业务连续性管理组织及责任。组建业务连续性管理项目核心团队，明确每个成员在项目中的职责。其中，高级管理者在业务连续性管理项目中的职责包括分配足够的资源并指派拥有专业业务连续性管理知识的成员来开发和推动业务连续性管理项目，并将这些人的角色、义务、责任和权利列入工作职责中，使每个员工都清楚自己在业务连续性管理项目中扮演的角色，并通过将其纳入组织的评估、奖励和表彰政策来加强印象，同时还要设定管理与控制风险的政策。

4）明确业务连续性管理项目的范围。明确业务连续性管理范围的目的是确定组织的哪些领域或区域要纳入计划，以及定义哪些产品和服务在范围之内。设置范围的关键在于要以组织提供的产品或服务为中心。

5）编制时间计划表。明确各项计划的完成时间。

5.3.2 风险评估和控制

风险评估和控制要确定可能造成机构及其设施中断的灾难、具有负面影响的时间和周边环境因素，评估企业的薄弱环节和风险出现的可能性，以及时间可能造成的损失、防止或减少潜在损失影响的控制措施，提供成本效益分析以调整措施方面的投资，达到消减风险的目的。同时，由于风险会随着系统的发展而变化，因此风险管理过程也必须是动态的。具体实施步骤如下：

1）识别可能的不利事件和威胁。识别和了解当前业务环境中客观存在的威胁和薄弱环节，鉴别组织内外部的意外事故、危机与资源情况，包括但不限于自然灾难、人为灾难、科技灾难、政治灾难、意外的与蓄意的灾难、内部灾难与外部灾难、可控制风险与超出组织控制能力的风险、有先兆的与无先兆的灾难、相关的法律法规问题。

2）信息的收集和分析方法。信息收集与鉴别方法是危险源鉴别的关键步骤，鉴别方法主要有：①利用国内外法规与标准进行比较的法规与标准比较法；②危险与可操作性研究（HAZOP）、失效模式与影响分析（FMEA）、失效模式与后果严重度分析（FMECA）、事故树分析（FTA）、事件树分析（ETA）等系统性危险源鉴别方法；③预先危险性分析（PHA）或故障假设分析（WIA）等非系统性的脑力激荡方法。

3）确认可能的风险和损害。分析风险的冲击和影响，包括事件发生的可能性和严重性、直接损失、间接损失及负面影响等。

4）确定应采取的控制措施。识别减少/降低风险、威胁或隐患的方法，提供在现有条件下，降低风险和改进薄弱环节的措施建议并实施。

5）对所采取的措施进行评价。评估控制措施的效果。

5.3.3 业务影响分析

业务影响分析主要是通过分析实际存在的风险，从业务中断角度和财务角度，识别一个组织的潜在损失，识别导致组织中断和灾难的影响，采用定性或定量的技术，建立关键业务功能、优先恢复级别和依存关系,设定恢复时间目标(RTO)和恢复点目标(RPO),以便有效分配和利用有限的资源,优先恢复关键业务。具体实施步骤如下:

1)确认中断对业务的影响。根据风险评估的结果,识别组织面临的风险,了解组织内部与外部资源分配、损失形式以及业务影响形式。

2)定性及定量地衡量影响。定性衡量是针对无法量化的财务损失进行分析,如声誉、公众形象、士气、道德、客户满意度等因素;定量衡量则是按照数量、百分比、销售、市场份额、收益、财政收入或其他标准化的因素来进行影响分析。

3)确认关键业务功能和流程。通过对所有业务活动及资源的系统性识别、梳理、分析,分清关键功能(如果这类功能被中断或失效,就会危及组织的业务并造成严重损失)、基础功能(这些功能一旦失效将会严重影响组织长期运营的能力)、必要功能(组织可以继续运营,但这些功能的失效会在很大程度上影响组织的效率)、有利功能(这些功能对组织是有利的,但它们的缺失不会影响组织的运营能力),让组织更加清楚地了解自身的关键业务、人员、场地、资源等,为组织管理和资源的投入提供决策依据。

4)确认优先级别和相互依赖性。通过对业务的梳理,厘清各业务之间的联系,并与各个部门及管理阶层进行讨论与交流,明确业务之间的相互依赖性(通常包括业务功能、业务单元、系统、应用),了解某一个业务中断对其他业务之间的影响,确定各关键业务的恢复需求等级、最低恢复要求、恢复顺序、恢复所需的各项资源等。

5)确定 RTO 和 RPO。分析确定各关键业务可容许中断的最大时间长度,确定各关键业务的 RTO 需求;分析各关键业务数据丢失的可容许程度,确认关键业务的 RPO 需求。

5.3.4 制定业务连续性策略

制定业务连续性策略主要是在风险评估及业务影响分析的基础上,确定和指导备用业务恢复运行策略的选择,以便在 RTO 范围内恢复业务,并维持组织的关键功能。具体实施步骤如下:

1)根据风险评估和业务影响分析结果制定策略。识别现有恢复能力与灾难恢复能力目标间的差距,制定灾难恢复短期、中期、长期建设策略,包括企业级策略和部门级策略。

2)进行成本效益分析。估算各种解决方案的投资成本与效益。

3)选择最佳的策略。根据成本效益原则,确定灾难恢复资源获取方式和建设模式。根据时限、实用性、选择性、位置、人员和沟通等情境不同,可选择的业务连续性策略包括消除危险源、保险、预备场所、手工处理程序、分散处理、缓解措施和预先计划、推迟行动等。

5.3.5 应急响应和运行

应急响应和运行主要是制定和实施应急响应程序,使事件发生后的情形得到稳定,以及建立和管理应急指挥中心。该中心用于在紧急事件中发布命令。具体实施步骤如下:

1)制定和实施应急响应程序。制定应急预案、应急响应程序、应急响应机制等,明确中断事件的应对措施、告知程序、沟通方式等,使组织在事件发生时能有计划地进行应对,既要关注人员和财产的挽救,也要注重业务的持续,通过建立分级响应机制,完善控制事件全过程的各项预案。

2）使事件发生后的情形得到稳定。采取救援/疏散、扑灭/排除危险源等措施对现场情况进行处理，使灾区恢复原来的正常运行状况。

3）建立和管理应急指挥中心。

5.3.6 制订和实施业务连续性计划

制订和实施业务连续性计划主要是设计、制定业务连续性计划，以便在 RTO 范围内完成恢复。具体实施步骤如下：

1）制订计划的要求。制订的业务连续性计划要能解决对事件进行响应的所有问题，特别是生命安全问题，以及满足计划使用人员的相关要求。可以让计划使用人员参与计划的制订，或者利用演练中的反馈结果及中断事件中吸取的经验教训来制订计划。

2）确定计划的结构和形式。可以分成几个单独的计划，即预防、响应、业务接续、业务恢复和复原计划，也可以由每一个这样的计划构成总体计划。

3）编制业务连续性计划。①明确方案目的和范围；②明确优先恢复的目标、活动以及成功恢复的方法；③明确启动的准则和程序；④明确实施程序；⑤明确角色、职责和权力；⑥明确沟通的要求和程序；⑦明确内部和外部的依赖关系和相互作用；⑧明确资源的要求；⑨明确信息流和存档过程等。

4）贯彻执行业务连续性计划。这主要包括应急响应、危机管理、业务复原 3 个阶段。

5）建立计划分发和控制程序。明确计划持续实施管理程序，并将制订的计划传达到组织的每个部门和人员。

5.3.7 意识培养和培训项目

意识培养和培训项目主要是准备建立对机构人员进行意识培养和技能培训项目，以便业务连续性计划能够得到制订、实施、维护和执行，组织应该根据内部各个流程的不同需求，开发定制各种培训课程，确保各个关键业务流程的相关人员对业务连续性管理的意识得到提高，在面对危机时能够有效应对，从而降低大规模的损失风险。具体实施步骤如下：

1）确定意识培养和培训的目标。

2）确定各种意识培养和培训的计划。

3）开发意识培养和培训的方法和工具。

4）确认其他教育机会。

5.3.8 演练和维护

演练和维护主要是对预先计划和计划间的协调性进行演练，并评估和记录计划演练的结果，制定维持连续性能力和业务连续性计划文档更新状态的方法，使其与机构的策略方向保持一致。通过与相关标准的比较来验证业务连续性计划的效率，并使用简明的语言报告验证的结果。具体实施步骤如下：

1）设计和协调业务连续性计划的演练。根据制订的计划进行演练，以评估业务连续性计划的可行性和完整性，可采取桌面推演、模拟演练、并行演练、完全演练等方式。

2）评价演练结果。在演练中总结经验，并对演练效果进行评价。

3）制定维护和更新业务连续性计划的流程。通过演练的反馈结果对业务连续性计划进行维护和更新，如业务发生变更，要确保对业务连续性计划进行及时完善。

4）验证业务连续性计划的有效性。通过建立业务连续性计划能力评估机制来评估现行的业务连续性计划文件是否符合适用标准、法规或公司的业务策略，一般可以通过内部自行评价及检核表的方式完成。

5）以简明的方式报告结果。

5.3.9 危机联络

危机联络主要是在危机情况下，对与媒体的交流及计划，与员工及其家庭、主要客户、关键供应商、业主/股东和机构管理层进行沟通，以及在必要情况下提供心理辅导的计划进行制定、协调、评价和演练，确保所有利益群体能够得到所需的信息。具体实施步骤如下：

1）制订和演练危机沟通计划。制订不同业务中断等级下与媒体、员工、各利益相关者的沟通计划。

2）与各利益相关者的沟通。这主要是告知各利益相关者业务功能影响情况，稳定人员情绪，争取支持。

3）与外部机构、媒体及公众的沟通。解除外部机构、媒体及公众的疑问。

5.3.10 与外部机构的合作

与外部机构的合作主要是建立适用的规程和策略，用于地方当局协调响应、连续性和恢复活动，以确保符合现行的法律法规。具体实施步骤如下：

1）建立与外部机构协调的流程。

2）制定与外部机构的演练程序。

5.4 业务连续性管理与传统应急管理

5.4.1 区别与联系

1. 区别

业务连续性管理模式和传统应急管理模式存在显著差异，业务连续性管理强调关键业务能够经得起突发事件的影响，无论发生何种意外事件，组织的关键业务不能中断，企业容灾性高，涉及灾前、灾中和灾后，这是从组织关键业务功能存续的角度出发。而传统应急管理则强调在灾难发生时和灾难发生后采取行为保全人员和重要资产，是从保护人的生命和健康的角度出发。两者的目标有时是同一的，有时是不相同甚至是矛盾的。在某些特殊情况下，组织不得不为了救人而做出损毁或放任关键生产设施损坏的决策。业务连续性管理与传统应急管理的具体差异表现在以下方面：

1）管理过程不同。业务连续性管理过程要求组织认识自身所处的现状，确定各方面的脆弱性，包括内在、外在的风险分析，风险是不确定的，灾难可能因此发生也可能不发生，但对其识别是灾害管理不可缺少的一部分。经过风险分析，对可能造成灾害的风险因素有清醒的认识，并积极制定相应的应对措施、响应措施和恢复手段，保证组织能够避免出现业务中断。

2）管理目标不同。业务连续性管理模式最终希望企业免受损失，防患于未然，而传统应急管理模式关注点在于如何快速有效地响应和重建，减少损失。

3）要求恢复的时间限度不同。虽然业务连续性管理和传统应急管理在灾难发生后对恢复时间限度都有一定的要求，但业务连续性管理要求企业关键业务运行的中断时间不能超过所能承受的时间限度，以求实现业务可持续发展。时间限制设定的要求是在可容许时间内，受影响的关键业务必须恢复到接近正常水平，RTO 由标准测定。而传统应急管理要求的恢复时间基本取决于灾害的严重程度和救援力量大小，救援时间一般没有具体要求，模糊说法的"越快越好"常常变成"能拖多久拖多久"。

总的来说，业务连续性管理是常态的管理，目标是保持业务不中断，是为确保当出现人员缺失、设施（包括场所）故障、IT 和通信故障、供应商缺失以及私人部门客户损失中的一种或多种情况时，使机构的产品和服务能达到事先水平。而应急管理不是常态管理，其目标是针对问题的，即如何判定事件，如何处理事件等。应急管理的目的是降低突发事件带来的风险，使人们可以自由地和充满信心地从事他们的业务。

2. 联系

从业务连续性管理的发展和安全生产管理的实践要求来看，传统安全生产上升为社会安全及危机管理成为一个必然趋势。实际上，业务连续性管理的初衷和要求与《突发事件应对法》提出的应对"自然灾害、事故灾难、公共卫生事件、社会安全事件"4 类突发事件的应急管理是高度吻合的，即识别、分析这些可能引发业务中断的事件，并进行有效的管理和应对。

通过业务连续性管理把组织应急和危机管理紧密联系起来，建立和实施业务连续性管理体系，可以很好地解决突发事件应急以及危机管理等重点问题。例如，业务连续性管理的项目启动与管理，可以明确应急管理体系建设的项目需求；对组织面临的安全风险进行评估，可以了解组织安全保障措施情况以及经过安全保护后的残余风险，以此来评价和分析组织应对残余风险所需的应急处置能力；业务影响分析可以在风险评估的基础上，分析各种突发事件的发生对业务功能可能带来的影响，采用定量或定性的分析方法来确定应急响应的恢复目标，如关键功能恢复、优先顺序恢复等。

目前，应急预案是按照自然灾害、事故灾害、公共卫生事件、社会安全事件四类突发事件编写的，某一预案只针对一种突发事件进行风险分析，很难把针对某一突发事件的风险分析与对整个业务管理链条的影响或业务影响分析联系起来，加强组织业务连续性管理成为打造应急预案的必然选择。因为在现实情况中，一种突发事件往往同时耦合或次生其他突发事件。例如，一起化工企业或化工业园区的装置爆炸事故是化工类"事故灾难"事件，而引发的周边居民人员疏散、救治及社会稳定等就是与公共安全相关的"社会安全"事件，由于装置爆炸产生的空气、水及土壤污染又是环境类"事故灾难"事件，如果再伴有谣言传播或不法分子乘机破坏等，又涉及"社会安全"事件等。而这些都可以通过业务连续性管理将其统一起来，基于业务影响及中断事件分析，以"事件树"的分析方法，判断这一系列中断事件，找出或构建最坏可信事件（或事故）情景，制定应急预案，确保业务连续。所以，基于组织生产经营活动的业务连续性管理，可以分析和确定有可能引发业务中断、组织不可接受或引发社会公共危机的一系列"突发事件"，加强应急管理和应急准备能力建设。对于后果不严重、组织可接受、不会引发社会公共危机的中断事件,有针对性地加强日常管理,完善制度措施,提高安全生产的准确性。

5.4.2 业务连续性管理在应急预案中的作用

应急预案是一个组织发生业务中断风险情况下的"救命稻草"。没有系统性的应急预案,发生业务中断风险的组织很可能一蹶不振甚至陷入倒闭困境。由于组织和业务的复杂性、多样性和创新性,参加开发的部门和人员多、层次不同、职能不同、认识深度不同,如何根据应急组织内不同机构的职能,使不同专业和部门编制的预案更加具有规范性和可操作性,更加易于应急预案的管理和持续改进,一直是组织应急预案实际开发中必须解决的难题。结合业务连续性管理过程编制应急预案,可以针对某一突发事件的风险分析与对整个业务或某个业务管理链条的影响,将业务影响分析和有针对性的应急处置联系起来,使应急管理预案更具有可操作性。结合业务连续性管理编制应急预案的具体步骤如下:

1)制定总体应急预案。确定总体应急目标、范围、应急及灾难恢复组织框架、总体应急响应及恢复的策略、原则和流程,建立预案文档体系;明确总体负责人,成立开发组。

2)依据预案文档体系,对专项预案文档进行划分,提出相关开发要求,明确责任单位、责任人和协助单位与人员。

3)组织专家评审总体应急预案,提请管理层审核与确认。

4)制定专项预案模板。

5)按照模板,组织相关人员开发专项应急预案。

6)通过典型场景和典型业务,推演验证专项预案的有效性和可操作性,发现不足,改进并完善专项预案模板。这一阶段应不断反复验证、改进。

7)组织专家评审总体应急预案、专项预案模板、典型场景和典型业务应急预案,提请管理层审核与确认。

8)组织预案开发培训,讲解总体应急预案和专项预案模板,以前期开发的典型场景和典型业务应急预案作为示范样例进行推广。

9)分阶段组织各部门开发相关专项应急预案。每个业务部门在开发专项预案时,要认真理解和定义预案的目标与范围,梳理本部门重要业务条线的应急与恢复流程,分析应急恢复所必需的各类资源和外部接口,按照模板细化并编写专项应急预案。完成后首先提交本部门领导审核,然后由项目经理汇总并组织相关演练验证其正确性和有效性。

10)组织专家评审总体应急预案和各专项预案,提请管理层审核与确认。

应急预案的内容主要包括业务连续性指标、应急管理组织机构及职责、应急响应处置和报告的流程以及技术处置方案等。其中:

1)业务连续性指标制定工作是制定应急预案的前提和基础,以此来确定应急预案所适用的业务范围,需要达到的 RTO 和 RPO 等。

2)应急管理组织机构及职责主要描述本层级应急管理组织的机构组成及职责,以及与上下级应急管理组织机构的衔接。

3)应急响应处置和通知流程是整个应急预案的主体,通过流程将应急过程中每个成员和角色的具体操作及实施程序明确下来,将监测预警、人员响应、事故排查、处置恢复、联络报告、信息发布等环节串联起来,成为应急处置的行动指南。

4）技术处置方案是基于对某具体业务特点和风险的分析和归纳而制定的针对具体事故场景的处理方案。每一个场景等同于一个专项技术预案，包括该技术场景的描述、场景涉及业务的部署架构、场景的监测定位特征、业务恢复策略与方案、技术处置所需资源条件、技术处置步骤等。

5.4.3 业务供应链系统中断风险管理

在经济全球化深入发展的时代背景下，各组织的业务范围逐渐扩大（经常延展到国际）以及频繁变更，供应链也日益复杂，组织会不断面临额外的供应链中断风险。业务连续性管理过程中最大的挑战在于是否能够快速识别组织业务运作中的影响因素，并对其进行评估和管理。快速识别危机出现前的情形，评估可能出现的供应链中断场景及其影响，并积极响应，防止或减缓供应链中断对业务连续的影响。其中，供应链指的是涉及通过上下游联系向最终客户以产品和服务的方式提供价值的过程及活动的组织网络。中断则表现为无论属于预期（如飓风）还是非预期（如大停电或地震）的事态均会导致与组织目标预计交付的产品或服务存在计划外的不利偏差。

供应链经常会面临内外部带来的风险扰动：一类是"常规扰动风险"，发生概率较大，但危害小；另一类是"失效扰动风险"，会使供应链产生剧烈波动乃至中断，不易防范和控制。当前社会面临的新冠肺炎疫情相当于供应链面对"失效扰动风险"。增强供应链弹性能够使供应链主动从扰动中恢复到初始或理想状态，因此，只有将社会整体弹性提升到最优水平，才能有效应对未来可能再次发生的"失效扰动风险"。

在社会发展进程中会遇到各种各样的突发事件，要完善现有应急管理系统，加大高质量设施投资力度，推动应急管理体系的建立和完善，防患于未然。但提升社会的应急能力又不可能做到无限度的投入，因此，还需要寻找平衡点来维持社会的适度弹性。健全国家应急管理体系，加快补齐链条短板，对于突发事件的发生，需要第一时间摸清事件的大小，预测需求，发现需求，与此同时，还要积极寻找供给以及其背后的供应网络，尽可能地实现供需匹配。因此，需要建立高效的应急管理指挥体系，做到系统有序、指令清晰、条块畅达。

现今业务供应链的全球化，给组织应急管理带来了更多的风险因素。这些风险因素包括供应中断、供应延迟、需求波动、价格波动以及汇率波动。其中，多数供应链往往会在重大中断期间出现崩溃，随后不能恢复，导致组织面临不可承受的损失。供应链中断潜在的经济影响是业务连续性管理的关键问题，这也强调了形成一个有效的中断管理战略的必要性。业务供应链中断风险的应急管理理论框架应运而生，如图5-4所示。

在业务供应链中断风险的应急管理理论框架中，供应链系统的中断风险管理遵守一般的风险管理过程与步骤，即风险识别、风险评估、应急管理战略、应急战略贯彻与监控以及运营恢复与管理绩效五个步骤。

1. 风险识别

识别风险来源及其驱动因素是成功管理供应链风险的关键。本质上，供应链问题可以分为两大类：供应链管理和需求管理。其中，供应链管理问题包括供应商选择、供应商关系、供应规划、运输和物流等；而需求管理问题包括新产品引入、产品线管理、需求规划、产品定价和促销规划等。因此，对典型的供应链宏观过程系统来说，系统的风险也是从对焦点厂

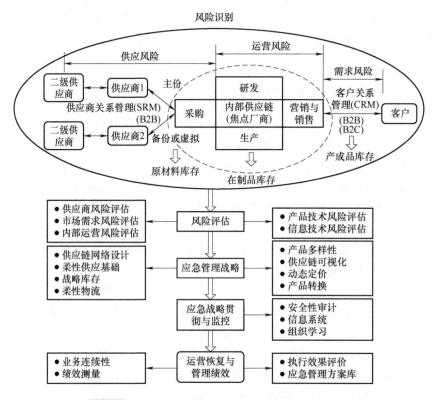

图 5-4 业务供应链中断风险的应急管理理论框架

商的运营风险、对客户的需求风险和对供应商的供应风险来进行识别的。

2. 风险评估

评估供应链中断风险可从供应链易脆性、供应链恢复力、供应链可持续性和供应链安全性4个角度来评估供应链的特性。相关特征描述见表 5-1。

表 5-1 供应链中断风险的特征描述

供应链特性	特征描述	实现手段
供应链易脆性	一个给定风险转变成一个中断的倾向，或那种中断发生在特定供应链中的可能性	重新设计供应链
供应链恢复力	供应链在受到干扰后回到原始状态或转变为一种新的、更理想的状态的能力	增加冗余、稳健供应链设计
供应链可持续性	一种使用资源来满足当前需求又不损害后代的能力	业务连续性规划
供应链安全性	在生产和运输阶段没有人为事故和偷窃造成的货物损失的供应链特征	物理方法、智能集装箱、射频识别（RFID）系统

3. 应急管理战略

应对供应链中断风险的应急管理战略有八种综合方法，见表 5-2。

表 5-2　供应链中断风险的应急管理战略

战略（战术）计划	主要优势
稳健供应链网络设计	使供应链在中断时迅速获得恢复力
柔性供应基础（虚拟双源采购、供应商选择、供应商订单配置）	迅速调整订单数量；使厂商迅速在内部生产设施和供应商之间转换；一旦供应链中断，可以快速切换产品线（自制—外包）
战略库存	使厂商在重大中断期间快速响应市场需求，持有某些关键产品的库存，以确保供应链面临供应中断时顺利运作
柔性物流（物流计划）	使厂商迅速改变物流运输模式
产品多样化（产品差异化延迟、过程排序）	是技术创新的产品管理战略
供应链可视化（信息共享）	供应商管理库存，协作计划、预测和补货方法（CPFR）
动态定价（收入管理、促销）	不考虑时间、市场和产品而直接改变需求管理
产品转换（悄悄地进行产品转换）	不考虑产品而直接改变需求管理

4. 应急战略贯彻与监控

减轻活动的有效性主要依赖于易脆性监控过程，如仔细监控嫌疑人在国内外的活动，是控制恐怖分子威胁的关键。供应链中断风险的监控过程中，实现供应链可视性是一个有效战略方法。供应链的可视性可以解释为供应链成员中信息共享的透明性。通过了解供应链的其他部分在做什么就可以获得可视性，比如了解成品库存、管道库存或其他状态等。缺乏可视性和控制方法、没有详细了解供应链其他阶段所发生的事情，会影响供应链伙伴的决策。

5. 运营恢复与管理绩效

恢复过程在中断管理中有重要作用。对于当前复杂的社会环境，一个大型供应链中的某部分发生中断也是可能存在的。区别从这种环境中生存下来的厂商与不能生存下来的厂商的关键属性在于重大中断发生后的恢复能力，国家安全也是如此。从技术上讲，及时恢复能力可以归入损失减轻名下，也应单独列出，因为恢复能力在决定供应链的恢复水平中起着关键作用。

5.5　案例：华为的业务连续性管理实践

2018年起，中美贸易摩擦"战火"蔓延至高科技领域。中兴通信遭遇技术禁运，华为5G技术推广受阻，美国政府指定商务部工业与安全局（Bureau of Industry and Security，BIS）建立各类商品和技术出口管制工具，防止核心关键技术对华出口；同时借助《瓦森纳协定》打造欧美利益共同体，限制欧洲高技术对华转移，我国高技术产业面临着巨大的战略风险和困境。除此之外，2020年年初，新冠肺炎疫情暴发并蔓延全球，世界各地的经济发展受到严重打击。在贸易战和疫情影响下，华为运营业务面临一系列问题。

2020年3月31日，华为发布2019年年报，报告指出："经过十多年的努力，华为已建立了一整套业务连续性管理体系，覆盖了从供应商到华为、从华为到客户的端到端业务。过去一段时间，华为在'实体清单'下依然保持增长，充分验证了管理体系的有效性。同时，华为持续优化和完善业务连续性机制，长期坚持'多元化、多路径'的采购策略。目前华为的主力产品供应都有多元化方案，无论外部环境如何变化，华为都有信心确保对客户的供应、交付和服务。"

经过多年的持续建设，华为已在采购、制造、物流及全球技术服务等领域建立了业务连续性管理体系。在研发和采购阶段，华为主要采取了多源化方案、分场景储备、供需能力可视化和构建战略伙伴关系4项举措。通过建立管理组织、流程和IT平台，制订业务连续性计划及突发事件应急预案，开展员工业务连续性管理培训及演练，提升各组织业务连续性管理意识和应对突发事件的能力，确保对日常业务风险的有效管理，华为快速有序地应对了日本海啸、泰国洪水、尼泊尔地震、勒索病毒等多起突发事件。

相关知识阅读

- GB/T 30146—2013《公共安全　业务连续性管理体系　要求》
- ISO 22301：2012《公共安全　业务连续性管理体系　要求》（英文版）
- GB/T 31595—2015《公共安全　业务连续性管理体系　指南》
- GB/T 35625—2017《公共安全　业务连续性管理体系　业务影响分析指南（BIA）》

第6章
突发事件舆情管理

■ 本章概要

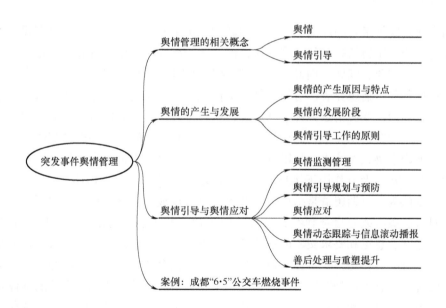

■ 学习要点

- 了解并熟悉舆情、舆情引导的相关概念和知识
- 了解并熟悉舆情的产生原因与特点、舆情发展的阶段以及舆情引导工作的原则
- 了解、熟悉并掌握如何进行舆情引导与危机应对

6.1 舆情管理的相关概念

在当前社会背景下，社会问题频出，社会矛盾凸显，政治、经济形势都面临着前所未有的巨大考验。新媒体的面世发展，在助力我国解决社会矛盾、实现社会诉求、改善政治经济面貌的同时，也使得整个社会的舆论场聚集了多种不同的声音，社会舆论越发复杂。处理好与媒体的公共关系已成为组织面临的迫切任务。因为很多组织已从幕后走向台前，成为面对媒体的"一线"，如果没有舆情危机管理的意识，没有经过专业的培训，一旦遇到舆情事件，在媒体面前就会显得手足无措。在一些特殊的情况下，尤其是重大突发事件发生时，媒体可能会过分热衷于社会所赋予他们的权力，做出一些负面报道。突发事件发生后，在新技术强大的舆论制造能力下，极易上升为全局热点，事件背后的社会诉求、网上推动与网下行动相结合的形式让舆情变得更加复杂，不仅给事件处置增加了难度，也对整个社会的良性运行与和谐发展带来了极大影响。所以组织要提高舆情危机应对意识，从理论、战略、运作机制、应对策略等方面加以全面研究，通过预警机制、快速反应机制、信息发布机制、协调机制和评价机制等的建立，构建完善高效的舆情管理运行体系，进行有效的舆情引导，以应对未来各种突发事件的冲击，是十分及时和必要的。

6.1.1 舆情

在当今众多媒体融合的环境下，舆情内涵的界定多元多样，学界对此也有颇多观点，大致可以分为三类：①舆情是一种态度表达，民众基于事项的发生、发展和变化，对社会现实中的各种事件、现象、问题，向政府管理者所表达的社会政治态度；②舆情是一种态度表达，公众通过各种传播媒介表达对社会某一事件或个人的倾向性意见，并且这些言论可以产生一定社会影响力；③舆情是一种信息集合，在一定时期内，人们对自己关心的领域或利益相关的社会焦点问题，阐释个人的认知、态度、情感和行为倾向，并通过媒体渠道汇集。从传统社会学理论上讲，舆情本身是民意理论中的一个概念，舆情本身不是对民意规律的简单概括，而是对"民意及其作用于执政者及其政治取向规律"的一种描述。

由此可以认为，所谓舆情是指由个人及社会群体构成的公众，在一定的历史阶段和社会空间内，对自己关心或与自身利益紧密相关的各种公共事务或特定事件所持有的群体性情绪、意愿、态度、意见和要求交错的总和及其表现。舆情的主体是社会公众，是公众的心理反应过程。舆情的客体是公共事务，包括社会事件、社会热点问题、社会冲突、社会活动及公众人物的言行。它不仅是舆情的具体指向，也是舆情产生的刺激源。舆情的本体是多种情绪、意愿、态度、意见和要求交错的总和及其表现。舆情的承体是舆情产生、变化的时空情境以及社会、历史等相关影响因素。

随着网络技术的普及，网络传播的新技术层出不穷，网民的数量越来越庞大，以及社会运行对网络的依赖性越来越强，舆情的发酵速度越来越快，由此出现了区别于传统舆情的网络舆情。

网络舆情是通过互联网表达和传播的，公众对自己关心或与自身利益紧密相关的各种公共事务所持有的多种情绪、态度和意见交错的总和。它具有自由性与可控性、互动性与即时性、丰富性与多元性、隐匿性与外显性、情绪化与非理性、个性化与群体极性化等特点。网络舆情源于现实，只是人们将表达和传播舆情的场所或渠道拓展到了互联网上。网络舆情主要通过电子邮件（E-mail）及新闻组（News Group）、即时通信工具（IM、QQ、MSN、微信）、电子公告板（BBS）、聊天室（Chat Room）、聚合新闻（RSS）、博客（Blog）等渠道传播，形成了一种开放的、交互的公共空间。网络舆情"硬空间"为计算机网络，网络舆情"软空间"的制约因素主要包括秩序规定、角色规定、目标规定和民族文化因素等。网络舆情的构成要素有网民、公共事务、网络舆情的时空因素、情绪意愿态度和意见、网络舆情的强度、网络舆情的质和量等。网民是网络舆情的主体，网民表现出五大主体特征：①社会群体中分化出来的"新群体"与现实生活中的舆情主体发生交叉和重构；②网民所表达的舆情不能被视为全体民众的情绪、态度和意见；③网民是多种情绪、态度和意见的持有者；④网民借助网络媒体的传播特性和强大服务功能来表达舆情；⑤网民通过网络发表舆情言论成为引导和影响舆论的重要力量。

6.1.2 舆情引导

舆情引导又称舆论导向，从传播学的角度出发，它就是信息的传播控制方把信息做选择、解释、加工，从而影响人们的意识，使人们的意识受到引导，达到控制人们行为的目的。舆情引导具体包括：①对社会舆论进行评价。通过对舆论进行评价，影响人们的看法，使人产生认同感，确保他们的思想保持正确。②对当前社会舆论及行为进行引导。以说服教育等方式把不一样的思想和言论引向正确轨道。③针对某一社会事实制造舆论。使用所有的媒体资源，反复向受众宣传思想。

可以认为，舆情引导是指舆情爆发后，相关部门为了化解矛盾冲突、避免事态扩大，根据舆情的性质、趋势和走向做出判断，针对舆情采取措施和策略，例如信息公开、事实澄清、舆论引导、查出所反映的社会问题等。

舆情引导和政府、媒体、受众紧密关联，三者在信息传播的过程中互相影响且互相限制。正面的舆论可以促进和推动社会的发展，而负面的舆论会破坏和阻碍社会的发展。对于政府来说，它是舆情引导的主导力量，这是由它在社会管理中所处的位置决定的。政府作为公共权力机构，服务于公共利益。政府是信息资源的核心，也是信息资源的最大拥有者。当出现紧急事件时，如果政府能第一时间披露权威、真实的信息，就能满足受众的信息需要，让社会舆论向健康的方向发展。对于媒体来说，它是政府进行舆情引导的辅助。马克思和恩格斯曾指出"报纸的最大好处，就是它每日都能干预运动，能够成为运动的喉舌"，这句话揭示了媒体在社会舆论形成过程中的作用，媒体加工新闻素材，把符合自身价值标准的信息有选择、有重点地传达给人们，从而影响人们的心理和想法。对于受众来说，他们是舆情引导的主体，舆情引导必须有他们的参与，但这种参与有时带有一定的盲目性，这也是舆论需要引导的原因。

6.2 舆情的产生与发展

突发事件造成的社会危害大，一旦发生，则必然会引起人们的关注，进而引发舆情，所以突发事件与舆情之间的关系非常密切。一方面，突发事件导致了舆情的发生。随着网络的普及和微博、微信等自媒体的兴起，网络已经成为一个公民自由发表意见的舆情场，公民能够在任何时间、任何地点，通过自媒体发布新闻、分享观点，一些敏感信息在网络中快速传播，很容易就能引起重大网络舆情，而且突发事件越严重，舆情越高涨。另一方面，舆情的演变对突发事件的发展又起到了推动作用，如果舆情得到合理引导，那么将有利于应急工作的开展；如果对舆情的控制不当，那么不仅会给突发事件的处置工作带来困难，还有可能引发更严重的社会危机。舆情引导与危机应对是舆情管理的重要组成部分，组织要用危机的理念引领舆情管理，将舆情引导与危机应对意识贯彻到组织管理的各个环节是做好舆情管理工作的前提。

6.2.1 舆情的产生原因与特点

1. 舆情的产生原因

1）突发事件引发舆情。一旦发生突发事件，媒体会进行大量报道，必然引发社会各界的广泛关注，各个门户网站也会竞相进行报道或转载，由于网络的方便快捷性，网民会通过网络了解突发事件处置的相关信息，并进行转发、评论、跟帖等，从而引发舆情。同时，突发事件处置不当也会引发舆情，突发事件是引发舆情最常见也是最重要的因素之一。

2）负面报道引发舆情。广播电台、电视台、报纸、网络媒体等针对政府或有关组织进行的负面报道，往往是引发舆情较为普遍的情况，是目前引发舆情最主要的因素之一。

3）不当言论引发舆情。党政机关公务人员的不当言论是引发舆情的重要因素之一。这些言论包括针对下属的，也包括针对人民群众的，或者针对社会不特定对象的，还包括不是公务人员说出的，但与党政机关或公务人员有关的。

4）不当举止引发舆情。举止、手势等可能包含一定的文化内涵，同时也能真实地表达人的内心想法和感受。行为举止必须符合一定场合，否则可能引发言论攻击，甚至冲突。党政机关公务人员尤其要注意自己在公共场合的行为举止，不仅要符合行政礼仪的基本要求，而且要符合现场的氛围，否则极易引发舆情。

5）反常理事件引发舆情。违反常理的事件往往成为触发舆情的重要因素。这里的"反常理"是指违反了人们的正常思维逻辑及既定的社会规范，挑战了传统道德伦理底线的事件。

6）传闻或谣言引发舆情。随着网络的普及，近年来谣言时有发生。有时，谣言、传闻、小道消息不胫而走，成为触发舆情的重要因素。突发事件爆发后，往往谣言四起，反过来，谣言的传播往往也会引发群体事件等突发事件。

7）人为因素引发舆情。某些人主观、人为、故意制造新闻引发舆情，主要包括一些网站炮制新闻、网络大V造谣等。

2. 舆情的特点

1）积聚式爆发，增长快速，舆情涉及面广，舆论关注度高。由于突发事件本身具有爆发性强、演变速度快的特点，而网络平台的发展又为突发事件舆情的快速增长提供了保障。因此，突发事件舆情的爆发和传播具有突然性和快速性，存在明显的"蝴蝶效应"，初始引爆点往往是一则帖子或微博上的一条消息，引发诸多因素的卷入，经过不断发酵升级，使得事件发生激变，事实信息不断偏移，舆论向多个向度延伸之后，出现明显倾向。突发事件的舆情信息在传播的过程中有一个"再创造"的过程，事件发生后，人们对于事件的关注度急剧增加，极短时间内，网民就可以通过微博、微信等新兴媒体平台将相关信息、观点上传至互联网，不受地域、空间限制地参与舆情传播，掀起舆论热潮，甚至推动事件发展。随着事件本身的发展，相关舆情迅速多点集聚，在这些微苗头的影响下呈燎原之势，呈现爆发性增长的特征。在开放性的网络中，舆情信息形成大范围传播效应，媒体机构随即跟进，不断深入挖掘，短时间内，更多网民开始围观讨论，相关信息在各大平台的点击率也逐渐攀升，舆情的波及面再次扩大。

2）敏感度高，后续影响大，舆情复杂多变，走向难以预测。与突发事件的动态属性相关联，相关舆情信息在演变过程中同样具有极强的不确定性，往往复杂多变，呈现出分散化、多样性的特点，既有不变的一面，又有变化的一面。"不变"是因为通过网络进行的复制、粘贴等，传播内容基本不会有变化，信息的损耗基本可以忽略不计。"变化"指的是在网络谣言传播的变种期，时间的发展、传谣者的加入以及传播链条的延伸都会导致网络谣言的内容发生变化。由于突发事件本身存在极大的不确定性，而公众对此又有较强的信息需求，特别是当普通的渠道无法满足人们对于信息的需求时，人们就会通过寻求各种途径去了解事情的前因后果、发展动态、最新进展等信息。这些信息当中有些是未经证实的，因此在舆情传播过程中往往伴随着大量留言、不实信息，真假难辨且瞬息万变。同时，随着事件本身的变化，各个节点中变量的叠加，使得事件不断演变衍化，已不局限在初始事件或特定领域，往往具有广泛的社会影响，甚至在很大程度上影响事件本身的走向。因此对舆情的发展态势往往难以把握，而且不能准确预知其传播效果和社会效果。

3）易出现观点偏差和宣泄性情绪，"群体极化"效应明显。舆情的宣泄性特性在突发事件爆发后尤为凸显。当突发事件相关信息借助网络快速传播时，网民的信息需求达到最大值，对于接触到的信息，很难从接近事实真相的角度去解读分辨，但是，深藏在受众心中的某些不满或不公平感、心理的严重失衡却被唤醒，人们更热衷于相信那些尚未经过验证却符合自己集体记忆的负面信息和情绪化观点，并通过一些激烈的言语或行为来宣泄情绪上的不满。借此，网民表达在现实生活中遇到的挫折、对社会问题存在的片面认识、对特定群体固有的刻板印象，往往容易出现庸俗、灰色的言论及非理性的情感宣泄，有时对社会秩序或社会稳定造成重大负面影响。同时，在舆情的生成传播中，由于参与者身份不易确定，并且缺少规则限制和有效监督，往往容易产生混乱、负面的情绪感触，中肯的观点被淹没，极端的观点却备受推崇，出现"群体极化"现象（这种现象指的是在群体中进行决策时，人们往往会比个人决策时更倾向于冒险或保守，向某个阶段偏斜，从而背离最佳决策）。

6.2.2 舆情的发展阶段

1. 潜伏期

在潜伏期，将要引发舆论风暴的问题已经存在，但只有少部分人关注，此时尚难形成较大规模的舆情。这主要是由于舆情积蓄的力量不够，或没有合适的引爆点而没有从"隐性"转化为"显性"。需要注意的是，此时舆情虽然尚未开始大规模、大范围的传播，但已吸引了大众的关注，个人的看法、意见和情绪开始在网络上发表，已经初步具备了成为舆论焦点事件的潜力和特征。这一阶段的舆情造成的危害比较小，是组织化解舆情危机的最佳时机。

2. 爆发期

随着来自各个领域网民意见的汇集和融合，不同的声音就会出现，这些不同声音时而相互抵制，时而相互融合，其中某些观点和事实被广泛认可，被认为是"正确"或"准确"的，其传播的范围不断扩大，形成了倾向性的意见，进而形成一类意见群体。与此同时，意见领袖的出现往往会成为舆情事件的主要推手，促成占主导地位的舆情倾向。他们拥有信息优势和众多粉丝，他们的表态很容易引发公众的强烈反响，促使原本观点对立的网络舆论出现更加明显的分化。此时，面临较大压力的组织如果能及时处理问题、回应公众质疑，将有利于降低舆情事件带来的负面影响。

3. 蔓延期

舆情经历爆发阶段之后，由于不断会有最新的、与事件密切相关的消息通过官方或非官方的渠道散布出来，进而被公众以各种形式加入原有的舆情系统中，并相应产生更加丰富的观点，舆情的数量、内容均会发生较大变化。随着越来越多的媒体逐渐参与事件进展的报道中，更多的信息被披露出来，这也在一定程度上加速了舆情事件的发酵，波及的范围也会随之进一步扩大。此时，若组织能够及时进行处理，阻断负面信息的传播渠道，做好舆情引导，就能够取得一定的成效。

4. 衰退期

在衰退期，舆情风波会渐渐平息，公众的视线将慢慢转移。受事件本身特征和舆论环境影响，舆情表面的平息背后通常有两种不同的情况：①随着突发事件本身的沉寂，人们对于事件的关注慢慢归于平静，公众的关注点开始转移到其他更具新闻性和吸引力的议题上，相关舆情开始淡出人们的视线和讨论范围；②在政府、媒体以及网民三者的共同努力下，随着事件相关情况逐渐明晰，相关政府部门以及其他相关主体开始介入，人们对事件有了深入、细致的了解。主流舆论承载着的民意得到伸张或有效解决，相关责任人均得到处理，舆论得以平息。

然而，舆情的平息并不代表着结束。尽管围绕具体事件的舆情消失，但可能只是事件本身暂时离开了公众视野，如果条件成熟或者机会合适，也许会以另一种方式再次出现，即负面舆情事件随时都有卷土重来的可能。因此，有关组织或部门应提高警惕，妥善处理后续问题。

6.2.3 舆情引导工作的原则

当前，我国正处于社会转型期，新旧体制的摩擦、思想观念的冲撞、利益格局的变化，致使大量社会问题不断涌现。互联网作为网民自发爆料和集结舆论的平台，成为社会舆论的独立源头。在沸沸扬扬的网络舆论中，突发事件往往成为公众情绪的"催化剂"。能不能有效引导突发事件的舆论，关乎整个社会的和谐稳定。因此，深入研究突发事件舆情的产生、传播规律，健全完善舆情监测体系，建立有效调控疏导处置机制，营造积极向上的主流舆论，成为迫切需要解决的问题。舆情引导工作的原则是舆情引导工作在没有先例可循或找不到明确可行的应对办法时应遵循的主要准则、规范和要求。

1. 坚持信息传播及时、公开与透明的原则

对突发事件相关信息的发布要及时、公开。突发事件一般具有突发性、不可预测性等特征，社会公众对其极易产生"未知性"恐惧，这种恐惧是谣言等负面舆情传播的温床。基于此，对突发事件相关信息进行及时发布和公开十分必要。攻克谣言的永远是真相，只有用真实可信的信息回应社会的关切，才能打败负面舆情；也只有将真相及时公开地向社会公众展现，才能在第一时间抢占信息攻防的"制高点"，有效清除虚假信息等负面舆情，强化正面舆情的引导。例如，2019年年底，武汉地区发生新冠肺炎疫情，主流媒体及时发布相关的新闻报道，综合运用各种系统方法宣传疫情防控知识，从而减少了虚假信息、谣言等的传播，赢得了社会公众的理解和支持。

舆情引导要秉持理解、开明的态度。突发事件具有较多不确定性因素，不明真相的群众极易被卷入舆情漩涡。在舆情防控战中，真正的"敌人"是虚假信息及其引发的负面舆情，而不完全是"非故意传播"的公众。在进行舆情引导时应当"感同身受"，尽可能秉持理解与开明的心态与思路去处理问题，做好舆情的正向引导工作。

2. 坚持全方位、区分化与人性化管控的原则

对突发事件相关信息的公开要做到全方位管辖：

1）公开范围要全面。突发事件的信息传播涉及多方面内容，对信息可接受程度的个体差异以及信息在传播过程中的"合理性表述"等因素，会导致受众对信息产生误解。因此，突发事件信息的公开范围要基于事件本身的真实性和传播效果的研判，应在充分论证的基础上谨慎发布。

2）公开方式要全面。新媒体时代，信息的传播方式与平台日益多元化，这意味着受众接收信息的媒介和渠道更加多样。突发事件舆情涉及公众身心健康、国家社会稳定、人文经济发展、文化传播等多方面内容，这就要求主流媒体主动传播第一手信息，抓好信息传播方式、传播平台的全方位管控工作。

3）公开时机要恰当。突发事件的信息公开要遵循重要信息主流发、事件态势及时发、注意事项重复发、权威信息重点发、相关信息适时发、次要信息选择发的"六发"原则；对不同内容、不同性质、不同类型的信息，要选择不同时段、不同时机进行发布；尤其要对曲意歪解的负面言论进行严格化、全方位管控。

对突发事件的舆情引导要做到区分化管理。突发事件极易引发舆情热点，其舆情类型可以简单地划分为影射政治型舆情、探讨型舆情、认知错误型舆情等。根据不同的舆情类型，应采取不同的策略与方式，进行舆情引导的区分化管理。对于带有明显错误政治倾向的舆情（如包含"泛意识形态化"错误内容），要做到坚定立场、坚决抵制、全面反对、彻底清理。对于学术问题研究、专业探讨谬误导致的负面舆情，要在充分考察信息传播主体主观意图的基础上，仔细研判舆情传播内容，客观分析舆情带来的负面效果，适度进行处罚。对于由非主观故意，或虽存在部分主观性但主要由经历、阅历、情绪冲动等导致认知性错误而引发的舆情事件，要以"软着陆"的方式进行处理。

对负面舆情要做到人性化管控。这要求在对突发事件舆情进行处理时要注意把握好力度。舆情反映公众的合理诉求，负面舆情信息往往也包含着合理性成分。因此，要擅长通过舆情尤其是负面舆情去了解、接收、审视其中合情合理的民意，通过"互联网+信息公开+意见反馈"机制积极开展舆情引导，以主动参与的方式防止、应对舆情的情绪化、极端化传播。在对待舆情中的情绪表达和民意表达、处理主流媒体和自媒体"两个舆论场"的碰撞和摩擦中，主流媒体可以从舆情处理的人性化管控这一角度进行思考——如何做好合理化舆情的议题设置、如何规避敏感话题、如何有效防范"高级黑"现象等。

3. 坚持主流媒体引导与自媒体传播相结合的原则

打好"主流媒体舆论引导牌"，主流媒体应做好"把关人"。突发事件具有典型的突发性特征，主流官方媒体的信息发布如果不及时、不准确、可信度不高，则极易引发舆情热点，造成舆情恐慌。因此，主流媒体在突发事件的舆情引导中绝不能失语、误语，应在第一时间发言，以先声夺人的姿态赢得舆论主动权，打好"主流媒体舆论引导牌"。

下好"自媒体主动传播棋"，自媒体要自觉争做舆情引导的"共同体"。新媒体时代是媒体百花齐放的时代，是网络意见领袖登高一呼、网络受众有可能云集响应的时代。在媒介传播渠道、传播内容、传播方式、传播效果多元化的当下，自媒体平台、自媒体人、网络用户等要自觉抵制负面舆情的传播，共同营造风清气正（传播真相、杜绝谣言）的良好舆论氛围。对于突发事件舆情，自媒体要做好对主流媒体的补充工作，当好主流媒体的帮手，努力争做舆情引导的"命运共同体"。

虚拟性和开放性是互联网的两大特征，但这并不意味着受众可以在网络空间中发表不负责任的信息和言论。从本质上看，网络空间是对真实社会关系的网络化呈现，是现代社会的一种线上形态，网络主体依旧是现实生活中的人。就此而言，网络不是法外之地。对此，国家相关部门要强化舆情信息传播相关方面的法律法规建设，强化对网络谣言、网络负面舆情的法治化管理，强化对大规模传播负面舆情行为的专项整治。只有这样，才能对网络舆情黑手形成震慑，才能打造风清气正的网络生态环境。

6.3 舆情引导与舆情应对

在舆情管理中，舆情危机是指面对突发事件，特别是负面事件时，作为主体的民众对作为客观存在的事件或现象表达自己的信念、态度、意见和情绪等，当这些信念、态度、意见和情绪集聚汇总，其舆论影响范围空前扩大，并给当事人造成危机感的现象。而危机应对就是组织在处理舆情事件的过程中，为了降低其危害，优化组织决策，基于对舆情事件的原因的了解、过程的预测、后果的评估，合理利用各种资源，为舆情危机进行及时预警、把控以及应对的完整过程。面对舆情危机时，采用科学的舆情处理方法和策略，可以及时止损，化解矛盾，挽救组织于危难之中，甚至转危为机，实现逆转。若舆情引导不当或不及时，不仅可能使突发事件或危机升级，还有可能导致组织的形象危机。总之，舆情引导贯穿于各种危机和突发事件的处置过程中，具有重要作用，应当引起组织的高度重视，提前预防，及时采取措施，减少或避免舆情危机引起的损失。

舆情引导与危机应对在突发事件应急过程中的作用是多方面的，主要有以下几点：

1）凝聚人心。突发事件应对与处置中的舆情信息工作能起到发布信息、沟通信息的作用。公开信息可以保障公民的知情权，最大限度地增加事件的透明度，减少公众的恐慌和疑虑，稳定社会，动员民众，齐心协力解决突发事件，使社会恢复正常。

2）消除谣言。通过正确的舆论导向，使社会公众对突发事件的严重程度、发展趋势、组织采取的各种应对措施有一个全面的、清晰的了解，不致因信息不畅或谣言四起而导致社会动荡。

3）化解危机。有效的舆情引导工作往往能使突发事件的处置和应对峰回路转，化解矛盾冲突；相反，舆情引导不及时或者不当，不仅可能使突发事件或危机升级，还有可能危及组织形象。通过对突发事件的及时处置，将突发事件的危害降到最低限度，减少公众财产及生命的损失，可以提高组织的威信与形象。

6.3.1 舆情监测管理

舆情监测是舆情引导工作的起点和基础，在危机爆发之初，往往是舆情引导的最佳时刻，在危机状况下，组织所获得的信息往往不够全面也不精确，不足以支撑危机处理的科学决策，若在此基础上处理危机，不但可能处理不好危机状况，还有可能导致危机进一步恶化，进入漫漫无期的持续阶段，甚至可能进入危机剧烈阶段。所以，人们要预先对组织检视潜在的危机类型、来源进行辨别，并利用互联网舆情监测工具对新闻、论坛、博客、微信等网络平台进行 7×24 小时系统化监控，设置关键词、敏感词，及时监测信息的成因，是媒体发布还是个人发布，事情的真伪性，舆情是刚刚开始，或者持续了多久，态势大致如何，及时获取相关的最新动态，研判网上的言论或舆论是否可能引发舆情，判断舆情可能带来的影响、风险和舆情的趋势与走向。主要的舆情内容研判包括该舆情是否会对组织或组织的部门产生负面影响、是否对组织的形象造成损害、是否对公共利益造成威胁、是否对公共安全造成威胁、是否影响社会稳定、是否会引发冲突、是否会引发社会恐慌等。

对于有风险、影响范围大、可能升级、可能恶化的网络或社会舆情，应及时上报相关领导或上级管理部门，以便及时采取有效的引导措施。

6.3.2 舆情引导规划与预防

在舆情事件到来之前能预防并避免是成本最低、风险最小的办法，也是最明智的办法。舆情预防着眼于未雨绸缪、策划应变，通过对事件舆情风险的评价，针对可能发生的舆情情景、严重程度和类型进行预案研究与处理，提前建立舆情引导与危机应对团队，建立宣传平台，设立组织发言人，制定舆情引导与危机应对策略、内部沟通机制，明确不同严重程度舆情的应对方式，必要时制定舆情引导与危机应对管理手册或引导应急预案，包括事件类型、风险分析、全员危机意识普及、对外信息披露审核机制及外部沟通流程、客户投诉处理机制等，有效应对危机。

6.3.3 舆情应对

对于可能升级或恶化、风险较高的舆情，如果基层舆情工作人员或分析人员具有相应的权限，应立即采取初步的、必要的引导和应对措施，启动引导应急预案，如安抚、解释工作。如果舆情工作人员或分析人员不具有相应的管理权限，在上报领导或上级管理部门后，具有管理权限的部门或人员应及时启动相应预案，避免舆情或事态扩大。舆情引导就是要尽早地让舆情危机结束，处理起来要迅速，回复起来要迅速，发现问题要迅速，引导舆情更要迅速。要向好的方向引导，要么维护自己，要么维护受众利益，快速整改，面对爆发的危机实施全面管理方案，掌握危机管理的主动权。在了解事态的全面情况之后，马上制定应对策略和方法，主要目的是防止危机的蔓延，同时做到在最短的时间内屏蔽各类负面消息。这具体包括谁负责与哪个媒体交涉，给出谈判处理所需的各种可能条件，计划在什么时间内完成，采用什么办法执行等。面对舆情危机要学会发声，若有问题，要敢于承担，想办法解决舆情，给出解决舆情的态度。

在公开舆情的同时，要重视与公众和新闻媒体的互动。首先，要对危机中受害的公众主动道歉，积极承担责任，并对其提出的利益诉求和主张及时做出回应，或给予补偿。其次，对于新闻媒体，要本着合作的态度，主动将事件的真实信息通过新闻媒体传播出去，从而告知公众危机后的新措施和新进展。通过上述舆情引导工作并不能完全确保掌握舆情的动向，也不能确保有效引导舆论。即使能把控舆情的导向，零星负面的反向舆论依然存在，不可能完全消除，此时针对不同媒体的处理方法如下：

1. 平面媒体

平面媒体往往将焦点放在新闻上，有一定的区域性和重复阅读性，且有特定读者。在这种特性下，一般危机事件不可能要求媒体撤稿或者出具声明，所以要尽可能与记者沟通，建议先撤下刊登在该媒体网站上的新闻，及时制止其他网站转载。同时，快速发布组织的其他信息，采用冲淡和转移策略，把外界对组织的关注转移到好的方面。

2. 网络新闻

网络新闻具有新闻时效性强、传播速度快、覆盖面广、可信度一般的特点。可找到作者进行沟通，澄清事实，通过撤稿、更换标题、更换位置等办法进行紧急处理。

3. 网络论坛

可采用沉帖、发布新帖、封帖等网络技术手法进行处理，或派专门的舆情引导人员跟帖、参与论坛评论、发布有利的讨论主题等，制造新的舆论主题来分散网民的注意力。但这种手段要恰当使用，否则会导致网民的逆反心理，使舆情升级。

企业在处理各种可能影响企业形象的事情时，一定要站在公共关系大局的角度来衡量得失，优先考虑消费者的利益得失。妥善处理危机，以积极的态度去赢得时间，重新建立起关心和维护消费者权益的良好形象。

6.3.4 舆情动态跟踪与信息滚动播报

随着舆情或舆情相关事件的发展，会有新的信息出现，也会有新的舆论和舆情出现。此时，舆情引导工作应该动态跟踪舆情发展态势，滚动播报新的信息，例如伤亡人数等。同时，应注意监测是否有新的舆论及舆情出现。掌握了舆情的导向，并不意味着舆情引导和应对工作就此结束或万事大吉。如果不及时跟踪舆情发展状况或者不及时播报网民期待知晓的最新信息，便可能导致舆情失控或者出现新的舆情，甚至导致事件升级，这在应对由突发事件或重大事故引发的舆情时，尤其需要特别注意。

6.3.5 善后处理与重塑提升

舆情引导解决负面的蔓延，但组织本身也要一直冷静处事，有条不紊地进行各项工作，同时进行善后工作。善后处理主要是消除舆情危机处理后遗留问题和影响。危机发生后，组织形象受到了影响，公众对组织会非常敏感，需要采取一系列善后处理工作来挽回影响。舆情危机善后处理主要有以下两个任务：

1) 以舆情危机问题的解决为中心和契机，配套地解决和控制与舆情危机问题相关的、可能导致舆情危机再度发生的各种问题，巩固危机管理的成果。

2) 从舆情危机中获益，即通过对舆情危机发生的原因、舆情危机处理过程的细致分析，总结经验教训，提出在技术、管理、组织机构及运作程序上的改进意见，进而进行必要的组织变革。

舆情危机善后的内容主要包括恢复组织的正常运行、事故调查、清算损失、补偿损失、公众安抚等。除此之外，危机应对人员要对舆情引导工作的经验与教训进行总结，将舆情引导工作中做得好的经验沿用到以后的工作中，吸取舆情工作中的失败教训，避免在今后的工作中犯同样的错误。

舆情得到妥善处理并不等于结束，组织必须恢复和重建良好的公众形象。要针对组织形象受损的内容和程度，重点开展弥补形象缺陷的公共关系活动，密切保持与公众的联络与交往。要将组织新的工作进展和经营状态告诉公众，向公众展示质量过硬的产品和一流的服务，从根本上改变公众对组织的不良印象。组织可以借助专家、权威媒体、意见领袖等，把组织修复后的品牌精髓和价值取向等向外界发布，重新塑造或加固品牌的优秀方面。只有当组织的公众形象重新建立时，组织的公共关系才能谈得上真正的转危为安，舆情危机应对才能谈得上圆满结束。

舆情是一把双刃剑，既能给组织造成损失，也能给组织带来新的发展机会。在面临舆情危机事件时，组织成为所有媒体及公众的焦点，处在舆论的顶峰，但也正是因为制造了这样一种特殊的舆论环境，组织的危机应对人员要学会利用危机寻找机遇，在舆情危机应对过程中，对暴露出的问题进行重大改革创新时，对组织进行宣传，为组织塑造一个良好的品牌形象。

6.4 案例：成都"6·5"公交车燃烧事件

2009年6月5日8时许，成都一辆9路公交车在从天回镇到城区经由川陕立交桥上时发生爆炸燃烧，当场造成25人遇难、76人不同程度受伤。一小时后，事件的相关信息和图片迅速在网络上流传，紧接着，无数网民开始用电话或搜索引擎求证信息。关于事故发生的原因、疑虑等一时间众说纷纭。很快，成都"6·5"公交车燃烧事件成为各大媒体关注焦点，各家媒体纷纷追踪报道事故真相。

事故发生2小时后，成都市市政府就"6·5"公交车燃烧事件紧急召开第一次新闻发布会。市政府新闻发言人第一时间通报了20余人遇难等公交车燃烧事件的相关情况，介绍了各级党委、政府所采取的措施。

当天14时50分，成都市市政府召开了第二次新闻发布会，及时通报了25人遇难、76人受伤的最新情况，公布了各级党委、政府尽最大努力救治伤员的具体举措。

23时20分，成都市市政府召开了第三次新闻发布会，邀请新华社、人民日报、中央电视台等媒体参加，发布突发事件处置的最新情况，回答记者关心的问题。

6月6日，成都市政府召开第四次新闻发布会，回答人民群众的重要问题。6月7日，成都市市政府召开第五次新闻发布会，认定事故为有人携带易燃物品乘坐公交车。

在做好及时公开、全程公开事件处理进展的同时（事件的舆论引导进程见表6-1），成都市市政府就民众十分关心的问题进行及时的释疑解惑。例如是否超载导致车门打不开、逃生锤和灭火器等救生及消防设施是否按要求配备、燃烧是否是自燃或爆炸引起、驾驶员是否逃离现场、伤员救治是否及时有效等。成都市市政府通过逐项梳理问题、认真调查核实，给予了准确、权威的说明，消除社会猜疑并营造正面氛围。

这是一起典型的突发事件，事件爆发后，网络上出现了各种说法，成都市市政府在危机事件处置和舆情引导中，直接体现了舆情引导的基本原则：生命第一、及时应对、主动应对、公开透明、互动沟通、积极回应、还原细节、部门联动、协同协作、统一指挥等，因此最终没有真正形成网络谣言，也没有导致社会恐慌。成都市市政府采用召开新闻发布会的方法，通过设置新闻发布会议程的形式对媒体和公众进行引导，使网络谣言失去了滋生的土壤。

表 6-1 "6·5"公交车爆炸事件舆情引导进程

事件阶段	舆论阶段及特点	公众最渴望获知的信息	政府及时回应内容	信息传播方式
6月5日上午	网络舆论泛滥，无序、散乱、不集中	发生了什么事情？是否采取了有效的现场救治措施？伤亡人数是多少	公布了事件发生情况、政府应急预案及救治情况，初步统计了死亡人数	6月5日10时40分，第一次新闻发布会
6月5日下午	舆论转向，关于"公交车驾驶人逃离现场"的谣言出现，具有明确的针对性	对受害者如何理赔？公交车驾驶人是否逃离现场	由市公安局、市民政局、市卫生局分别公布最新伤亡数据、受害者理赔补偿、重症伤者救治措施。市公安局公布公交车驾驶人并没有逃离现场	6月5日14时50分，第二次新闻发布会
6月5日晚	大量媒体赶赴成都，舆论场域扩大，有更强的针对性和指向性	事故发生的原因是什么	公布初步调查结果：燃烧的汽油并非来自公交车。公布伤员救治情况与伤员身份调查进展	6月5日23时20分，第三次新闻发布会
6月6日	有针对性和指向性	安全管理是否存在漏洞？事故调查的进展如何	明确了出事公交车上有三把安全锤，油箱柴油并未泄露，事故排除了机械故障。关于起火原因，不排除人为因素。进一步核实了死伤人数及各项赔偿措施。对于安全管理漏洞，诚恳道歉	6月6日，第四次新闻发布会
6月7日	有针对性和指向性	事故责任人是谁	公布事故调查结论：有人携带易燃物品上车，不排除过失或故意引发燃烧，但可以排除爆炸引发燃烧	6月7日，第五次新闻发布会
6月7日以后	舆论转向	公交车能否进行安检，公交车超载问题何时才能解决	后续推出系列公交安全措施	媒体持续报道

相关知识阅读

- 《舆情引导与危机处理》，杨兴坤，中国传媒大学出版社出版，2015年
- 《网络新媒体时代舆情引导研究》，杜彬，延边大学出版社出版，2018年
- 《突发事件应急决策支持的理论与方法》，张辉，刘奕，刘艺，科学出版社出版，2017年

第7章
应急处置与应急救援

■ 本章概要

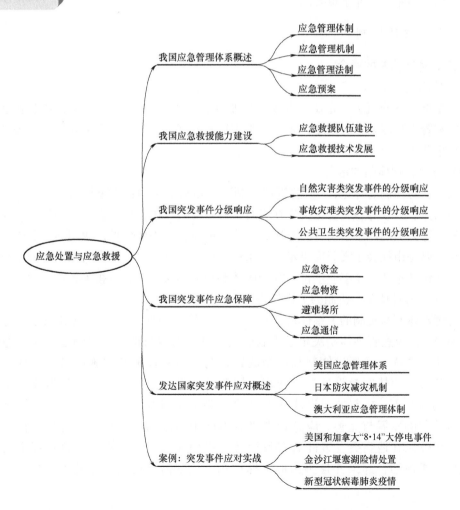

■ 学习要点

- 充分理解我国应急管理体系,即"一案三制"
- 认识我国应急救援队伍的建设以及应急救援技术的发展
- 理解我国突发事件的分级响应和应急保障体系
- 了解发达国家的应急管理体系,如美国应急管理体系、日本防灾减灾机制以及澳大利亚应急管理体制

7.1 我国应急管理体系概述

应急管理体系是指国家层面处理紧急事务或突发事件的行政职能及其载体系统,是政府应急管理的职能与机构之和。科学、系统地研究整个应急管理的对象与事务,并以此为基础,审度从日常管理中独立出来的应急管理职能、职责体系,发现空白、遗漏或者残缺之处,填补和加入新的应急管理职能、职责内容,由此确立并形成一套系统完备的政府应急管理职能、职责体系,是非常重要的。

7.1.1 应急管理体制

1. 应急管理体制的概念

(1) 体制的定义

体制是指"国家机关、企业、事业单位等的组织制度",是国家机关、企业和事业单位机构设置和管理权限划分的制度,是有关组织形式的制度,限于上下之间有层级关系的国家机关、企事业单位等。

(2) 应急管理体制的定义

根据以上对体制的界定,"应急管理体制"可以被定义为:国家机关、军队、企事业单位、社会团体、公众等各利益相关方在应对突发事件过程中在机构设置、领导隶属关系和管理权限划分等方面的体系、制度、方法、形式等的总称。由此可见,我国的应急管理体制的具体内涵主要是由社会主义制度决定的,组成我国应急管理组织体系的主要方面不仅包括国家机关,还包括军队、企事业单位、社会团体和公众等所有的利益相关者。

(3) 应急管理体制与机制的关系辨析

应急管理体制与机制的关系体现在:一方面,体制包含机制,应急组织是应急管理机制的"载体",应急管理体制决定了机制建设的具体内容与特点,机制建设是应急管理体制的一个重要方面,要通过体制和法制的建设与发展来保障其实施;另一方面,应急管理机制的建设对于体制建设具有反作用,体制的建设具有滞后性,尤其当体制还处于完善与发展的情况下,机制的建设能帮助完善相关工作制度,从而有利于弥补体制中的不足并促进体制的发展与完善。应急管理机制不同于体制的特点在于,它是一种内在的功能,是组织体系在遇到突发事件后有效运转的机理性制度,它要使应急管理中的各个利益相关体有机地结合起来并且协调地发挥作用,这就需要机制贯穿其中。总之,应急管

理机制是为积极发挥体制作用服务的，同时又与体制有着相辅相成的关系，推动应急管理机制建设，既可以促进应急管理体制的健全和有效运转，也可以弥补体制存在的不足。总而言之，我国的应急管理体制和机制首先是由社会主义制度决定的，也就是说，我国的应急管理体制与机制的建设要与现阶段国家的相关制度相适应和匹配，同时其内涵与外延还应根据国家的发展得以进一步调整。

2. 新时代中国特色应急管理体制

2018年3月，中共中央印发了《深化党和国家机构改革方案》，并组建应急管理部，这标志着我国应急管理体制做出重大改革。从"体"来看，应急管理部及各省（自治区、直辖市）、市、县的应急管理局逐步成立，并有力、有序、有效地开展工作。从"制"来看，逐步形成"统一指挥、专常兼备、反应灵敏、上下联动、平战结合"的中国特色的应急管理体制。该体制既是对《突发事件应对法》规定的"统一领导、综合协调、分类管理、分级负责、属地管理为主"的应急管理体制的传承，又是对其的深化。

（1）统一指挥

统一指挥明确的是应急管理的指挥权。《突发事件应对法》中的"统一领导"明确的是领导权，领导权主要表现为以相应责任为前提的指挥权、协调权。统一指挥则明确了在突发事件应对过程中统一指挥的重要作用，目的是防止出现多头管理、职责混乱的现象，提高应急管理的效率。

统一指挥之下，实行资源统一调度，形成"全国一盘棋"的组织指挥机制是我国应急救援的一大特点，也是一大优势。2018年以前，水利部负责水旱灾害防治，中国地震局负责地震灾害防治，国土资源部负责地质灾害防治，农业部负责草原防火，国家林业局负责森林防火，民政部负责灾害救助等。为了协调应对自然灾害，我国成立了防汛抗旱指挥部、抗震救灾指挥部、减灾委员会、森林防火指挥部等高层次议事协调机构，十分繁杂。应急管理部的成立使这些分散的职责得以有效整合，便于统一指挥和协调。

统一指挥，不仅统一调动各种资源，还能够统筹救灾任务及救灾投入，这样就保证在灾区救援中形成合力，形成一盘棋的救援态势，既减少了灾区的混乱，又节约了救灾的资源，还提高了救灾的效果。

统一指挥是适应我国综合应急救援特点的体制内容。综合应急救援涉及多项业务，部门多、行业多。建立统一指挥调度机制，完善跨区域增援调动机制，出台各类跨区域增援方案。灾害发生时，按照命令整建制调派充足力量，可以跨区域作战，按照"纵向到底，横向到边、全面覆盖、不留死角"的原则，直接指挥调度省（自治区、直辖市）、市、县级应急救援力量，掌握第一手情况，下达作战命令，真正凸显"快速性"标准。

（2）专常兼备

专常兼备是指国家综合性应急救援队伍等作为常备应急骨干力量，履行专业应急救援和常规应急处置职能。相对于《突发事件应对法》中的"综合协调、分类管理"，专常兼备更加明确了对应急救援队伍能力的要求。

专常兼备是各部门之间的专常兼备。应急管理工作包括安全生产类、自然灾害类等突发事件综合防灾减灾救灾工作，以及安全生产综合监督管理和工矿商贸行业安全生产监督管理工作，涵盖了消防管理职责、救灾职责、地质灾害防治职责、水旱防治职责、草原防火职责、森林防火职责、震灾应急救援职责等。不同的事件有不同的特征和不同的应对处置措施，需要专项应急牵头部门以及其他支持部门，启动不同的响应级别。

专常兼备是各救援队伍之间的专常兼备。应急救援队伍可以分成国家综合性消防救援队伍、专业应急救援队伍、解放军和武警部队应急救援队伍、社会应急救援队伍以及国际应急救援队伍。不同专常的救援队伍在统一指挥之下处置不同的灾害事故，发挥专常兼备的特点。

专常兼备还是救援物资的专常兼备。许多应急部门都储备了一定种类与数量的应急物资，但部门之间分割而缺少共享、共用，造成了重复储备或储备空白。整合分散于各个部门的应急物资，可以提高物资储备与使用效率，降低储备成本。

（3）反应灵敏

应急救援在某种程度上就是和时间赛跑，反应灵敏既是要求，又是效果。

我国自然灾害呈大规模、高频率、群发性、风险持续增加的趋势，中央部署防灾减灾"两个坚持"和"三个转变"的改革，应急管理部的成立就是为了进行综合协调和应急保障，提高灾害应急处置成效，最大限度地在灾害来临时保护人民群众生命财产安全。以前很多机构不在一个部门，很难充分协调，而整合成一个部门后，适应了灾害事故自身的发展链条，可以全过程地实施监管并及时进行应急救援，效率自然提高了很多。

在统一指挥下，根据不同事件的特征，启动不同的响应级别和不同的应急救援队伍，减少行政环节，降低行政成本，提高快速反应能力。应急管理部在成立之后就承担起统筹、协调、组织全国防灾减灾救灾的职责，突发事件发生后能够立即组织制定各个灾种的应急预案和工作方案，全体人员进入应急状态。应急管理部党组成员24小时轮流在岗值班，每一次重大自然灾害都是在第一时间启动应急响应，第一时间派出应急救援队，同时把每一次应急响应作为实战演练，逐步磨合、完善应急处置方案和措施。

灾情信息的统一收集与发布为反应灵敏提供了可行性。灾情信息决定着应急力量与资源的调配范围与速度，是避免应急响应不足或应急响应过度的重要依据。应急管理部统一了各个应急信息平台，能够建立整合的灾情报告系统，并统一发布灾情信息。

统一指挥是反应灵敏的基础，反应灵敏是统一指挥的效果。自然灾害的发生可能会引发次生灾害，也会导致事故灾难。应急管理部既负责指导火灾、水旱灾害、地质灾害等防治，也负责安全生产综合监督管理和工矿商贸安全生产监督管理，从而避免出现责任不清、相互扯皮问题，有利于对灾难原因进行实事求是的调查评估，进而弥补风险监管的缝隙。

（4）上下联动

上下联动是指上级政府对下级各有关政府，政府与社会有关组织、团体的联动。相对于《突发事件应对法》规定的"分级负责、属地管理为主"，上下联动明确了分级负责之间的关系不是独立行动，而是协调联动。在强调"属地管理为主"的同时，又说明上级政府和下级政府之间、民众之间、社会组织之间的联动关系。

上下联动是上级政府对下级各有关政府的联动。随着地方政府设立对应的应急厅局，上下形成一个具有凝聚力和归属感的系统，稳定应急管理组织，使应急管理经验得以持续积累。

上下联动是上级政府与社会有关组织、团体和民众的联动。社会组织和民众是最初的应急响应单元，是直接的承灾体，既是公共安全保护的主要对象，又是实施公共安全保障的重要力量。公众参与对维护公共安全、预防和应对安全风险非常关键。在灾害事故来临时，公众第一时间的自救和互救对提高生存率发挥着不可替代的作用。

上下联动关键在于协调性。重大突发事件具有极强的复杂性、关联性和耦合性，常常突破既有的地理边界和行政管理边界。通过上下联动推动有关地方、部门和企业履行责任，以上带下、上下一体，形成国家、省、市、县应急管理体系一体化。自党的十八大以来，我国灾害处置充分发挥地方政府在救灾过程中的积极性与主动性，中央提供支持与保障。按照分级负责的原则，一般性灾害由地方各级政府负责，应急管理部代表中央统一响应支援；发生特别重大灾害时，应急管理部作为指挥部，协助中央指定的负责同志组织应急处置工作，保证政令畅通、指挥有效。应急管理部的组建统筹了分散的应急资源和力量，提升了协同应对重大突发事件的能力。在特别重大灾害发生时，中央指定负责同志领导应急响应工作，协调党、政、军、群多方面力量。应急管理部作为指挥部，协助该同志开展应急处置工作，改变了巨灾应对中临时成立指挥部的弊端。

（5）平战结合

平战结合是指平时应急与战时应战的结合。该表述与专常兼备含义相近。2019年10月，党的十九届四中全会通过的《中共中央关于坚持和完善中国特色社会主义制度 推进国家治理体系和治理能力现代化若干重大问题的决定》指出，构建统一指挥、专常兼备、反应灵敏、上下联动的应急管理体制。

7.1.2 应急管理机制

应急管理是针对自然灾害、事故灾难、公共卫生事件和社会安全事件等各类突发事件，从预防与应急准备、监测与预警、应急处置与救援到事后恢复与重建等全方位、全过程的管理。所以，应急管理机制是涵盖了突发事件事前、事发、事中和事后的应对全过程中各种系统化、制度化、程序化、规范化和理论化的方法与措施。具体而言：

1）应急管理机制是人类在总结、积累应急管理实践经验与方法的基础上形成的制度化成果，是对人类在长期应急管理实践中所使用的各种有效经验、方法、手段和措施的总结和提炼，并经过实践检验证明有效，而且在实践中不断健全和完善。

2）应急管理机制的实质内涵是建立在相关法律、法规和部门规章基础上的应急管理工作流程体系，反映出突发事件管理系统中组织之间及其内部的相互作用关系，而外在形式则体现为政府及其有关部门在应急管理中的职责。

3）应急管理机制以应急管理运作流程为主线，涵盖事前、事发、事中和事后各个阶段，包括预防与应急准备、监测与预警、应急处置与救援、恢复与重建等多个环节。

应急机制建设的重要性主要表现在它是实现科学决策的重要手段，也是提高政府应急管理能力的根本途径，它对于体制建设具有重要的影响和补充作用。

1. 应急管理机制的内涵

所谓机制，一般是指行为主体按照事物的机理，为了解决所出现的问题而制定的一套行为规范与准则。根据这一概念，应急管理机制则是处理突发公共事件时所遵循的一系列制度运行实施体系。具体而言，应急管理机制应包含以下五层含义：①应急管理机制是经过应急管理实践检验证明有效的、较为固定的方法；②应急管理机制本身含有制度因素，并且要求所有相关人员严格遵守；③应急管理机制是比一般制度更具有刚性的"制度"；④应急管理机制是在各种方式方法基础上总结和提炼出来的，并经过加工使之系统化、理论化的方法；⑤应急管理机制一般是依靠多种方式方法共同作用来运作的。据此，把应急管理机制界定为：在突发事件事前、事发、事中和事后全过程中，采取的各种制度化及程序化的应急管理方法与措施。

2. 应急管理机制的主要构成

突发公共事件应急管理是一个综合的、动态的博弈过程。从体系构成来看，不同系统的职责不同，但是目标相同；从各个系统内部构成来看，同一系统的成员可能来自不同的部门或者领域，要保证目标的顺利实现，同样需要协同作战。因此，除了及时有效、准确充足的信息以及应急资源等之外，高效的管理机制是保障各个系统协同运作，从而保障应急管理体系顺利运行的必备条件。应急管理机制应由体系运行机制、监控与预警机制、应急处置和协调机制、事后恢复与评估机制四大部分构成。

（1）体系运行机制

应急管理体系运行机制可以概括为以下四个方面：

1）统一指挥、分工协作。应急管理体系由不同职责的系统构成，需要统一指挥、分工协作，这既是管理体系有效运行的要求，又是由突发事件的综合性来决定的。

2）分类分级处理。对突发事件进行分类分级，不同类型、不同级别的突发事件采用不同的应对方法。同时，要对机构进行分类分级，使得相应的机构与相应的突发事件进行挂钩，以便明确职责，也为整个体系的应急能力评估做好准备工作。

3）及时切换。这主要包括平战切换和级别切换。平战切换包含两个方面的动作：①在信息反馈体系一旦发现突发事件的先兆，及时根据分级判定机理标识突发事件级别，采取应对措施，并发出早期警告。这一阶段如果不能消除该突发事件，则立即发出警报，激活战时保障系统。②在保障系统对突发事件处理结束后，应该关闭战时保障系统，进入平时状态。级别切换是在没有突发事件先兆的情况下，为了确保在特殊时期的安全需要，指挥调度机构可以主动调整安全保障系统安全级别，或进入战时保障系统。

4）资源的协调及管理。这里的资源包括人力、信息、知识、物力、财力，它们可能来自政府、企业、公共组织、大学以及其他社会相关单位。应急处置中，本地或系统的内部应急资源应首先得到最大利用，当本地的资源和能力难以承受时，再向外部请求支援和救援，同时要建立应急处置过程中征用不同所有者资源的法律、法规、政策等，并给出相应的补偿方案。

（2）监控与预警机制

监控与预警机制是应对突发事件的第一道"防火墙"。监控机制能够尽早识别突发事件发生的早期征兆，进行前期预警，以避免事件爆发或者将危害降到最低程度。一旦事件发生，监控与预警机制可以及时监控突发事件的发展情况，利用预警的方式为应急决策提供依据。

1）监控机制。应急监控机制是指事件发生前对其致灾因子及其与承载体之间的相互关系和运行方式进行监控，其目的是及时发现突发事件的安全隐患，并通过预警机制制止和预防突发事件的发生。

2）预警机制。按照突发事件发生的紧急程度、发展态势和可能造成的危害程度，《突发事件应对法》将可以预警的自然灾害、事故灾难和公共卫生事件的预警级别分为一级、二级、三级和四级，并分别用红色、橙色、黄色和蓝色标示，一级为最高级别。

（3）应急处置和协调机制

应急处置和协调机制是公共场所突发事件应对的核心，往往同时存在于突发事件的应对过程中。公共场所的应急主管部门处置突发事件时，必然会涉及多个相关主体，需要启动应急协调机制对相关部门或利益相关者进行协调。

1）应急处置机制。根据现代应急管理的一般性机理分析，应急处理机制应遵循以人为本、资源优化、分类分级处置、授权处置及预案优先等原则。公共场所一旦出现突发情况，并达到一定的预警等级，应急工作人员应快速启动相应类型的应急预案和相关等级的应急响应，成立突发事件应急指挥部。指挥人员收到事故预警报告的信息后，应尽快组织人员对事态进行快速评估，充分考虑事态的发展路径和可能演化出的次生灾害及连锁反应和后果，迅速确定有效的处置方案。在事故处置过程中，加强相关部门间的沟通与协调，通过事故现场分析和实时监控数据的对比，对应急处置方案和应急相应等级进行调整。

2）协调机制。公共场所突发事件的处置过程往往涉及多个部门或社会资源，具体包括应急管理概论组织、人员、物资和信息等，这就要求在应急过程中建立一套良好的协调机制实现突发事件中人员和组织间的协调配合。协调机制是指通过整合应急管理过程中各组织、人员、信息以及物资，达成应急管理体系的纵向信息畅通以及横向部门协调，实现应急管理各职能部门的统一指挥和相互协调，最终提高应急效率。

（4）事后恢复与评估机制

事后恢复与评估机制往往需要经历较长的时间。例如，2008年汶川地震结束后，四川省计划利用三年的时间对灾区进行恢复重建，具体包括对受灾人群生理与心理的康复，对被破坏房屋、设施和场所的恢复，对事件的调查评估和总结，对地震受灾者的补偿等。评估机制主要包括：①对突发事件的分类分级指标体系；②预案及预案库的有效性；③应对效果的评估体系；④对体系整体和各机构应对能力的评估；⑤处置效果的动态评估。

总之，以上讨论的应急管理机制都是从应急管理体系的目标出发来设定的。结合突发事件的特性，应急管理机制的建设应以充分发挥各级政府的管理职能和社会各种力量为出发点，按照属地化管理的原则，以块为主、条块结合，形成全社会共同参与的防治格局。政府及各社会力量有明确的任务和职责，建立以政府和行业为中心的协调机制，突出依法规范管理，具有以法律法规为支撑的管理系统。

7.1.3 应急管理法制

1. 应急管理法制的内涵

应急管理法制是指与应急管理相关的法律体系，其目的是通过依法行政，努力使突发公共事件的应急处置逐步走上规范化、制度化和法制轨道。应急管理法制体系建立的主要目的主要有：

（1）配置协调紧急权力，调动整合应急资源

建立突发事件应急管理法制，首先有利于依法配置、协调紧急权力，使得政府依法调动、整合应急资源，发挥各种资源优势，有效应对危机；其次有利于完善应急系统，通过法制化的监督预警制度、应急预案制度、危机处理制度、事后评估制度、事后补偿与救济制度来为突发公共事件的处理提供基本模式。法律在某种意义上是一种经验总结，应急管理法制的功能之一就是在总结应对突发事件经验的基础上，将其中可行、有效的部分以权威形式固定下来，形成确定的原则和程序，为将来可能发生的突发事件的处理提供方案。

（2）建立完善应急机制，规范应急管理过程

全面依法治国已成为我国的基本治国方略，在现代法治原则的支配下，国家生活的各个方面，包括紧急状态的处理与应对，都应纳入法治的轨道。尤其是发生突发事件后，政府的

权力得到扩张、强化，如果政府权力得不到"法"的规制，必然会在紧急状态下走向失控、混乱、无序、低效。突发事件发生后，其本身会以一种非程序化、超渐进型的态势发展，但是应急管理应当是程序化的、可持续性的决策和执行系统，只有法律的规范性、程序性、稳定性和预测性才能使之实现。应急管理法制的建立还有利于推进政府决策的开放性、透明性，将政府如何处理突发公共事件置于公众监督之下，这是法律自身公开性的必然要求。这样既保证公民的知情权，还有利于调动社会参与应对危机的热情，降低处理成本，同时推动政府内部决策的科学化和民主化。

（3）约束限制行政权力，保障公民合法权益

突发事件发生后，公民权利的保护体现为公共利益的保护和公民个体利益的保护两方面，对公共利益的保护有赖于法律赋予政府紧急权力，对公民个体利益的保护则有赖于法律对紧急权力的规制，避免其越位而行造成非法侵害。应急管理法制体现出危机管理+利益平衡的基本功能。只有"法"才能找到公共利益和个体利益的结合点，以及行政效率与权利保障的平衡点，这也是建立应急管理法制的基本价值理念之所在。

2. 应急法律法规体系层次

总的来讲，应急法律法规体系分为以下4个层次：

（1）宪法（关于紧急状态制度的内容）

应急管理法制是整个社会法律法规体系在紧急状态下的具体表现，对维护公共安全、快速恢复社会秩序起着非常重要的作用，紧急状态制度入宪是由客观事实决定的。

1）宪法是一个国家的根本大法，宪法的核心任务和内容是规范国家权力的有效运行和保障公民的基本权利。凡是涉及根本的国家权力体制问题和公民的基本权利问题，都需要宪法来做出规定，包括紧急状态下的国家权力与公民权利。

2）在国家和社会管理过程中，宪法的地位和作用是至高无上的，具有最高的法律效力，是一切机关、组织和个人的根本行为准则。应急法律法规制度入宪成为保障宪法至上的重要基础。

3）在紧急状态下，往往需要权力的高度集中，以便能够迅速做出决策并下达命令。为保证这一目标的实现，在紧急状态下可以暂时停止部分法律的实施，甚至暂停宪法中某些条款的实施。这种极端的措施必须要有宪法的授权。由于宪法的性质和紧急状态制度的特殊性，完整的应急管理法制的第一层次或最高层次应体现在宪法上。

（2）一般法

一般法是指根据宪法制定统一的突发事件应对法，为应急管理法制提供了基本的框架，确立了我国突发事件应对法制的法律基础，具有重要意义。

我国最初列入全国人民代表大会常务委员会立法计划的是"紧急状态法"，但紧急状态立法应含有突发事件应对，紧急状态法不仅是国家处理紧急状态事务的基本法，而且也应当是全部国家应急事务的基本法。建立综合性国家应急管理法制是当代国家应急管理的基本取向，同时制定紧急状态和一般应急两个并行的基本法是不科学和不可取的。紧急状态应对只是应急管理的一个过程，制定突发事件应对法是对我国建立综合性应急管理法制的有效回应。

（3）专门法

统一的突发事件应对法只是提供了应急管理的基本准则、基本职权和基本程序，它不是对现行应急管理方面立法的汇编，不会简单地替代专门应急方面的法律，而是为现行和将来

的专门应急立法规定标准和要求。因此，需要统一立法与专门立法相结合。

专门立法可以是"一事一法"，即分别针对不同类型的突发事件专门立法，如防洪法、消防法等；也可以是"一阶段一法"，即针对突发事件不同处理阶段的特点来分别立法，如灾害预防法、灾害救助法等。

（4）行政措施

宪法、统一和专门的立法需要由立法机关起草、表决、通过和颁布，一般有一个较长的制定和形成过程，而且一旦形成，就会在很长的一段时间内发挥效能。对于具有短期行为、变动性比较强，或具有区域效应、社会性较弱、技术性较强等特点的应急管理规定，在保持与宪法、一般法和专门法中应急法律法规内容要求一致的基础上，政府可采用行政措施的方式进行颁布和实施，如条例、管理办法、应急规划、应急预案、技术标准等。

3. 新时代中国特色应急管理法制

法律是治国之重器，良法是善治之前提。建设中国特色社会主义法治体系，必须坚持立法先行，发挥立法的引领和推动作用。应急管理部自2018年4月成立以来，高度重视应急管理法律体系建设。全国应急管理工作会议强调，适应新体制新要求，必须加快创建新的制度，把习近平总书记关于应急管理、防灾减灾救灾、安全生产方面的重要论述和中央决策部署转化为系统完备、科学规范、运行有效的法律制度体系，以法治思维和法治方式推动应急管理事业改革发展。统筹相关法律法规政策规划和标准建设，为应急管理、应急救援、防灾减灾救灾等工作提供法治保障。

建设中国特色应急管理法律法规体系，需要在全面清理现有应急管理法律法规、广泛听取有关方面意见的基础上，通过若干年的努力，逐步形成"1+4"应急管理法律框架体系。

1）抓紧完善安全生产法律法规，进一步修改完善安全生产法，加快推进矿山安全法、危险化学品安全法、安全生产法实施条例、煤矿安全条例等安全生产方面的法律和行政法规。

2）抓紧研究自然灾害防治方面的综合法律，有序推进防震减灾法、防洪法、自然灾害救助条例、森林防火条例等针对单一灾种的法律、行政法规的制定修订工作。

3）抓紧修改消防法律法规，落实党和国家机构改革精神和国务院"放管服"改革要求，积极推进国家综合性消防救援队伍转型升级，以适应"全灾种""大应急"的需要。

4）抓紧研究论证应急救援组织综合法律，进一步整合优化协同各方应急力量，提高防灾减灾救灾能力。

在上述工作基础上，将进一步研究应急管理方面的基础法律作为统领应急管理的总纲性法律。

7.1.4 应急预案

根据《突发事件应急预案管理办法》，应急预案是指各级人民政府及其部门、基层组织、企事业单位、社会团体等为依法、迅速、科学、有序应对突发事件，最大限度减少突发事件及其造成的损害而预先制定的工作方案。

根据AQ/T 9011—2019《生产经营单位生产安全事故应急预案评估指南》，应急预案是针对可能发生的事故，为最大限度减少事故损害而预先制定的应急准备工作方案。因此，应急预案的核心是解决突发事件的事前、事发、事中、事后等阶段的应急管理工作由谁来做、怎样做、做什么、何时做、用什么资源做等问题。

组织编制国家应急总体预案和规划，指导各地区各部门应对突发事件工作，推动应急预案体系建设和预案演练。这是应急管理部最主要和最重要的职责之一。

应急预案是应急管理的重要基础，是我国应急管理体系建设的首要工作。我国的应急预案体系设计为国家总体预案、专项预案、部门预案、地方预案、企事业单位预案以及大型集会活动预案六个层次。截至2019年9月，全国各级政府及有关部门编制的各类各级应急预案总数达到550余万件。其中，各级政府及其有关部门均结合实际编制了应急预案，中央企业应急预案编制率达到100%，矿山、危险化学品、建筑施工等重点行业领域应急预案实现了全覆盖，涵盖了自然灾害、事故灾难、公共卫生事件和社会安全事件等各个领域。全国"纵向到底、横向到边"的应急预案体系基本形成，并处于不断完善过程中。

根据2018年3月13日公布的《国务院机构改革方案》，应急管理部应充分发挥对各部门、各地区应急预案管理工作的指导职能，加强与相关部门的协调与合作，形成协同救灾的应急响应能力。应急管理部具有以应急预案工作为抓手，指导各地区、各部门对突发事件工作的职责：①组织编制国家总体应急预案体系建设和规划，对应急管理进行顶层设计；②推动应急预案体系建设和应急预案的演练。因此，应急预案主要工作是预案的编制与演练。

7.2 我国应急救援能力建设

7.2.1 应急救援队伍建设

1. 国家综合性应急救援队伍

2018年11月9日，习近平总书记向国家综合性消防救援队伍授旗并致训词，标志着一支全新的人民队伍举旗定向，踏上征程。

国家综合性消防救援队伍由原公安消防部队（现武警消防部队）和武警森林部队集体转隶组建而成。长期以来，作为同老百姓贴得最近、联系最紧的队伍，消防队伍有警必出、闻警即动，奋战在人民群众最需要的地方，特别是在重大灾害事故面前，不畏艰险，冲锋在前，做出了突出贡献。

自组建以来，国家综合性消防救援队伍重点围绕发挥应急救援主力军和国家队的作用，坚持走中国特色消防救援队伍建设新道路。在转制衔接方面，整体设计、分步实施、有序推进，国家综合性消防救援队充分吸收现役制和职业制两个方面的优势，将部队长期形成的一些成熟的做法平移到救援队伍的建设中来，并结合实际创新制度机制，推动出台了消防救援衔等级设置、职务职级的序列设置、干部的选任、消防员的招录、消防力量的调度以及工资待遇等配套政策文件，确保军地之间、转制前后政策有效衔接。在管理教育方面，国家综合性消防救援队实行严密的组织、严肃的纪律。在职能任命方面，国家综合性消防救援队坚持预防为先，全力防范化解重大安全风险，在继续履行灭火救援职责的基础上，承担起水灾、旱灾、台风、地震、泥石流等自然灾害和交通、危险化学品等事故的应对处置任务，全面提升正规化、专业化、职业化水平。在能力建设方面，国家综合性消防救援队伍对标"全灾种""大应急"需要，实行统一领导、分级指挥，针对重大风险主动防范并提前预置力量，针对综合救援需要补充配备专业装备，组织开展全员岗位练兵，加大救援理念、组织指挥、联动机制、专业训练、保障能力等方面的改革创新。在国际救援方面,应急管理部依托北京消防救援总队组建了一支200人的中国救援队,并于2019年10月成功通过联合国国际重型救援队能力测评,成为我国第二支具有跨国救援能力的队伍。该救援队于2019年首次出访莫桑比克实施了国际救援行动,体现了我国作为世界大国的责任担当。同时,应急管理部依托上海合作组织、金砖五国等国际合作组织和"一带一路"合作机制,积极同相关国家开展国际应急救援合作交流,截至2019年11月,共组建了六支"森林草原灭火跨国(境)救援队伍",与周边接壤国家沟通商榷,谋划构建森林草原火灾防治和扑救工作机制。

截至2019年11月,国家综合性消防救援队共完成120多万起应急救援任务,营救疏散66万多名遇险群众,成功处置山东寿光洪涝、云南麻栗坡泥石流、金沙江和雅鲁藏布江堰塞湖、山西沁源森林火灾、江苏响水化工厂爆炸、四川长宁6.0级地震等重特大灾害事故,圆满完成"一带一路"国际合作高峰论坛、新中国成立70周年大庆等重大消防安保任务。他们以救民于水火、助民于危难的实际行动,维护人民群众生命财产安全和社会稳定。

新部门、新体制、新队伍的优势不断显现,彰显了我国应急救援力量体系重塑重构的初步成效。

2. 军队

军队是抢险救灾的突击力量,执行国家赋予的抢险救灾任务是军队的重要使命。军队参加抢险救灾主要担负解救、转移或者疏散受困人员,保护重要目标安全,抢救、运送重要物资,参加道路(桥梁、隧道)抢修、海上搜救、核生化救援、疫情控制、医疗救护等专业抢险,排除或者控制其他危重险情、灾情等任务。必要时,军队可以协助地方人民政府开展灾后重建等工作。我国建立了军地协调联动机制,军队在人民政府的统一领导下进行抢险救灾,具体任务由抢险救灾指挥机构赋予,部队的抢险救灾行动由军队负责指挥,确保大灾大难时协调有序、指挥顺畅、联动高效。

3. 各级各类专业应急救援队伍

各级各类专业应急救援队伍是我国应急救援体系的重要组成部分,是防范和处置事故灾害的重要力量,在应对各类抢险救援任务中发挥着重要作用。经过多年的建设和发展,我国各级各类专业应急救援力量建设取得长足进步,主要由地方专职消防、森林消防、抗洪抢险、地震和地质灾害应急救援、安全生产应急救援等专业救援队伍构成,是国家综合性消防救援队伍的重要协同力量,担负着区域性灭火救援、安全生产事故和自然灾害等专业救援职责。

1)地方专职消防队伍主要分为政府专职消防队和企事业专职消防队两类,是我国消防力量体系的重要组成部分,在火灾扑救的初期阶段发挥着不可替代的作用。

2)森林防火灭火应急救援队伍包括森林消防专业救援队伍和航空护林队伍。截至2016年9月,全国共建有森林消防专业救援队3264支,共计11.3万人。抗洪抢险专业应急救援队伍的组成有两类:一类是抗洪抢险专业队伍;另一类是机动抗洪抢险队和社会应急力量。我国正在积极构建以专业力量为主力、机动力量为补充、社会应急力量为协同的抗洪抢险力量体系。专业力量方面,截至2020年8月,全国31个省份组建了抗洪抢险专业编队,主要包括省级救援队31支、支队级救援队187支、站级救援分队2417支,编配专业潜水员1984人、舟艇驾驶员837人。机动力量方面,截至2018年11月,我国共建有100多支重点机动抢险队。

3）地震和地质灾害应急救援队伍方面，除国家地震灾害紧急救援队、中国救援队外，还有六个国家陆地搜寻和救护基地及由各省（自治区、直辖市）地方政府组织的救援力量。

4）安全生产应急救援队伍方面，从国家到地方组建了矿山、危险化学品、海上搜救、电力市政、中毒事故、医疗抢救等不同类型、综合与专业相结合的应急救援队伍。截至2019年3月，我国建设了覆盖矿山、危险化学品、油气田开采、隧道施工等行业领域的85支国家级安全生产应急救援队伍，以及各类安全生产应急救援专业队伍1000余支，共计7.2万余人。另外，交通、铁路、能源、工信、卫生健康等行业部门都建立了水上、航空、电力、通信、医疗防疫等应急救援队伍，主要担负行业领域的事故灾害应急抢险救援任务。

各级各类专业应急救援队伍重点围绕提升专业领域救援能力，优化力量布局，整合各类资源，补齐建设短板，完善保障机制，充分发挥在各类灾害事故处置中的专业作用。

武装力量参与应急管理工作，是各国的普遍做法。我国参与应急抢险救援的主要武装力量包括中国人民解放军、中国人民武装警察部队和民兵预备役部队。

7.2.2 应急救援技术发展

与自救互救不同，突发事件综合应急救援是有组织的救援行动，不仅需要专业的救援队伍，还需要专业技能和救援装备。

1. 应急救援设备简介

（1）综合应急救援装备

在信息化与高科技时代，我国要采用先进的技术成果，不断提高灾害监测预警能力和应急救援装备水平。2015年12月24日，习近平总书记在中共中央政治局常委会会议上指出，要加强应急救援工作，最大限度减少人员伤亡和财产损失。每一次大事故发生后，都要认真组织研究应急救援规律，加强相应技术装备和设施建设。

应急救援装备主要分为搜索、营救、通信三大类。随着科技进步，这些装备推陈出新，在救援行动中发挥出巨大作用。智能化搜索装备是指以计算机网络技术为支撑，以各种数字化仪器设施为平台的用于探索生命存在的各种装备，主要负责对灾害（灾难）事故现场的受灾群体或遇难者存在的生命信息源实施探索与搜寻。

1）声波探测仪。声波探测仪是一种利用声音的振动来搜索遇险者的仪器，具有灵敏度极高的特点。废墟中的幸存者只要发出微弱的声音，声波探测仪就可以找到他们。

2）光学声波探测仪。光学声波探测仪又称"蛇眼"，它是一种利用反射光线来对幸存者进行生命探索的仪器。该仪器的前面有细小的类似于摄像机的360°旋转探头，地面上的救援人员通过观察器以看清探头拍摄的地方是否有遇险者。

3）红外线探测仪。红外线探测仪是一种利用红外线的原理，通过遇险者身体散发的热能来探测幸存者位置的仪器。红外线探测仪不仅可以满足国际上通用的"黄金24小时"灾害（灾难）救援的时限规定，而且可以在黑暗中充分利用人的体温与环境温度的差别探测灾害现场，判断是否有生命信息源的存在。

（2）机械化营救装备

机械化营救装备能减轻体力劳动强度，提高营救工作效率。它主要包括：

1）救援队配备使用的起重机、电焊切割机、掘进机、抽水机、冲锋舟等中型机械装备和器材。

2）救援人员随身携带、伺机开展营救行动的锹、锤、锯、气袋、液压钳、应急灯、保险绳索、救生衣、救生圈等小型工具装备和器材。

3）现场指挥使用的信号枪、手持扩音器、望远镜、袖标、飘带等应急指挥器材。

(3) 信息化通信装备

信息化通信装备是指在灾害（灾难）救援过程中综合使用的各种通信装备和器材，主要包括：

1）便于抢险救灾指挥员、指挥机构迅速掌握灾情、分析研究、决策指挥的图像及数据信息系统。

2）应急救援部门所使用的视频通信控制系统。

3）以计算机网络技术为支撑，集抢险救灾指挥、通信、信息、安全、保卫功能于一体的多媒体通信控制系统。

4）集自动报警、自动设备切换联动控制、灾害（灾难）探测、智能编码、自动排障功能于一体的动态预警系统。

2. 应急救援技能简介

从我国的主要灾害事故类型来看，地震和地质灾害、洪涝灾害、风灾、安全生产事故、高空山岳事故和车辆交通事故占了很大的比例。这些事故救援过程中最常用到的就是绳索类、水域类、破拆类三大类技能，同时这些技能具有一定的社会基础性，其中绳索类、水域类的救援技能与穿越、徒步、漂流、潜水等户外运动掌握的技能有相同或相通之处。在汶川地震之后，许多社会应急力量通过在中国地震局和国家地震紧急救援训练基地与消防救援队伍进行演练，已经熟练掌握了破拆类救援技能。操作程序与要求都是经过实战检验的，因此掌握绳索类、水域类和破拆类技能可以提高应急救援队伍安全救援、规范救援和科学救援的能力。

(1) 绳索类技能

绳索类技能是应用最广的技术，常应用在城市高层建筑、高处塔架、深坑、竖井、悬崖、水面等事故场景中。按照其使用特点，可将其分为单绳技术和双绳技术，其中主要的操作内容包括下降技术、上升技术、倍力系统、垂直或斜面吊运技术等，主要根据现场情况使用不同的技术应对。具有代表性的技术是单绳技术和IRATAD技术[一]：前者主要是从洞穴探险和登山攀岩运动演化而来，主要使用单绳系统完成工作；后者则是从工业绳索技术演化而来，主要使用双绳系统完成工作。目前，绳索救援技术的主流是双绳救援技术。双绳救援技术的典型特点就是防忽然死亡原则，意思是不管操作人员在何时何地进行何种操作，当操作人员忽然失去意识，无法做出任何动作时，绳索系统都必须确保该操作人员的生命安全。如果该系统中任何环节出现问题，无法确保操作人员安全，则违背了防忽然死亡原则，视其为不合格的系统。

(2) 水域类技能

狭义地讲，水域类技能展示的是救援人员操控舟艇、搭建绳索系统、入水救人和利用潜水装备进行水下救捞作业的技术。广义上说，凡是与水域有关的救援便是水域救援。进一步细分，根据水的状态，水域分为动态水域与静态水域；根据水的维度，水域分为水上与水下。

[一] IRATAD技术是指工业绳索进出贸易协会（IRATAD）提供的双绳索故障安全型作业方法。

（3）破拆类技能

随着综合救援在国内的发展，各项搜救技能取得长足进步。破拆是在建筑物坍塌救援中常用的一种技术手段。GB/T 29428.2—2014《地震灾害紧急救援队伍救援行动 第2部分：程序和方法》对"破拆"的定义为：通过切割、钻凿、破碎、打孔等对障碍物进行拆除或局部分解的过程。

7.3 我国突发事件分级响应

国家突发公共事件应急响应机制是依据国务院发布的《国家突发公共事件总体应急预案》所采取的全国性应急预案体系，其目的是提高政府保障公共安全和处置突发公共事件的能力，最大限度地预防和减少突发公共事件及其造成的损害。

根据《国家突发公共事件总体应急预案》的规定，突发公共事件分为以下四类：

1) 自然灾害。它主要包括水旱灾害、气象灾害、地震灾害、地质灾害、海洋灾害、生物灾害和森林草原火灾等。

2) 事故灾难。它主要包括工矿商贸等企业的各类生产安全事故、交通运输事故、公共设施和设备事故、环境污染和生态破坏事件等。

3) 公共卫生事件。它主要包括传染病疫情、群体性不明原因疾病、食品安全和职业危害、动物疫情，以及其他严重影响公众健康和生命安全的事件。

4) 社会安全事件。它主要包括恐怖袭击事件、经济安全事件和涉外突发事件等。

国家突发公共事件应急响应机制将突发事件按照严重程度由低到高分为Ⅳ级（一般）、Ⅲ级（较重）、Ⅱ级（严重）、Ⅰ级（特别严重）四个级别，依次用蓝色、黄色、橙色、红色表示，及启动相应的应急响应。

7.3.1 自然灾害类突发事件的分级响应

自然灾害类突发事件应急响应共分为四级，依据《中华人民共和国防洪法》《中华人民共和国防震减灾法》《中华人民共和国气象法》《自然灾害救助条例》《国家自然灾害救助应急预案》处置。发生相应灾害前，会由相关部门发出相应等级的突发气象灾害预警信号、海洋灾害预警报标示符、水情预警信号等预警信息。详见表7-1。

表7-1 自然灾害类突发事件的分级响应

响应等级	响应级别	判断依据	响应部门
Ⅳ	一般自然灾害	某一省（区、市）行政区域内发生一般自然灾害，一次灾害过程出现下列情况之一的： • 死亡20人以上、50人以下 • 紧急转移安置或需紧急生活救助10万人以上、50万人以下 • 倒塌和严重损坏房屋10000间或3000户以上、10万间或三万户以下 • 干旱灾害造成缺粮或缺水等生活困难，需政府救助人数占该省（区、市）农牧业人口15%以上、20%以下，或100万人至200万人	减灾委办公室在接到灾情报告后第一时间决定进入Ⅳ级响应

(续)

响应等级	响应级别	判断依据	响应部门
Ⅲ	较大自然灾害	某一省（区、市）行政区域内发生较大自然灾害，一次灾害过程出现下列情况之一的： 死亡50人以上、100人以下 紧急转移安置或需紧急生活救助50万人以上、100万人以下 倒塌和严重损坏房屋10万间或3万户以上、20万间或7万户以下 干旱灾害造成缺粮或缺水等生活困难，需政府救助人数占该省（区、市）农牧业人口20%以上、25%以下，或200万人以上、300万人以下	减灾委办公室在接到灾情报告后，第一时间向减灾委秘书长（民政部副部长）提出启动Ⅲ级响应的建议，由减灾委秘书长决定进入Ⅲ级响应
Ⅱ	重大自然灾害	某一省（区、市）行政区域内发生重大自然灾害，一次灾害过程出现下列情况之一的： 死亡100人以上、200人以下 紧急转移安置或需紧急生活救助100万人以上、200万人以下 倒塌和严重损坏房屋20万间或7万户以上、30万间或10万户以下 干旱灾害造成缺粮或缺水等生活困难，需政府救助人数占该省（区、市）农牧业人口25%以上、30%以下，或300万人以上、400万人以下	减灾委秘书长（民政部副部长）在接到灾情报告后，第一时间向减灾委副主任（民政部部长）提出启动Ⅱ级响应的建议，由减灾委副主任决定进入Ⅱ级响应
Ⅰ	特大自然灾害	某一省（区、市）行政区域内发生特别重大自然灾害，一次灾害过程出现下列情况之一的： 死亡200人以上 紧急转移安置或需紧急生活救助200万人以上 倒塌和严重损坏房屋30万间或10万户以上 干旱灾害造成缺粮或缺水等生活困难，需政府救助人数占该省（区、市）农牧业人口30%以上或400万人以上	减灾委接到灾情报告后，第一时间向国务院提出启动Ⅰ级响应的建议，由国务院决定进入Ⅰ级响应

7.3.2 事故灾难类突发事件的分级响应

事故灾难类突发事件应急响应共分为四级，依据《生产安全事故报告和调查处理条例》处置。事故灾难采取逐级报告制度。事故发生后，事故现场有关人员应当立即向本单位负责人报告；单位负责人接到报告后，应当于一小时内向事故发生地县级以上人民政府安全生产监督管理部门和负有安全生产监督管理职责的有关部门报告。情况紧急时，事故现场有关人员可以直接向事故发生地县级以上人民政府安全生产监督管理部门和负有安全生产监督管理职责的有关部门报告。详见表7-2。

表 7-2　事故灾难类突发事件的分级响应

事件等级	响应级别	判断依据	上报部门
Ⅳ	一般事故	造成三人以下死亡，或者十人以下重伤（中毒），或者1000万元以下直接经济损失	上报至设区的市级人民政府安全生产监督管理部门和负有安全生产监督管理职责的有关部门
Ⅲ	较大事故	造成三人以上十人以下死亡，或者十人以上50人以下重伤（中毒），或者1000万元以上5000万元以下直接经济损失	逐级上报至省、自治区、直辖市人民政府安全生产监督管理部门和负有安全生产监督管理职责的有关部门
Ⅱ	重大事故	造成十人以上30人以下死亡，或者50人以上100人以下重伤（中毒），或者5000万元以上一亿元以下直接经济损失	逐级上报至国务院安全生产监督管理部门和负有安全生产监督管理职责的有关部门
Ⅰ	特别重大事故	造成30人以上死亡，或者100人以上重伤（中毒），或者一亿元以上直接经济损失	逐级上报至国务院安全生产监督管理部门和负有安全生产监督管理职责的有关部门

7.3.3　公共卫生类突发事件的分级响应

公共卫生类突发事件应急响应共分为四级，依据《突发公共卫生事件应急条例》《国家突发公共卫生事件应急预案》处置。公共卫生事件采取逐级报告制度。突发事件监测机构、医疗卫生机构和有关单位发现公共卫生事件后，应当在两小时内向所在地县级人民政府卫生行政主管部门报告；接到报告的卫生行政主管部门应当在两小时内向本级人民政府报告，并同时向上级人民政府卫生行政主管部门和国务院卫生行政主管部门报告。县级人民政府应当在接到报告后两小时内向设区的市级人民政府或者上一级人民政府报告；设区的市级人民政府应当在接到报告后两小时内向省、自治区、直辖市人民政府报告。省、自治区、直辖市人民政府应当在接到报告一小时内，向国务院卫生行政主管部门报告。国务院卫生行政主管部门对可能造成重大社会影响的突发事件，应当立即向国务院报告。详见表7-3。

表 7-3　公共卫生类突发事件的分级响应

事件等级	响应级别	判断依据	响应部门
Ⅳ	一般突发公共卫生事件	腺鼠疫在一个县（市）行政区域内发生，一个平均潜伏期内病例数未超过10例 霍乱在一个县（市）行政区域内发生，1周内发病9例以下 一次食物中毒人数30~99人，未出现死亡病例 一次发生急性职业中毒9人以下，未出现死亡病例 发生伤亡10人以上、29人以下，其中，死亡和危重病例超过1例的突发公共事件，需要医疗卫生紧急救援（急救）的 县级以上人民政府卫生行政部门认定的其他一般突发公共卫生事件	县级人民政府

(续)

事件等级	响应级别	判断依据	响应部门
Ⅲ	较大突发公共卫生事件	霍乱在一个县（市）行政区域内发生，一周内发病10~29例，或波及2个以上县（市），或市（地）级以上城市的市区首次发生 一周内在一个县（市）行政区域内，乙、丙类传染病发病水平超过前5年同期平均发病水平1倍以上 在一个县（市）行政区域内发现群体性不明原因疾病 一次食物中毒人数超过100人，或出现死亡病例 预防接种或群体预防性服药出现群体心因性反应或不良反应 一次发生急性职业中毒10~49人，或死亡4人以下 腺鼠疫发生流行，在一个县（市）行政区域内，一个平均潜伏期内连续发病10例以上，或波及2个以上县（市） 一次事件伤亡30人以上、49人以下，其中，死亡和危重病例超过3例的突发公共事件，需要医疗卫生紧急救援（急救）的 市（地）级以上人民政府卫生行政部门认定的其他较大突发公共卫生事件	市（地）级人民政府
Ⅱ	重大突发公共卫生事件	在一个县（市）行政区域内，一个平均潜伏期内（6天）发生5例以上肺鼠疫、肺炭疽病例，或者相关联的疫情波及2个以上的县（市） 发生传染性非典型肺炎、人感染高致病性禽流感疑似病例 腺鼠疫发生流行，在一个市（地）行政区域内，一个平均潜伏期内多点连续发病20例以上，或流行范围波及2个以上市（地） 霍乱在一个市（地）行政区域内流行，1周内发病30例以上，或波及2个以上市（地），有扩散趋势 乙类、丙类传染病波及2个以上县（市），1周内发病水平超过前5年同期平均发病水平两倍以上 我国尚未发现的传染病发生或传入，尚未造成扩散 发生群体性不明原因疾病，扩散到县（市）以外的地区 发生重大医源性感染事件 预防接种或群体预防性服药出现人员死亡 一次食物中毒人数超过100人并出现死亡病例，或出现10例以上死亡病例 一次发生急性职业中毒50人以上，或死亡5人以上 境内外隐匿运输、邮寄烈性生物病原体、生物毒素造成境内人员感染或死亡的 一次事件伤亡50人以上、99人以下，其中，死亡和危重病例超过5例的突发公共事件，需要医疗卫生紧急救援（急救）的 跨市（地）的有严重人员伤亡的突发公共事件，需要医疗卫生紧急救援（急救）的 省级以上人民政府卫生行政部门认定的其他重大突发公共卫生事件	省级人民政府

(续)

事件等级	响应级别	判 断 依 据	响应部门
I	特大突发公共卫生事件	肺鼠疫、肺炭疽在大中城市发生并有扩散趋势，或肺鼠疫、肺炭疽疫情波及 2 个以上的省份，并有进一步扩散趋势 发生传染性非典型肺炎、人感染高致病性禽流感病例，并有扩散趋势 涉及多个省份的群体性不明原因疾病，并有扩散趋势 发生新传染病或我国尚未发现的传染病发生或传入，并有扩散趋势，或发现我国已消灭的传染病重新流行 发生烈性病菌株、毒株、致病因子等丢失事件 周边以及与我国通航的国家和地区发生特大传染病疫情，并出现输入性病例，严重危及我国公共卫生安全的事件 一次事件伤亡 100 人以上，且危重人员多，或者核事故和突发放射事件、化学品泄漏事故导致大量人员伤亡，事件发生地省级人民政府或有关部门请求国家在医疗卫生救援工作上给予支持的突发公共事件，需要医疗卫生紧急救援（急救）的 跨省（区、市）的有特别严重人员伤亡的突发公共事件，需要医疗卫生紧急救援（急救）的 国务院卫生行政部门认定的其他特别重大突发公共卫生事件	国务院或国务院卫生行政部门

7.4 我国突发事件应急保障

在应急管理准备过程中，应急保障体系有着重要的作用，保障体系的水平决定着应急管理工作开展的效果。一般而言，应急保障体系包括应急资金、应急物资、避难场所、应急通信等方面。

7.4.1 应急资金

《国家突发公共事件总体应急预案》规定："要保证所需突发公共事件应急准备和救援工作资金……鼓励自然人、法人和其他组织（包括国际组织），按照《中华人民共和国公益事业捐赠法》等有关法律、法规的规定进行捐赠和援助。"

当突发事件发生时，政府有义务向灾区下拨应急救灾资金，政府的财政拨款是应急财政保障的基础。《中华人民共和国预算法》规定，各级一般公共预算应当按照本级一般公共预算支出额的 1%~3% 设置预备费，用于当年预算执行中的自然灾害等突发事件处理增加的支出及其他难以预见的开支。

我国应急财政资金的来源主要由三个部分组成：财政拨款、社会捐助、保险（政策保险和商业保险）。为了体现应急管理的社会动员原则，必须实现应急资金筹措渠道的多元化。这具体体现在以下两个方面：

1）借助市场化手段。大力发展保险业不仅可以降低政府的应急财政负担，而且能够提高我国应急管理的财政保障水平。此外，随着灾害投保者人数的增加，保险业会自发地投入风险管理中，也会自觉地成为公共安全知识与技能的推广宣传员。目前，我国社会公众的灾害保险意识还比较薄弱，保险企业开发出来的灾害保险品种并不多，专门针对地震、洪水等巨灾的保险法还未设立。从另外一个角度看，我国的保险业在灾害管理中的作用空间还很大。不仅如此，发行福利彩票、提供小额贷款等也可成为以市场化手段筹措救灾资金的有效渠道。此外，国家推行的税收优惠政策也是在资金上支持抗灾救灾的重要举措。

2）企业和社会的捐助也是我国救灾资金筹措的重要方式。通过社会动员，可以将社会中抗灾救灾的潜力转化为实力。企业和社会的捐助不仅可以大大减轻政府的财政负担，还激发了社会公众众志成城的信心和士气，产生了良好的社会效益。我国为规范救灾捐赠活动，在《中华人民共和国公益事业捐赠法》和《国家自然灾害救助应急预案》的基础上制定了《救灾捐赠管理办法》，并于2008年4月28日开始实施。该办法为更好地利用企业和社会捐助筹措救灾资金奠定了基础。

此外，我国应急资金的筹措不仅要实现政府、市场与社会三种力量的组合，而且要接纳国际社会以人道主义为宗旨的、不附加政治条件的救灾捐款，以便及时、高效地应对和处置灾害。

7.4.2 应急物资

《突发事件应对法》第三十二条规定："国家建立健全应急物资储备保障制度，完善重要应急物资的监管、生产、储备、调动和紧急配送体系。设区的市级以上人民政府和突发事件易发、多发地区的县级人民政府应当建立应急救援物资、生活必需品和应急处置装备的储备制度。县级以上各级人民政府应当根据本地区的实际情况，与有关企业签订协议，保障应急救援物资、生活必需品和应急处置装备的生产、供给。"

应急物资的储备可分为实物储备、资金储备、生产能力储备和社会储备四种形式。一般来说，以实物形态储存的物资都是专用性强、生产周期长、不易腐烂变质的物资；以资金或生产能力形式储存的物资都是生产周期比较短、平时储存又不经济的物资；社会储存的物资多为平灾通用性的物资。

1. 实物储备

目前，我国基本上是分部门、分灾种储备物资，却未能实现统一调度。各储备单位之间信息不能共享，更不能相互调剂。

2. 资金储备和生产能力储备

应急管理部门设立充足的应急物资储备，掌握有关应急物资生产的能力，必要时可与生产厂家签订协议，确保物资需求膨胀时可以通过厂家扩大生产能力来保障应急物资供应。

3. 社会储备

政府应与商家签订储备协议，保障紧急状态下应急物资的供应。至于商家因储存造成的经济损失，政府应予以一定的补偿。此外，要动员社会公众准备应急包，其中包括手电筒、哨子、救生索、必备药品及一些五金工具等，以备不时之需。目前，一些地区已经开始由政府统一发放应急救援包。

7.4.3 避难场所

《突发事件应对法》第十九条规定："城乡规划应当符合预防、处置突发事件的需要，统筹安排应对突发事件所必需的设备和基础设施建设，合理确定应急避难场所。"

应急避难场所可新建，也可指定。城乡建设还可统筹规划，使娱乐设施与应急避难场所建设齐头并进、同步进行。应急避难场所应有明显、统一的标识,方便社会公众识别。此外,在紧急状态下,政府可以临时征用一些建筑作为应急避难场所。不过,事后政府应支付一定的征用赔偿。应急避难场所应具有以下三个特点:①安全。应急避难场所应该设在远离危险源的地方,可避免社会公众遭受二次伤害。②方便。应急避难场所应做到设施齐全,方便社会公众生活。③就近。应急避难场所的建设要考虑周围社会公众的数量,方便其避难,一般以步行 5~10 分钟到达为宜。

7.4.4 应急通信

《突发事件应对法》第三十三条规定:"国家建立健全应急通信保障体系,完善公用通信网,建立有线与无线相结合、基础电信网络与机动通信系统相配套的应急通信系统,确保突发事件应对工作的通信畅通。"突发事件是不断演变的,这就需要应急管理者进行动态决策,不断地根据事件的发展发出各种指令,进行应急资源调配。通信起着信息桥梁的作用,是决定应急决策及时和准确的关键因素。通信工具除了要兼容之外,还要高、中、低档相搭配。在某些情况下,越是先进的、技术含量高的设备,可能受到外界的影响就越大。所以,发展应急通信,要依靠科技,但不能依赖科技。

7.5 发达国家突发事件应对概述

7.5.1 美国应急管理体系

1. 组织结构

1979 年以前,美国的应急管理也和其他国家一样,属于各个部门和地区各自为战的状态,直到 1979 年,时任总统卡特发布行政命令,将原来分散的紧急事态管理机构集中起来,成立了 FEMA,专门负责突发事件应急管理过程中的机构协调工作,局长直接对总统负责。FEMA 的成立标志着美国现代应急管理机制正式建立,同时也是世界现代应急管理的一个重要里程碑。

目前,美国已建立一个比较完善的应急管理组织体系,形成了联邦、州、县、市、社区五个层次的应急管理与响应机构。当地方政府的应急能力和资源不足时,州级政府向地方政府提供支持。当州级政府的应急能力和资源不足时,由联邦政府提供支持。一旦发生重特大灾害,绝大部分联邦救援经费来自由 FEMA 负责管理的"总统灾害救助基金",但动用联邦政府的应急资源,需要向总统做出报告。美国把应急管理的活动贯穿到四个基本领域,即缩减、准备、反应和恢复。缩减和准备是灾难发生之前的行为,反应是灾难发生过程中的行为,而恢复则是灾后的行为。缩减阶段在于预防和减少灾难的损失,如在设计建筑物时要考虑恐怖分子发动袭击等因素;准备阶段在于设计反应阶段如何应急,提升更有效的反应能力,其中包括对应急人员和公众的训练计划,报警系统、通信系统的启用计划;反应阶段是对灾难做出立即行动,包括群众撤离疏散、构筑沙袋和其他设施,保证应急食品和水源的安全、提供应急医疗服务、搜索救援、灭火、防止产生掠夺现象并维护公共秩序;恢复阶段是善后处理的一部分,包括提供临时住所、恢复电力供应、小额商业贷款、清理废墟等。

美国应急管理机制实行统一管理、属地为主、分级响应、标准运行。统一管理是指自然灾害、技术事故、恐怖袭击等各类重大突发事件发生后，一律由各级政府的应急管理部门统一调度指挥，而平时与应急准备相关的工作，如培训、宣传、演习和物资与技术保障等，也归口到政府的应急管理部门负责。属地为主是指无论事件的规模有多大，涉及范围有多广，应急响应的指挥任务都由事发地的政府来承担，联邦与上一级政府的任务是援助和协调，一般不负责指挥。分级响应强调的是应急响应的规模和强度，而不是指挥权的转移。在同一级政府的应急响应中，可以根据事件的严重程度和公众的关注程度采用不同的响应级别，确定响应级别的原则。标准运行主要是指从应急准备一直到应急恢复的过程中，要遵循标准化的运行程序，包括物资、调度、信息共享、通信联络、术语代码、文件格式乃至救援人员的服装标志等。

美国的联邦、州、县、市、社区都有自己的紧急救援专业队伍，它们是紧急事务处理实施灾害救援的主要力量。联邦紧急救援队伍被分成12个功能组：公共实施和公共工程组、消防组、信息计划组、民众管理组、运输组、联络组、健康医疗组、城市搜索和救援组、危险性物品组、食品组、资源人力组、能源组。每组通常由一个主要机构牵头，负责完成某一方面的任务。各州、县、市、社区救援队也有自己的功能组，负责地区救援工作。

2. 应急法制体系

1976年实施的美国《紧急状态管理法》详细规定了全国紧急状态的过程、期限以及紧急状态下总统的权力，并对政府和其他公共部门（如警察、消防、气象、医疗和军方等）的职责进行了规范。此后，美国又推出了针对不同行业、不同领域的应对突发事件救助法，几经修改后确立了联邦政府的救援范围及减灾、预防、应急管理和恢复重建的相关问题。"9·11"事件之后，美国对紧急状态应对相关法规又做了更加细致而周密的修订，现在的体系已经是一个相对全面的突发事件应急法制体系。

7.5.2 日本防灾减灾机制

日本位于亚欧板块和太平洋板块的交界处，即环太平洋火山带，台风、地震、海啸、暴雨等各种灾害极为常见，是世界易遭自然灾害破坏的国家之一。在长期与灾难的对抗中，日本形成了一套较为完善的综合性防灾减灾对策机制。

1. 应急管理法律体系

作为全球较早制定灾害管理基本法的国家，日本的防灾减灾法律体系相当庞大。日本《灾害对策基本法》中明确规定了国家、中央政府、社会团体、全体公民等不同群体的防灾责任，除了这一基本法之外，还有各类防灾减灾法50多部，建立了围绕灾害周期而设置的法律体系，即基本法、灾害预防和防灾规划相关法、灾害应急法、灾后重建与恢复法、灾害管理组织法五个部分，使日本在应对自然灾害类突发事件时有法可依。

2. 应急教育和防灾演练

日本政府和国民极为重视应急教育工作，从中小学教育抓起，培养公民的防灾意识，将每年的9月1日定为"防灾日"，8月30日至9月5日定为"防灾周"，通过各种方式进行防灾宣传活动。政府和相关灾害管理组织机构协同进行全国范围内的大规模灾害演练，检验决策人员和组织的应急能力，使公众能训练有素地应对各类突发事件。

3. 巨灾风险管理体系

日本经济发达，频发的地震却极易造成大规模经济损失。为了有效应对灾害，转移风险，日本建立了由政府主导和财政支持的巨灾风险管理体系，政府为地震保险提供后备金和政府再保险。巨灾保险制度在应急管理中起到了重要作用，为灾民正常的生产生活和灾后恢复重建提供了保障。

4. 灾害救援体系

日本已建成了由消防、警察、自卫队和医疗机构组成的较为完善的灾害救援体系。消防机构是灾害救援的主要机构，同时负责收集、整理、发布灾害信息；警察的应对体制由情报应对体系和灾区现场活动两部分组成，主要包括灾区情报收集、传递、各种救灾抢险、灾区治安维持等；日本的自卫队属于国家行政机关，根据《灾害对策基本法》和《自卫队法》的规定，灾害发生时，自卫队长官可以根据实际情况向灾区派遣救援部队，参与抗险救灾。

日本建立了由内阁总理大臣（首相）担任会长的安全保障会议、中央防灾会议，作为全国应急管理方面最高的行政权力机构，负责协调各中央政府部门之间、中央政府机关与地方政府以及地方公共机关之间有关防灾方面的关系。内阁官房长官负责整体协调和联络，通过安全保障会议、中央防灾会议等决策机构制定应急对策。安全保障会议主要承担了日本国家安全危机管理的职责，中央防灾会议负责应对全国的自然灾害。此外，日本还成立了由各地方行政长官（知事）担任会长的地方政府防灾会议，负责制定本地区的防灾。日本还在内阁官房设立了由首相任命的内阁危机管理总监，专门负责处理政府有关危机管理的事务；同时增设两名官房长官助理，直接对首相、官房长官及危机管理总监负责。

由内阁官房统一协调危机管理，改变了以往各省厅在危机处理中各自为政、纵向分割的局面。灾害发生时，以首相为最高指挥官，内阁官房负责整体协调和联络，通过中央防灾会议、安全保障会议等制定危机对策，由国土厅、气象厅、防卫厅和消防厅等部门进行配合实施。灾区地方政府设立灾害对策部，统一指挥和调度当地的防灾救灾工作。中央政府则根据灾害规模，决定是否成立紧急灾害对策部，负责整个防灾救灾工作的统一指挥和调度。

近年来，日本其他类型的人为事故灾害也时有发生，如东京地铁沙林毒气事件。如何完善应急管理机制，提高应急管理能力，迎接新形势下的危机和挑战，成为日本未来应急管理工作的一项新任务。

7.5.3 澳大利亚应急管理体制

澳大利亚位于南半球的大洋洲，地广人稀，人口主要集中在悉尼这样的中心城市和沿海地区。在过去的几十年里，由于周围都是海洋，澳大利亚在战略上一直是处于低威胁的国家，其突发事件主要是自然灾害，如洪水、暴雨、热带风暴、森林火灾等，相应的应急管理也具有鲜明的特色。

1. 应急管理体系

澳大利亚已经设立了一套由承担不同职责的三个层面组成的政府应急管理体系。①联邦政府层面，澳大利亚应急管理中心（Emergency Management Australia，EMA）是联邦政府主要的应急管理部门，负责管理和协调全国性的紧急事件。②州和地区政府层面，截至2014年，已经有六个州和两个地区通过立法，建立委员会机构以及提升警务、消防、救护、应急服务、健康福利机构等各方面的能力来保护生命、财产和环境安全。③社区层面，截至2014年，澳大利亚在全国范围内约有700个社区，它们虽然不直接控制灾害响应机构，但在灾难预防、缓解以及为救灾进行协调等方面承担责任。

2. 应急管理机制

澳大利亚的公共安全管理机制设置三个层次的关键性机构。①在中央设置反危机任务组（CCDTF），主席由总理和内阁任命。委员为各部门和机构的代表。②EMA 具体领导和协调全国的抗灾工作，职责是提高全国的抗灾能力，减少灾难的损失，及时准确预警。③在国家危机管理协调中心（NEMCC）设置危机管理联络官（EMM），以此作为政府各部门的联络员，专门负责协调 EMA 下达的跨部门任务。

澳大利亚的紧急事务管理体系以州为主体，分为 3 个层次，即联邦政府、州和地方政府。联邦政府主要的紧急事务管理实体机构是 EMA，于 1974 年在原民防局基础上成立的；各州和地方政府均有自己的紧急事务管理部门，州为处理紧急事件的主体。EMA 堪培拉指挥部设有一个协调室，称为国家危机管理协调中心，用于保证联邦资源的使用。截至 2014 年，EMA 对澳大利亚七个州/准州应急管理局机构实施指导和支援，而每个州/准州在自己的立法和计划框架内工作。当地方政府不能处理紧急事件时，将会向州政府提出救援申请，如果事件超出州政府的应对能力，州政府将会向联邦政府提出救援申请。通常情况下，联邦政府主要向州政府提供指导、资金和物质支持，不直接参与管理。

目前，在突发环境事件应急处置能力方面，环保部门的应急力主要集中在应急监测等辅助性领域，主动处置和应对事件的能力较为薄弱。受各种条件的制约，环境应急投入不足，应急车辆和装备不能满足需求。

3. 以志愿者为特色的社会参与

在澳大利亚，应急响应志愿者是抗灾的生力军，他们来自社区，服务于社区，积极参与社区的减灾和备灾活动。州应急服务中心是志愿者抗灾组织中比较普遍的一种形式，帮助社区处理洪灾和暴雨等灾害，而且志愿者并不是业余的，他们都参加过培训且达到职业标准，能熟练操作各种复杂的救灾设备。

7.6 案例：突发事件应对实战

7.6.1 美国和加拿大"8·14"大停电事件

美国东部时间 2003 年 8 月 14 日 16 时许（北京时间 8 月 15 日 4 时许），美国纽约市中心街区突然发生罕见的大面积停电。与纽约同时遭遇停电危机的还有地处美国东部的底特律、克利夫兰和波士顿等几大城市，以及与这些城市使用同一个供电网络的加拿大渥太华和多伦多。这次大停电持续了近 30 小时，影响了美加东部 9300 km^2 的区域，成为有史以来对美国和加拿大影响最大的一次停电事故。

反思此次大停电事故，许多人看出美国的电力管理体系存在巨大漏洞。但是，人们也在大停电事故中看到了一个出色地处理城市危机的典范——纽约。比起其他城市，纽约应对突发危机事件的表现更为突出。纽约成功处理停电危机，首先在于及时公布信息，而且信息透明。停电初始，大多数人想到的是恐怖袭击，但时任纽约市市长迈克尔·布隆伯格在停电后半个多小时就举行了新闻发布会，向市民宣布这是一场事故。此后，市长多次通过电台广播将最新的信息及时传达给处在恐慌中的纽约市民，对稳定民心、协调全市救灾起到至关重要的作用。危机得以迅速化解，与纽约警方、消防人员和紧急情况处理人员为应对新的恐怖袭击做的全面准备不无关系。纽约市自1941年开始设立专门处理紧急事务的机构，其间经历了1967年和1977年的两次大停电以及2001年的"9·11"事件，拥有较完备的应急机制，有能力应对恐怖袭击或重大自然灾害。尤其在"9·11"事件后，纽约警方曾就如何疏散困在地铁通道和高楼大厦里的人进行了几个月的训练。此次停电发生后，纽约市警察局在短短几分钟内就启动了应急系统，增派警力上街巡逻。

美国的独立专家联邦官员和停电地区的领导人指出，如果不是州级、市级有关人员在"9·11"事件以来的近两年时间里制定全面细致的应急计划，2003年停电事故造成的损失将会更大。美国时任总统小布什也认为，纽约这次处理危机的能力比"9·11"事件期间好得多。此外，民众的从容应对则是纽约快速缓解危机的又一保障。为提高市民应对灾害的能力，纽约市紧急事务办公室专门在其网站上公布了该市平常可能遭到的飓风、雷暴、恐怖袭击等各种灾害该采取的应对措施，包括从住宅、地铁、高楼等地撤离时应注意的各种事项等。停电事故发生后，政府、公众和企业在救灾过程中密切配合、各尽其责，有条不紊地将整个城市带出了危机。

7.6.2 金沙江堰塞湖险情处置

2018年10月，西藏昌都和四川甘孜境内发生多次山体滑坡，堵塞金沙江干流河道，形成堰塞湖，严重威胁下游安全，灾区环境恶劣，救援难度大，加上救援力量构成比较复杂，急需统一的指挥调度。在此次险情处置中，我国应急管理机制表现出了灵活性和可行性。

1. 部门联动机制

应急管理部建立了与自然资源部、水利部、能源局等多个部门的联合会商、协同响应机制，同军委联合参谋部建立了军地应急救援联动机制，派出联合工作组到现场统筹协调救援工作，配合地方党委政府指挥处置重大灾害。前方是联合工作组，后方是联合会商、联合指挥，改变了以往各个部门进行单项救援的传统，开始把各个部门的资源统筹在一起。联合工作组既可以统筹西藏和四川的地方力量，还可以统筹军队和地方的力量，能够协同、高效地处置灾害。

2. 社会力量参与机制

金沙江堰塞湖安置工作包保责任人全面走访包保对象，深入细致地做实做好群众工作，做到"应转尽转、不漏一户、不掉一人"，排查集中安置点隐患，强化安置点及转移人员安全管理，防止已转移人员回流，严防事故发生。在确保沿江群众生命绝对安全的基础上，尽可能提前转移家庭财产、牲畜等，最大限度减少可能造成的损失。严格执行领导带班和24小时专人值班制度，实时掌握堰塞湖上下游水位、水量变化情况，进一步夯实防范处置工作责任，最大限度减少灾害损失，避免人员伤亡。

3. 应急基础信息管理机制

2018年11月6日，堰塞体下游仍然断流，上游水位仍在上涨。部际联合工作组专家已经完成滑坡现场三维影像图，与上次滑坡时对比，现场地质条件已经发生较大变化。临时气象观测点已经前推至距滑坡现场400m处，与遥感卫星一起为现场抢险救援工作提供气象信息支持。滑坡现场已经实施交通管制，严格控制人车进入。下游已投用和在建水电站依据水情变化实施各种应对措施。

经过多次联合会商处置，通过开挖泄流槽成功引导堰塞湖水自然过流，险情逐步缓解，

7.6.3 新型冠状病毒肺炎疫情

新型冠状病毒肺炎疫情是一次由严重急性呼吸系统综合征冠状病毒2（SARS-CoV-2）变异的2019冠状病毒（COVID-19）所引发的全球大流行疫情。截至2021年6月，全球累计报告逾1.72亿例确诊病例，其中逾370.3万人死亡。世界各国对该病病死率的估计值差异甚大，截至2021年2月，多数国家和地区对该病的观测病死率在0.5%~5.0%，全球初步修正病死率约为2.9%。

这次疫情无论传播速度和广度还是危害程度和治疗的难度都前所未见，是对我国突发疫情应急管理机制、治疗管理机制、慈善管理体制机制、科研体制乃至科研工作者科研精神的一次大考，此次抗疫的过程凸显国家治理体系和治理能力现代化建设的极端重要性。

火神山医院、雷神山医院及多个方舱医院快速建设，投入运营，及时发挥作用。从疫情发生不久即开建的火神山、雷神山两所专门现代化医院，以当今建筑史上亘古未有的建设速度竣工。其中，火神山医院救治工作实现了治愈率最高、死亡率最低、医务人员零感染、收治患者零投诉四大目标。在火神山医院投入使用的六天内，雷神山医院也投入使用。两座医院均安装了全自动红外热成像测温告警系统，这些设备对所有医护人员们的体温状况进行24小时不间断监控，一旦出现发热等问题，第一时间发出预警。武汉市已启用东西湖武汉客厅方舱、江汉区国际会展中心方舱和洪山体育馆方舱等七个方舱医院，收治病人达4000人以上。这种建设规模及运营速度在全世界只有中国能够做到，充分彰显了集中力量办大事的制度优势和治理效能。

坚持"以人为本"。疫情暴发后，以宁可一段时间内经济下滑甚至短期"停摆"，也要对人民生命安全和身体健康负责的巨大勇气，中共中央对湖北省和武汉市果断采取全面严格的管控措施。同时，在全国范围内严控人员流动，延长春节假期，停止人员聚集性活动，决定全国企业和学校延期开工开学，迅速遏制疫情的传播蔓延，避免更多人受到感染。在疫情防控的关键阶段，准确把握疫情形势变化，做出统筹推进疫情防控和经济社会发展的重大决策，有序恢复生产生活秩序，推动落实分区分级精准复工复产，最大限度保障民生和人民正常生产生活。随着本土疫情防控取得重大战略成果，及时采取"外防输入、内防反弹"的防控策略，坚决防止来之不易的持续向好形势发生逆转，坚决防止人民生命安全再次面临病毒威胁。

社会力量广泛参与疫情防治中。工会、共青团、妇联等人民团体和群众组织动员联系群众，积极投身疫情防控。城乡居民、企业、社会组织等纷纷捐款捐物，献出爱心。各级慈善组织、红十字会加强捐赠资金和物资的调配和拨付，将捐赠款物重点投向湖北省和武汉市等疫情严重地区。截至2020年5月31日，累计接受社会捐赠资金约389.3亿元、物资约9.9亿件，累计拨付捐款资金约328.3亿元、物资约9.4亿件。

集中力量办大事的中国特色应急管理制度，使我国抗击疫情的工作取得了重大成就。俄罗斯自由媒体网站于2020年12月24日发表题为《新冠肺炎病毒没有吓倒中国：中国展示经济和收入增长》的文章，指出在其他国家还忙于抗击疫情的时候，中国已经向着经济发展和社会现代化的新高度迈进。在疫情暴发后，我国2020年一季度国内生产总值同比下降了 6.8%。不过,二季度国民经济就呈现了 3.2% 的增长。高科技产业和装备制造业的增长特快,信息技术和软件业的收入持续增长——防治疫情的隔离措施增加了对远程办公和远程教育服务的需求。三季度整体增长 4.9%,巩固了疫情过后的复苏趋势。国家统计局相关数据显示,2020 年 7 月—9 月,我国所有关键发展指标都是"加号",经济复苏、就业形势稳定和低通胀确保了居民收入增长,我国成为 2020 年全球唯一实现正增长的主要经济体。

相关知识阅读

- 《综合自然灾害风险管理:全面整合的模式与中国的战略选择》,张继权,冈田宪夫,多多纳裕一,发表于《自然灾害学报》2006 年第 1 期
- 《浅析日本综合防灾的源流:对策的转变和京都学派的观点》,蒋新宇,杨丽娇,发表于《城市与减灾》2019 年第 6 期

参 考 文 献

[1] 钟开斌."一案三制":中国应急管理体系建设的基本框架[J]. 南京社会科学,2009(11):77-83.
[2] 马奔,毛庆铎. 大数据在应急管理中的应用[J]. 中国行政管理,2015(3):136-141;151.
[3] 顾孟迪,雷鹏. 风险管理[M]. 北京:清华大学出版社,2005.
[4] 钟开斌. 回顾与前瞻:中国应急管理体系建设[J]. 政治学研究,2009(1):78-88.
[5] 陈安. 应急管理的机理体系[J]. 安全,2007(6):10-12.
[6] 李湖生. 应急管理阶段理论新模型研究[J]. 中国安全生产科学技术,2010,6(5):18-22.
[7] 薛澜,刘冰. 应急管理体系新挑战及其顶层设计[J]. 国家行政学院学报,2013(1):10-14.
[8] 殷杰,尹占娥,许世远,等. 灾害风险理论与风险管理方法研究[J]. 灾害学,2009,24(2):7-11.
[9] 张海波,童星. 中国应急管理结构变化及其理论概化[J]. 中国社会科学,2015(3):58-84.
[10] 罗云,徐德蜀,周长江. 注册安全工程师手册[M]. 北京:化学工业出版社,2004.
[11] 宋英华. 国家应急管理战略工程[M]. 北京:人民出版社,2017.
[12] 王宏伟. 新时代应急管理通论[M]. 北京:应急管理出版社,2019.
[13] 陈月. 应急管理概论[M]. 北京:中国法制出版社,2017.
[14] 王雷,赵秋红,王欣. 应急管理技术与方法[M]. 北京:北京航空航天大学出版社,2016.
[15] 钟开斌. 应急管理十二讲[M]. 北京:人民出版社,2020.
[16] 李雪峰,等. 应急管理通论[M]. 北京:中国人民大学出版社,2018.
[17] 毛德华. 灾害学[M]. 北京:科学出版社,2011.
[18] 安泰环球技术委员会. 管理风险 创造价值:深度解读ISO 31000:2009标准[M]. 北京:人民邮电出版社,2010.
[19] 李素鹏. ISO风险管理标准全解[M]. 北京:人民邮电出版社,2012.
[20] 刘钧. 风险管理概论[M]. 北京:清华大学出版社,2008.
[21] 卢新瑞. 2018版ISO 31000《风险管理指南》综述与解析[J]. 中国商论,2018,759(20):171-172.
[22] 吕洪雁,杨金凤,谷增军. 企业战略与风险管理[M]. 北京:清华大学出版社,2016.
[23] 张小明,美英德. 突发事件风险管理新进展[J]. 现代职业安全,2015(5):20-23.
[24] 钟开斌. 风险管理研究:历史与现状[J]. 中国应急管理,2007(11):20-25.
[25] 邹积亮. 我国应急演练的创新性实践[J]. 中国减灾,2019(23):22-25.
[26] 李雪峰. 开展有效的实战应急演练组织工作[J]. 中国减灾,2021(9):30-33.
[27] 李冰,魏进,曲常胜,等. 化工园区环境风险预防与控制[M]. 北京:科学出版社,2016.
[28] HOLLNAGEL E. Resilience engineering and the built environment[J]. Building Research & Information,2014,42(2):221-228.
[29] 汪洋,黄金辉,付姗姗,等. 系统安全的思维转型:风险与韧性的比较研究[J]. 中国安全科学学报,2018,28(1):62-68.
[30] 王琳. 滨海地区城市水安全韧性评价与规划策略[D]. 天津:天津大学,2017.
[31] 沈清基. 韧性思维与城市生态规划[J]. 上海城市规划,2018,1(3):1-7.
[32] 黄浪,吴超,杨冕,等. 韧性理论在安全科学领域中的应用[J]. 中国安全科学学报,2017(3):1-6.
[33] 李兵弟. 城市经济体制改革与城市规划二、三议[J]. 城市规划,1985(4):36-38.
[34] 周庆生. 改变我国城市规划被动局面的对策[J]. 城市规划,1988(4):15-19.
[35] 解孝成. 城市规划的弹性工作法[J]. 城乡建设,1993(7):14-15.
[36] 贝华,黄建武,吴文媛,等. 土地的弹性规划[J]. 规划师,2005,21(6):46-50.

[37] 王昊. 弹性与共享：大学城规划 [J]. 城市规划，2001（9）：76-80.

[38] 王红，刘建德，李杰. 利用弹性理论进行建筑生态环境空间预测分析：以贵州省黔东南侗族村镇建筑为例 [J]. 城市规划，2005，29（12）：93-96.

[39] 陈稳亮. 大遗址保护中的弹性规划策略研究：基于雍城遗址保护的思考 [J]. 城市发展研究，2009，16（8）：77-82.

[40] 刘堃，李贵才，尹小玲，等. 走向多维弹性：深圳市弹性规划演进脉络研究 [J]. 城市规划学刊，2012（1）：63-70.

[41] 黄数敏，伍敏，赵进. 海口西海岸新区控规中弹性规划编制与研究 [J]. 城市规划学刊，2012（S1）：138-143.

[42] 田丽. 基于韧性理论的老旧社区空间改造策略研究：以北京市为例 [D]. 北京：北京建筑大学，2020.

[43] 李彤玥. 韧性城市研究新进展 [J]. 国际城市规划，2017，32（5）：15-25.

[44] 邴启亮，李鑫，罗彦. 韧性城市理论引导下的城市防灾减灾规划探讨 [J]. 规划师，2017，8（114）：12-17.

[45] 金磊. 中国城市灾害风险与综合安全建设 [J]. 中国名城，2010（12）：4-12.

[46] 董卫民. 黄石市韧性城市建设实践与战略思考 [J]. 城市与减灾，2017，（4）：49-55.

[47] 王振好. 基于韧性城市理论的能源型城市开敞空间韧性优化与重构策略研究：以大庆市为例 [D]. 大庆：东北石油大学，2019.

[48] 刘铁民. 重大突发事件情景规划与构建研究 [J]. 中国应急管理，2012（4）：18-23.

[49] 王永明. 重大突发事件情景构建理论框架与技术路线 [J]. 中国应急管理，2015（8）：53-57.

[50] 王永明. 情景构建理论沿革及其对我国应急管理工作的启示 [J]. 中国安全生产科学技术，2019，15（9）：57-62.

[51] 盛勇，孙庆云，王永明. 突发事件情景演化及关键要素提取方法 [J]. 中国安全生产科学技术，2015，11（1）：17-21.

[52] 涂智，龚秀兰，万玺. 情景构建技术在应急管理中的应用研究综述 [J]. 价值工程，2018，37（12）：231-233.

[53] 昂纳德，休伊特. 应对严重危机：应急准备与响应的更高要求 [J]. 中国应急管理，2007（1）：31-37.

[54] 王永明，刘铁民. 应急管理学理论的发展现状与展望 [J]. 中国应急管理，2010（6）：24-30.

[55] MCENTIRE D A. The status of emergency management theory: issues, barriers, and recommendations for improved scholarship [J]. Journal of Emergency Management, 2005, 3 (3): 1-25.

[56] 姜卉，侯建盛. 基于情景重建的非常规突发事件应急处置方案的快速生成方法研究 [J]. 中国应急管理，2012（1）：14-20.

[57] 李湖生，刘铁民. 突发事件应急准备体系研究进展及关键科学问题 [J]. 中国安全生产科学技术，2009，5（6）：5-10.

[58] 牛文元. 基于社会物理学的社会和谐方程 [J]. 中国科学院院刊，2008，23（4）：343-347.

[59] 李湖生. 非常规突发事件应急准备体系的构成及其评估理论与方法研究 [J]. 中国应急管理，2013（8）：13-21.

[60] 朱伟，王晶晶. 北京的特大城市巨灾情景构建 [J]. 劳动保护，2019（3）：25-27.

[61] 王永明. 重大突发事件情景构建理论与实践 [M]. 北京：国家行政学院出版社，2019.

[62] 刘铁民. 应急预案重大突发事件情景构建：基于"情景—任务—能力"应急预案编制技术研究之一 [J]. 中国安全生产科学技术，2012，8（4）：5-12.

[63] 陶振. 突发事件应急预案：体系、编制与优化 [J]. 行政论坛，2013，20（5）：60-66.

[64] 高玉峰，赵勇. 国外应急预案指定指南及预案选编 [M]. 北京：地震出版社，2010.

[65] 方文林. 情景式应急预案编制与管理 [M]. 北京：中国石化出版社，2017.

[66] 王永明. 基于情景构建的应急预案体系优化策略及方法 [J]. 中国安全生产科学技术，2019，15（8）：38-43.

[67] 王飞，郑晓翠，李鑫，等. 应急演练设计与推演 [M]. 北京：清华大学出版社，2020.

[68] 李雪峰. 应急演练规划指南 [M]. 北京：中国人民大学出版社，2018.

[69] 郑希付. 心理场理论 [J]. 湖南师范大学社会科学学报，2000（1）：15-17.

[70] 李瑞丹. 创新过程 PDCA 循环运用初探 [J]. 标准科学，2009（5）：71-73.

[71] 李雪峰，王彩平，李宇. 应急管理演练式培训 [M]. 北京：国家行政学院出版社，2013.

[72] 洪伟，姚帅帅，郭晶. 双盲应急演练模式设计架构及发展建议 [J]. 中国应急管理，2018（7）：40-42.

[73] 王健，黄凯，李振. 虚拟现实技术在应急演练中的应用 [J]. 现代职业安全，2020（10）：78-80.

[74] 李亦纲，张媛，赖俊彦，等. 应急演练指南：设计、实施与评估 [M]. 北京：地震出版社，2019.

[75] 莱文森. 基于系统思维构筑安全系统 [M]. 唐涛，牛儒，译. 北京：国防工业出版社，2015.

[76] 赵勇，高永峰. 美国国土安全演习与评价计划 [M]. 北京：地震出版社，2012.

[77] 王潇烨. LÜKEX 跨州演练助推德国灾害应急能力提升：专访德国联邦内政部危机管理总协调人杜波瓦先生 [J]. 中国减灾，2014（8）：36-39.

[78] 张永领. 应急物资储备与评估 [M]. 北京：中国科学技术出版社，2015.

[79] 张旭凤. 应急物资分类体系及采购战略分析 [J]. 中国市场，2007（32）：110-111.

[80] 张永领. 突发事件应急资源的需求结构研究 [J]. 灾害学，2010，25（4）：127-132.

[81] 王宗喜，阳波. 应急物流系列讲座之一：论应急物流的地位与作用 [J]. 物流技术与应用，2008（7）：104-106.

[82] 郭莹，张永领. 应急物资代储企业评价模式研究 [J]. 物流科技，2015，38（10）：70-74.

[83] 李成. 以项目实施为抓手 推进各级救灾物资储备库建设 [J]. 中国减灾，2017（15）：16-17.

[84] 民政部网站. 推动建立符合我国国情的五级救灾物资储备体系：《关于加强自然灾害救助物资储备体系建设的指导意见》解读 [J]. 中国民政，2015（18）：39-40.

[85] 陈建国. 美国应急资源管理体系的借鉴和思考 [J]. 中国应急管理，2011（1）：50-57.

[86] 刘爱华，刘海燕. 中美日突发公共事件应急管理机制的比较研究 [J]. 工业安全与环保，2010，36（9）：4-6.

[87] 顾桂兰. 日本应急管理法律体系的六大特点 [J]. 中国应急救援，2010（2）：48-51.

[88] 马怀平. 日本应急管理之道 [J]. 现代职业安全，2010（1）：88-91.

[89] 顾林生. 国外基层应急管理的启示 [J]. 中国应急管理，2007（6）：36-40.

[90] 高原. 国外应急管理体系的发展综述 [J]. 科技资讯，2010（32）：245.

[91] 陈成文，蒋勇，黄娟. 应急管理：国外模式及其启示 [J]. 甘肃社会科学，2010（5）：201-206.

[92] 唐伟琴，唐伟敏，张敏. 应急物资调度理论与方法 [M]. 北京：科学出版社，2012.

[93] 万鹏飞，刘雪萌. 东京都防灾应急物资管理体系研究 [J]. 行政管理改革，2021（1）：70-78.

[94] 全国信息安全标准化技术委员会. 信息安全技术 信息系统灾难恢复规范：GB/T 20988—2007 [S]. 北京：中国标准出版社，2007.

[95] 王珂，李聪聪，田贵超，等. 业务持续管理：实践发展与理论研究综述 [J]. 中国科技论坛，2019（6）：154-163.

[96] 刘景凯，熊焕喜，廖云龙. 基于业务连续性管理（BCM）原理加强安全生产应急管理 [J]. 安全，2018，306（12）：57-60.

[97] 魏军，赵海. 全面认识业务连续性管理体系 [J]. 质量与认证，2014（5）：39-40.

[98] 张旭刚, 韩少伟, 谢宗晓. 业务连续性管理体系（BCMS）相关标准介绍 [J]. 中国质量与标准导报, 2019 (11): 14-16.

[99] 童星, 张海波. 基于中国问题的灾害管理分析框架 [J]. 中国社会科学, 2010 (1): 132-146.

[100] 竹中平藏, 船桥洋一. 日本"3·11"大地震的启示: 复合型灾害与危机管理 [M]. 林光江, 等译, 北京: 新华出版社, 2012.

[101] 陈建新. BCM抵御灾难的有效管理方法 [J]. 软件世界, 2008 (7): 55-59.

[102] 于天. 业务持续管理与应急管理的融合 [J]. 中国应急管理, 2010 (5): 34-39.

[103] 王世佳. 基于业务连续性管理的煤矿应急管理体系研究 [J]. 能源与环保, 2018, 40 (3): 29-33; 39.

[104] 宋劲松. 英国应急管理中的业务连续性管理及启示 [J]. 学术交流, 2011 (4): 98-101.

[105] 刘景凯, 廖云龙. 业务连续性管理（BCM）与"情景构建" [J]. 劳动保护, 2019, 523 (1): 16-19.

[106] 王成, 洪庆根. 商业银行应急预案开发流程与模板设计 [J]. 科技经济导刊, 2017 (30): 12-14.

[107] 周磊, 杨威, 余玲珑, 等. 美国对华技术出口管制的实体清单分析及其启示 [J]. 情报杂志, 2020 (7): 23-28.

[108] 王天雨. 以供应链思维提升应急管理 [J]. 中国电信业, 2020 (3): 74-76.

[109] 张以彬, 龙静. 供应链中断风险控制与应急管理 [M]. 上海: 上海财经大学出版社, 2015.

[110] 路江涌, 隋政军, 王小龙. 业务可连续, 企业才能活下去 [J]. 企业管理, 2020 (7): 17-20.

[111] 张元龙. 关于"舆情"及相关概念的界定与辨析 [J]. 浙江学刊, 2009 (3): 182-184.

[112] 栾盛磊. 众媒时代的新挑战 政府舆情治理能力提升 [M]. 济南: 山东人民出版社, 2019.

[113] 刘毅. 网络舆情研究概论 [M]. 天津: 天津人民出版社, 2007.

[114] 毕宏音. 网民的网络舆情主体特征研究 [J]. 广西社会科学, 2008 (7): 166-169.

[115] 杜彬. 网络新媒体时代舆情引导研究 [M]. 延吉: 延边大学出版社, 2018.

[116] 朱国圣. 突发事件网络舆情应对策略 [M]. 北京: 新华出版社, 2015.

[117] 吴洋. 突发事件舆情引导的"大学问" [J]. 人民论坛, 2019 (10): 122-123.

[118] 赵林云. 重大突发事件中网络舆情引导的基本原则 [J]. 人民论坛, 2020 (27): 116-117.

[119] 张晓帆. 新媒体时代企业危机公关应对策略 [J]. 商情, 2019 (1): 166; 168.

[120] 杨兴坤. 舆情引导与危机处理 [M]. 北京: 中国传媒大学出版社, 2015.

[121] 殷凤敏. 突发事件网络舆情的引导策略 [J]. 法制博览, 2020 (3): 207-208.

[122] 丁晨. 突发事件危机报道的框架分析: 以成都"6·5"公交车燃烧事件危机处理为例 [J]. 成都大学学报（社会科学版）, 2011 (2): 99-102.

[123] 汪玉凯. 公共管理 [M]. 北京: 中共中央党校出版社, 2003.

[124] 李丽利. 论公共管理的社会性内涵及其他 [J]. 区域治理, 2018 (43): 103.

[125] 闪淳昌, 薛澜. 应急管理概论 [M]. 北京: 高等教育出版社, 2012.

[126] 赵宗乙. 淮南子译注 [M]. 哈尔滨: 黑龙江人民出版社, 2003.

[127] 邓云特. 中国救荒史 [M]. 北京: 商务印书馆, 2011.

[128] 朱凤祥. 中国灾害通史: 清代卷 [M]. 郑州: 郑州大学出版社, 2009.

[129] 张介明. 我国古代对冲自然灾害风险的"荒政"探析 [J]. 学术研究, 2009 (7): 122-127.

[130] 赵成根. 国外大城市危机管理模式研究 [M]. 北京: 北京大学出版社, 2007.

[131] 奚洁人. 科学发展观百科辞典 [M]. 上海: 上海辞书出版社, 2007.

[132] 李燕凌, 吴松江, 陈冬林. 和谐社会行政管理体制改革中应急管理机制研究 [J]. 求索, 2008 (11): 46-48.

[133] 徐双敏, 韩艺, 苏忠林. 深化行政体制改革 促进和谐社会构建: "构建和谐社会与深化行政管理体

制改革"研讨会暨中国行政管理学会2007年年会综述［J］.中国行政管理，2008（3）：122-124.

[134] 池宏，祁明亮，计雷，等.城市突发公共事件应急管理体系研究［J］.中国公共安全（学术版），2005（4）：42-51.

[135] 罗浪.中国地方政府应急管理体系建设研究：以湖南Z市突发事件应急管理为个案［D］.长沙：湖南师范大学，2012.

[136] 陈安，刘霞，范晶洁.公共场所突发事件的应急管理研究［J］.科技促进发展，2013，9（2）：69-77.

[137] 莫于川.公共危机管理与应急法制建设［J］.临沂师范学院报，2005，27（1）：119-124.

[138] 国务院办公厅，国务院应急管理办公室.全国应急预案体系建设情况调研报告［J］.中国应急管理，2013（1）：8-11.

[139] 杨月巧，王慧飞.新应急管理概论［M］.北京：北京大学出版社，2020.

[140] 陈安.现代应急管理理论与方法［M］.北京：科学出版社，2009.

[141] 赵晶，李建亮.汶川地震应急管理与灾后重建中的四川经验［J］.中国应急救援，2018（6）：22-26.

[142] 中共四川省委办公厅，四川省人民政府办公厅.从悲壮走向豪迈：抗击汶川特大地震灾害的四川实践　抗震救灾卷［M］.成都：四川人民出版社，2011.

[143] 陈月.应急管理概论［M］.北京：中国法制出版社，2018.

[144] 陈家应，胡丹.从新冠肺炎疫情防控看我国重大公共卫生事件的预防和应对策略［J］.南京医科大学学报（社会科学版），2020，20（2）：101-105.